民主党政権の
挑戦と挫折

その経験から何を学ぶか

伊藤光利・宮本太郎【編】

日本経済評論社

序

　本書は、第一に、2009年8月の総選挙で誕生した民主党政権が何に挑戦し、何を達成し、なぜ失敗し、いかなる教訓を残したかを構造的かつ実証的に検証し、第二に、今後のわが国の政治のあり方として、リベラリズムの行方という観点から、新たな政治対抗の可能性を検討することを目的としている。

　民主党政権が瓦解してすでにかなりの時間が経った今、このような問いを立てることにどれほどの意味があるのか、と訝る人もいよう。私たちは民主党政権の失敗を、構造的かつ実証的に分析する意義はむしろ高まっていると考える。

　高度成長期以降の日本を支えてきた政治が機能不全に陥った1990年代の半ばから、政権交代のある民主主義と地方分権で官僚主導の「土建国家」を置き換えることこそが、日本の民主主義を維持し発展させる道筋という考え方が広がった。そして民主党は、こうした流れを担う政党と自らを位置づけ、またそのように見なされたからこそ、2009年に自民党政権が自壊していったときに、強い期待を集めて政権に就いた。そしてその民主党政権の崩壊を経て、政権交代や地方分権、脱「土建国家」という処方箋自体への期待もまたしぼむことになり、日本政治においては今日、政治の質を高めるプランや見通しが欠落した状態が続いている。

　「コンクリートから人へ」「地域主権」「政治主導」といった政策提起がなぜ失敗したのか、その構造的背景は必ずしも明確にはなっていない。民主党の政治家たちの、「未経験」や「未熟」ぶりについてはさまざまに論じられてきた。だが、民主党であろうがなかろうが、別の政権が再び同様の政策を掲げたときに、そこに立ちはだかる壁あるいは政策の実現を阻む制度構造はいかなるものかは十分に見えていない。ゆえに、「未経験」で「未熟」でなければとるべきであった戦略はどのようなものであったのかも、総括はされていない。

改めて確認すれば、わが国では、1970年代終わりに発生した第2次石油ショック以降、日本型福祉国家のあり方ともいうべき「土建国家」レジームと自民党政権の族議員、各省庁、業界からなる政策共同体システムが、相互補完的な関係をもちつつ、定着していった[1]。土建国家は、批判的な意味が込められたジャーナリスティックな用語であるが、人々に雇用と福祉を提供し、かつ所得再配分と地域間再配分を実現する日本型生活保障システムでもあった。しかし、このシステムが維持されるのは、ある程度の経済成長が続く限りのことであった。

　バブル経済崩壊後の1990年代には経済が低迷し、これに対して自民党政権は景気刺激のために公債を財源として公共投資を拡充して、土建国家のフレームを全面的に展開させ、その結果政府債務を積み上げていった。2000年代には、小泉内閣が、政府財政の悪化に対して、公共事業および労働市場・社会保障政策における福祉を削減し、さらに福祉財政構造改革路線の仕上げとして「歳出・歳入一体改革」を進めようとした。

　しかし、自民党政権による財政再建は、リーマン・ショックもあり頓挫した。税収減と経済危機に対応するために、政府は歳出を増やし、公債発行額を追加していったのである。

　他方では、1990年代後半から企業が人件費を削減して経常利益を増大させていき、政府もこれを後押しして労働者派遣法の緩和など労働市場の規制緩和を進めた。こうした雇用環境の激変によって、社会保険の適用除外となる登録型派遣などが増大し、全世帯の平均所得が減少していった。2000年代に入り、年金、医療、生活保護、そして新たに非正規雇用、母子世帯、孤立化といった生活保障の対応が困難になり、経済成長を前提とする日本型福祉を支える土建国家レジームの持続可能性が疑問視されるようになった。民主党政権の登場はこうした困難に対応する持続可能なレジームへの転換という国民の大きな期待を反映していた。「コンクリートから人へ」という民主党のスローガンは、こうした期待に応えるように思われた。

　民主党の2009年マニフェストに示された、日本の政治経済構造についての認

識、新しい政治の土台となる理念、およびそれを実現していくための政権運営の仕組みは、全体の体系性・整合性および細部の緻密さに問題があったが、土建国家レジームの代替的構想としては意義深いものであった。

しかし、民主党政権の挑戦は3年3カ月の一期で終わり、「失敗」と評価される。民主党政権を検証した後の講釈になるが、民主党政権がより戦略的であれば、すなわち国民からの信託の自覚とそこに生じる政権への執着を前提にして、政権運営により熟達していて、政策実現を阻む制度的構造的制約を乗り越えていく手腕を発揮できれば、実際の経過とは異なる展開も可能であったと思われる。反面で、民主党の失敗は、政権担当の経験の欠如ということも含めて、長期にわたる一党優位制の制度遺産の重さ、レジーム転換の困難さを示していると言えよう。しかし、わが国が持続可能な社会をめざすかぎり、民主党が示した基本的方向は、依然として有力な代替案の1つである。本書の各章が民主党政権の検証から教訓を導きだすのも、リベラル勢力の今後のあり方に有意義な示唆を与えると考えるからである。

本書の各章は、それゆえ、共通して「構造－理念－戦略」の3要素のセットを記述と分析の基本的視角としている。すなわち、構造とは、行為主体を制約し、行為主体から相対的に独立した一定の頑健性を持つ、ルール、制度、慣行の合成物である。構造には、土建国家といったマクロ・レベル、政権の意思決定システムなどのメゾ・レベル、そして党組織などのミクロ・レベルの構造が考えられる。行為主体は、構造に制約されながら、理念（認知図式や価値体系）を通して、構造を認識し、評価し、目標を達成するためにしばしば戦略的に（環境からの反応を計算し、合理的に）構造を変化させようとする。民主党のマニフェストは、民主党がわが国の政治経済システムをどのように認識・評価し、いかなる価値に基づいてどのような方向に、どのような戦略で（おもに政治主導の意思決定システムで）変革しようとしたのか示唆していた。

このような視角から、第1章は、民主党のマニフェストに掲げられた基本政策と政権構想（意思決定システム）を関連させて、民主党政権を総括的に論じ、第2章は、雇用政策と社会保障政策を「レジーム転換」の観点から論じ、第3

章は、民主党政権の最重要政策とされた「地域主権改革」の「成功」の原因を探究し、第4章は、予算編成と税制改正における政策決定方式と政策内容の変化を詳細に分析し、第5章は、民主党政権の最大の支持組織であった「連合」（日本労働組合総連合会）の政策目標、戦略、政権との関係を検証している。第6章は、ほかの5章とは異なり、民主党政権崩壊後の「1強他弱的」政党配置の現実を前にして、民主党政権の分析をふまえつつ、リベラリズムの行方という観点から、福祉政治をめぐる新たな政治対抗の可能性を検討しており、本書の終章の役割を担っている。

　本書は、2009年10月に公益財団法人「連合総合生活開発研究所」（連合総研）に設置された「国の政策の企画・立案・決定に関する研究委員会」の研究プロジェクトの成果をもとにしている。本研究会を立ち上げ、研究会を全面的にバックアップしていただいた、連合総研、とくに連合総研所長・薦田隆成氏、副所長・龍井葉二氏、主任研究員・麻生裕子氏をはじめ、スタッフの皆様、および当研究委員会委員の皆様に深く感謝を申し上げたい。

　さらに、研究を進めるにあたり、民主党政権および連合に関わりのある多くの方々に広範なインタビューを行ったが、その方々のご協力がなければ本書は生まれなかった。ご多忙のなか、貴重なお話や資料を提供してくださった皆様に、改めて心よりお礼申し上げたい。インタビューに応じてくださった方のお名前は次のとおりである。

　玄葉光一郎（民主党衆議院議員）、橘幸信（衆議院法務局次長）、緒方岳（元民主党政策調査会部長）、勝浦博之（民主党政策調査会部長代理）、峰崎直樹（元財務副大臣・元内閣官房参与）、福山哲郎（元内閣官房副長官）、逢坂誠二（元総理大臣補佐官・元総務大臣政務官）、大塚耕平（元内閣府副大臣・元厚生労働副大臣）、片山善博（元総務大臣）、逢見直人（元連合副事務局長）、新谷信幸（連合総合労働局長）、木村裕士（元連合総合企画局長）、西原浩一郎（元自動車総連会長・元連合政策委員会委員長）、中島圭子（元連合総合政策局長）、泉健太（元内閣府大臣政務官）、枝野幸男（元内閣府特命担当大臣〔行政刷新〕・

元民主党幹事長・元内閣官房長官・元経済産業大臣)、細川律夫（元厚生労働副大臣・大臣)、斎藤勁（元内閣官房副長官・元民主党国会対策委員長代理)、仙谷由人（元内閣官房長官)、古川元久（元内閣官房国家戦略室長・元内閣官房副長官・元国家戦略担当大臣)、大串博志（元財務大臣政務官・元内閣府大臣政務官)、山井和則（元厚生労働大臣政務官・元民主党国会対策委員長)、直嶋正行（元経済産業大臣)

(以上、敬称略、インタビュー実施順)

最後に出版事情が厳しい折、本書の出版を引き受けていただいた日本経済評論社、および編集にあたり大変お世話になった谷口京延氏に心よりお礼を申し上げたい。

編者　伊藤　光利
宮本　太郎

注
1) 序の記述については、井手（2003)、宮本（2013)を参照。

〈参考文献〉

井手英策（2013)「コンクリートから人へ」『世界』別冊 No. 841、岩波書店。
宮本太郎（2013)「ネオ土建国家を超えて」『世界』別冊 No. 841、岩波書店。

目　次

第1章　民主党のマニフェストと政権運営 …………伊藤　光利　1

　はじめに　1
　1　民主党政権の挑戦と挫折　1
　2　民主党政権の分析枠組み　3
　3　民主党のマニフェスト（1）：政策　9
　4　民主党のマニフェスト（2）：政権構成　15
　5　鳩山内閣　16
　6　菅内閣　27
　7　野田内閣　36
　8　失敗の原因　43
　おわりに　46

第2章　民主党政権下における雇用・福祉レジーム転換の模索
　………………………………………………三浦まり・宮本太郎　53

　はじめに　53
　1　レジーム転換はどこまで構想されたか　54
　2　民主党政権の雇用・社会保障政策　61
　3　子ども・子育て支援政策　72
　おわりに　85

第3章 「地域主権」改革 ………………………………… 北村 亘 91

 はじめに 91
 1　理論的検討 93
 2　「地域主権」改革の展開 100
 おわりに 114

第4章 民主党政権における予算編成・税制改正――民主党の「与党化」と「自民党化」―― …………… 上川 龍之進 119

 はじめに 119
 1　自民党政権における予算編成・税制改正 121
 2　鳩山内閣における予算編成・税制改正 124
 3　菅内閣における予算編成・税制改正 130
 4　野田内閣における予算編成・税制改正 145
 5　民主党の「与党化」と「自民党化」：まとめと教訓 157
 おわりに 163

第5章 民主党政権下における連合――政策活動と社会的労働運動の分断を乗り越えて―― ………………… 三浦 まり 171

 はじめに 171
 1　要求から協議へ 173
 2　政策実現 180
 3　社会的連帯基盤の形成に向けて 187
 おわりに 191

第6章　対立軸の変容とリベラル政治の可能性——福祉政治を軸に——……………………………………………宮本 太郎　195

 はじめに——消極的な一極化——　195
 1　福祉政治の新しい対立軸　196
 2　リベラリズムの可能性　202
 おわりに——政治対抗の再生は可能か——　208

索　引　211

第1章　民主党のマニフェストと政権運営

伊藤　光利

はじめに

　2009年8月の総選挙で誕生した民主党（連立）政権に、多くの国民は新しい持続可能な政治を期待したが、その後の経緯は期待を裏切るものとなり、民主党は2012年12月の総選挙で大惨敗を喫し、政権発足後3年3カ月で野党に転落した。本章の目的は、民主党政権が何に挑戦し、なぜ失敗したのかを、実証的に検証する試みである。

　以下において、第1節で民主党政権が何に挑戦し、また挫折したのか、第2節では本章における民主党政権の分析枠組みを示し、第3節でマニフェスト政治とは何か、どのような理念と政策を標榜したのか、第4節ではどのような政権構想（意思決定システム）のスキームを描いたのか、第5節では鳩山内閣、第6節では菅内閣、第7節では野田内閣の政策と意思決定システムをそれぞれ個別に検証し、第8節で民主党政権の失敗の原因を総括する。

1　民主党政権の挑戦と挫折

　民主党政権は何に挑戦したのだろうか。自民党政権では、族議員、各省庁、業界の政策共同体が多数分立し、かつこの構造は、既得権を擁護し、財政赤字を拡大させる傾向をもつために、1990年代には多元的閉塞ともいうべき状況に

陥った。

　この多元的な政治構造は、いわゆる日本型生活保障と制度的な相互補完的な関係にあった。日本型生活保障は、政治・行政が経済政策と公共事業を通して業界を保護し、男性稼ぎ主の雇用を安定させ、男性稼ぎ主が妻と子どもを養うシステムであり、「土建国家」という日本型福祉国家の内実を形成していた（宮本 2008）。土建国家は、経済成長を前提とし、公共事業と減税で利益を配分する政治のあり方である。減税によって受益者となった中間層は、所得再配分、地域間再分配に寛大であり、その再分配の柱に据えられたのが公共投資であった（井手 2013b：92-94）。

　しかしながら、1990年代には経済成長を前提とする日本型福祉国家の持続可能性が次第に疑問視され、とくに2000年代に入り、年金、医療、生活保護などの既存の生活保障の対応能力が弱まり、また非正規雇用、母子世帯、孤立化など既存の生活保障が対応していない困難の急増を背景に（宮本 2013：102）、生活保障の危機に対応するという課題に、また同時に自民党の多元的閉塞の政治に代わる新しい政治を構築するという課題に、民主党政権は挑戦したのである。そして、この挑戦は、「コンクリートから人へ」というスローガンに象徴されるように、土建国家レジームから、個人の直接支援へという雇用・福祉レジームの転換を意味した[1]。

　ただし、民主党の理念は、単一ではなく、方向の異なるリベラリズムの混合的集積物であった。リベラリズムは、歴史的に自由放任経済を唱える古典的自由主義、国家による再分配福祉を重視する寛大なリベラリズム、小さな政府路線の新自由主義へと展開し、さらに第6章で論じられる社会文化的な意味での「個人の自由や自立」を意味する流れもある。こうした歴史を背景に、こんにちでは複数形のliberalismsが理解を少々混乱させる形で併存している。日本政治の文脈では、民主党は1996年の旧民主党の結党以来、「自立と共生」を掲げてきたが、この場合の「自立」には、新自由主義的志向のみならず、まだ萌芽的だったとはいえ共生と相互補完的な社会文化的自由も内包していたと思われる。それゆえ民主党の「自立と共生」は、自民党政権下で確立した多元的閉

塞構造を改革する自由主義的・新自由主義的志向、改革の痛みをカバーする社民主義的あるいは生活保守主義的志向、そして共生と親和的な自由主義志向を表現していた。民主党は、このように多様な政策理念の潮流を内包しつつも、自民党と差別化される「自立と共生」を掲げる総体としての中道リベラル政党であった（中野晃一 2012；大嶽 1999参照；宮本：本書第6章）。

　本章では、「リベラルな政権の維持」というコンセプトを民主党政権の成功と失敗の評価基準として設定して検証を進めたい。それは、第一に、リベラルな政策志向を欠いた単なる政権維持の自己目的化は、民主党にとって成功とは言えないからであり、第二に、いわば自民党政治からの転換はより長期的でより広範な制度変化を伴うものであるために、政権維持を重視すべきであったと考えられるからである。

2　民主党政権の分析枠組み

　民主党政権が何であったか、また何故に失敗したかについては、すでに多くのルポタージュ、インタビュー、書籍、論文が公表されており、相当のことが明らかにされ、個々の事象についても鋭い分析もなされている。しかし、それらの個々の事象や分析結果を何らかの形で整理し、民主党政権の全体像を提示する作業が残されていると思われる。本節はそうした作業に貢献する試みである。

(1) 民主党政権の課題と意思決定システム

　まず、民主党政権における課題と意思決定システムの変化を概観しておきたい。表1-1は、大枠として、(1) レジームないしマニフェストと政策課題・争点に関わる分野と、(2) 意思決定システムに関わる分野について、小泉内閣を除く自民党内閣、小泉内閣、そして民主党の3つの内閣を対比させている。そして、意思決定システムは、国会、政官関係・政治主導、政府−与党関係の3つのエリアを下位システムとしている。また上記の2つの分野は、民主党の

表1-1　各内閣の課題

	レジーム、マニフェスト	課題・争点	国会	政官関係・官邸主導	国家戦略局
自民党内閣（小泉内閣を除く）	土建国家	土建国家	国対政治	多元的族省業体制	＊
小泉内閣	構造改革	郵政民営化	国対政治／筋違い解散	官邸主導	経済財政諮問会議
鳩山内閣	コンクリートから人へ	政治主導 子ども手当など 沖縄基地移転 政治資金問題	与党攻勢	省庁別政務三役分権	国家戦略「室」限定的機能／特定政策調整
菅　内閣	マニフェスト見直し	消費税・一体改革 TPP 尖閣諸島問題 東日本大震災 東電原発事故	ねじれ国会	大官房長官内閣参与	特定政策調整助言機関
野田内閣	脱マニフェスト	消費税・一体改革 TPP 原発再稼働 大規模公共事業復活	ねじれ国会	財務省依存	国家戦略会議

2009年総選挙のマニフェストに対応している。すなわち、目標としての重点政策の実現とそのための戦略としての意思決定システム（マニフェストでは「政権構想」）への変革が構想されているのである。それゆえ、本章でも、基本的に各内閣の政策課題と意思決定システムに焦点を合わせて分析していきたい。

(2) 政権運営の規定要因

近年の執政研究をリードする一人であるM. J. スミスによれば、政権運営を規定する要因としては、執政ネットワーク内の各主体のもつリソース、協力関係、構造的制約、文脈・状況、戦略の5つが重要である（Smith 1999）。

①リソースと協力関係

第一に、どのアクター（行為主体）も、経験、知識、情報などの個人的なリソースをもつが、そのほかに、首相は、在職任命権などの法的権限を持ち、政

と意思決定システム

政治主導			政府−与党関係		
閣僚委員会	事務次官会議	政務三役	政調会	議員立法	陳情
関係閣僚会議	活用	政官協調	政府・党2元体制事前審査制	超党派野党	族議員省庁
関係閣僚会議	活用	政官協調	官邸主導	超党派野党	族議員省庁
閣僚委員会頻繁に開催	廃止	政務三役主導	政調会廃止幹事長主導？	原則禁止／内閣と党の調整チームの合同審査	県連通して幹事長室一元化
非活発／関係閣僚会議	各府省連絡会議	政官協調	政調会復活（提言機関）政調会長閣僚兼務	内閣と党の調整チームの合同審査	役割分担・政調会・組織委・企業団体委
非活発／関係閣僚会議	各府省連絡会議	政官協調	政調分離政府−民主党三役会議	政調会の審査	族議員復活

党や国民からの支持、スタッフ組織の補佐を受けることができ、大臣も法的権限、そして省庁の補佐を受ける。官僚は、組織の永続性、時間、情報、省庁ネットワーク、作業手続きのノウハウなどを保有する。第二に、政権内の主体は、相互に協力し、依存し合うことによって（すなわち、ゼロ・サム的な権力関係ではなく、ポジティヴ・サム的な権力関係を構築することによって）、他のアクターや組織に対してより大きな影響力をもつことができるのである。

②構造的制約要因

また、政権は、諸々の制約の下にあり、その制約要因をまとめたのが表1−2である。これらの要因のうち、一般に制度的要因が構造を構成し、社会的・経済的要因は状況的・文脈的要因となる。民主党は政権運営に当たり、これらの諸要因の厳しい制約を受けたが、しばしばその対応に苦慮した。

表1-2　政権運営の制約要因

	構造的要因	状況的・文脈的要因	
	制度的要因	社会的要因	経済的要因
国内的要因	選挙制度 政党 国会 政策ネットワーク 　（官僚制を含む）	国民の政治的態度 　（内閣支持率、政党支持率など） メディア 圧力団体・社会運動 危機的事件 　（自然災害、テロなど）	国内経済 経済界の利益
国際的要因	APEC、TPP 国際機構 条約 他国の政府	メディア 圧力団体 他国の政府 国際的ネットワーク	国際経済 世界的企業・経済組織

出所：Smith (1999) p. 217およびPeters et. al (2000) pp. 7-11を参照、一部修正。

ⅰ選挙制度と政党

　選挙制度は、政党制、政党組織、さらに政権運営に小さくない影響を及ぼす。小選挙区制は、一般に二大政党化、政党中心の選挙、党執行部への集権化を強める要因となるが、わが国では選挙リソースを党中央が独占するには至っておらず、中選挙区時代の制度遺産としての候補者個人の後援会は依然として重要なリソースとなっている。このために党組織には分権的要素が残されており、このことが執行部による党のガバナンスの確保に対する一定の制約となっている。また小選挙区制度は、民主党の「凝集性」を低下させる一因となった[2]。まず、自民党候補者に対して、他の政党の候補者が小選挙区制の下で挑戦しようとすれば、選挙区レベルで連合を組まなければならず、その結果民主党は多様な政治的潮流の議員を抱えることとなった。

　このように、民主党組織の一定の分権性と低い凝集性は、常に多かれ少なかれ党のガバナンスを不安定にしたのである。

ⅱ政策ネットワークと官僚制

　次に、制約要因としての政策ネットワークと官僚制について述べると、実効的な政権運営には、豊富なリソースをもつ官僚制と、政権の実績を高めることのできるようなポジティブ・サム的な関係を構築しなければならない。しかし、

官僚制は政官民の間に張り巡らされたネットワークに埋め込まれており、このネットワークは、関係当事者間の過去の対立、調整、決定の内容を反映したルール、規範、価値観のセットであり、時間をかけて形成されてきた制度遺産である。この制度遺産は民主党政権にとって大きな制約となった。

③状況的制約要因

　政権運営は、政権がおかれている文脈あるいは状況的要因にも制約される。まず国際的要因にとしては、たとえば、リーマンショックに見られる金融市場、中国、韓国、ロシアとの間の領土問題、さらにTPPのような国際協定などの状況によって制約されたのである。

　国内の政治的状況（内閣支持率や政党支持率、また社会団体の動きや社会運動など）、自民党政治の負の遺産としての巨額の財政赤字、経済状況（景気、雇用など）、大災害や大事件、そしてそれらに対する政府の対応についてのマスメディアや社会の評価も、政権運営に影響を及ぼす。ここではとくに内閣支持率とマスメディアについて触れておこう。

　内閣支持率が高ければ、首相の政策選択の幅が広がり、通常実現するのが困難な政治課題にも挑戦することができる。逆に、支持率が低下すれば、党内からの批判も強まり、首相の選択の幅は狭まり、一般に30％が危険水準で、20％を割ると政権維持は困難になるといわれる。本章では朝日新聞の世調調査に依拠するが、民主党3内閣の支持率は、内閣発足時に高く、徐々に低下して、末期には辞任するか、解散に打って出るという点では従来の多くの自民党内閣と同様である。個々の出来事と、政権の対応、それに対する内閣支持率の反応については、後に各政権の分析の際に適宜触れることにする。

　次に、マスメディアは、マニフェストの達成度に固執する「硬直的なマニフェスト政治」に対して自覚的あるいは無自覚的に同調したが、この同調は民主党政権の政策選択の幅を狭めた。また、マスメディアは構造改革・財政規律路線を維持するようにメッセージを出し続けた（渡辺2009：62-63）。さらに、日本のマスメディアには、一般に記者クラブ加盟社による情報の寡占、政府の

提供した情報をなぞるだけの発表ジャーナリズムなど、長期的・構造的な問題があるといわれる。それゆえ、「それまで自民党の有力者としか付き合ってこなかった大新聞の有力記者の人脈はあまり意味を持たなくなり、こうして情報を得にくくなった苛立ちのようなものが、政権交代以降の政治報道に投影され」たのかもしれない（杉田 2012；谷口 2013：238-239）。マスメディアのある種のバイアスは「政治とカネ」の問題で顕著になる。

④行為主体と戦略

行為主体は構造の制約を受けており、その意味で、行為主体は構造に埋め込まれている。しかしながら、同時に構造は行為の結果であるから、構造や状況に一定の変化をもたらすことができる。行為主体は、戦略的に目標を達成しようとするのであるが、その戦略は構造や文脈の認知に基づいており、また一定の信条体系（価値観、役割認知、行為規範など）に影響を受ける（Smith 1999：33-34）。さらに行為主体は、目標達成のために他の行為主体の認知構造や信条体系に働きかけ、行動を動員するために、理念あるいは言説（一定の認知構造や信条体系の言語表現）を発信する。かくして構造・状況と行為主体は、一方で行為主体が構造や状況に制約されながら、他方では、認知構造や信条体系を基礎とした理念や言説を媒介にして、戦略的に構造や状況を変えていくことができるという、相互規定の関係として捉えることができる。

以上、本節では、民主党政権の例を示しながら、政権運営を規定する諸要因を示してきた。要約すれば、国際と国内の関係、政府と民間の関係が入り組むなかで、政権は、国際的、制度的、経済的・社会的要因の厳しい制約を受け、あるいは困難な課題を突きつけられ、さらに予期せぬ大災害や大事件の生起に直面する。これらの課題や事件に対して、政権の中枢は、政権維持のためには、利用可能なリソース（経験、知識、権限、情報、ネットワーク、党や国民からの支持など）を駆使し、政権内の協力関係をつくり上げ、戦略的に対応していかなければならない。こうした課題に答えていくことは、リソースの乏しい政権にとって容易なことではなかった。

3 民主党のマニフェスト（1）：政策

(1) 日本のマニフェスト政治

　イギリスでは日本のようにマニフェスト3原則「数値目標、達成期限、財源」の記されたマニフェストはほとんどなく、むしろマニフェストでは政策理念を示されるのであるが（小堀2002：第9章補論）、日本のマニフェスト政治は、「数値目標、期限、財源、工程表」を明示する硬直的な特徴を持った。民主党政権発足後、マスメディアやいくつかの民間団体やシンクタンクは、節目節目にマニフェストに掲げられた数値目標の達成度を検証し、公表した。こうした検証・公表が機械的に行われると、未達成についての批判を含意することになり、状況の変化に応じた政権の対応を困難にした。新谷は、こうしたマニフェストの運用は「まさに民間企業の評価様式であり、それをそのまま国家に当てはめることが適切かどうかおおいに検討する必要がある」（新谷2012：173）と述べており、わが国のマニフェスト政治に安直な側面があったことは否定できない。

(2) マニフェストの検証

　本項では、2009年衆院選マニフェストの概要を見たあとに、その達成度のみでなく、その理念、妥当性、整合性、体系性などの観点から検証を行う。

①2009年衆院選挙マニフェスト
　民主党の2009年衆院選マニフェストは、①政権の意思決定システムについての「鳩山政権の政権構想」（5原則および5策）、②重点政策についての「民主党の5つの約束」、③7分野55項目について記す「マニフェスト政策各論」の3つの部分から構成されている。後2者は、政策の具体的内容について論じられている。このうち本節では、重点政策についての「5つの約束」について論

じ、「政権構想」（5原則および5策）については次節で検討する。
　「5つの約束」では、①「無駄遣い」の項目で、国の総予算207兆円の全面組み替え、税金の無駄遣いと天下りの根絶など、②「子育て・教育」の項目で、中学卒業まで1人あたり年31万2,000円の「子ども手当」、高校の実質無償化、③「年金・医療」の項目で、年金制度の一元化と月額7万円の最低保障年金の実現、後期高齢者医療制度の廃止、医師の数の1.5倍への増員など、④「地域主権」の項目で、地方の自主財源の大幅増額、農業の戸別所得補償制度の創設、高速道路の無料化など、⑤「雇用・経済」の項目で、月額10万円手当付き職業訓練制度による求職者支援、地球温暖化対策の推進と新産業の育成など、が謳われている。

②共通理念と社会ビジョンの欠如
　民主党のマニフェストに掲げられた政策の多くは個別政策であり、そこには共通の理念があったとは言えない。ただ、そのような理念に繋がる一定の政策の方向性を見ることはできる。それを理解する1つのカギは、「コンクリートから人へ」という標語である。この標語ついて言えば、自民党政権における「コンクリート」に代表される公共投資が「モノ」への投資であったのに対して、民主党の子ども手当、高校無償化、求職者支援は子育てや生産などを行う人を直接支援して、「人」への投資を行い、社会を豊かにするという共通のねらいを持っていた（金子・武本 2010：54-55）。しかしながら、同時に、民主党のマニフェストは、政策を貫く明確な共通の理念が存在しないために、目指す社会のビジョンを示すには至っていなかった。

③重点政策
　いくつかの重点政策を見てみよう。まず、マニフェストでは、「高速道路を無料化して地域経済の活性化を図る」政策が掲げられたが、当初より、道路公団の負債や高速道路の補修・維持管理を税金という国民の負担に肩代わりさせることや、温室効果ガス削減目標との整合性が問題となるなど、高速道路無料

化の政策の妥当性に対する批判があった（『週刊ダイヤモンド』2009年11月14日）。官房副長官を務めた福山哲郎によると、もともと高速道路無料化については、「党内で賛否をめぐって相当な議論があった」が「菅さんが強くこだわったこともあって」2003年のマニフェストに入れたという（薬師寺2012：172）。野党時代の民主党には、妥当性に疑念があり、あるいは党内で十分な議論や合意がなくても、党代表の強い意向であれば、党の重要政策として掲げる「慣行」、あるいは党組織の問題があった。

農業所得補償制度は、「農畜産物の販売価格と生産費の差額を販売農家（自給的農家を除く）に交付金を支払う制度」であり、この制度については、立場によって評価が異なる。農業の「規模拡大・効率化路線」からすれば、農家を補助金漬けにするばらまき政策に映る。実際、民主党は「大規模効率化路線」を志向し、支払い対象農家については、「3ヘクタール以上」にしていたのであるが、2009年マニフェストではすべての販売農家が対象となったからである（金子・武本2010：92）。また、この制度は、他の業種の経営者や労働者等は対象とならないで、農家だけが補償を受けられるという選別主義的な特徴を持っていた（井手2013a：166）。

次に、民主党の年金改革は、まず国民年金、厚生年金、共済年金等を一元化することによって職業等の違いによる不公平感を解消し、また納めた保険料に応じて年金受給額が決まる「所得比例年金」、と所得比例年金が一定額に満たない人には、全額を国庫（年金目的の消費税）で賄う7万円の「最低保障年金」を創設し、改革前の旧制度も存続させながら、40年かけて新制度に移行する計画である。一般に理念として評価できるが実現のハードルが高いと見なされていた（『週刊ダイヤモンド』2009年11月14日）。

これに対して、子ども手当は、一定の理念に基づいて、しかも周到に形成された政策であった。子ども手当政策の基礎にある普遍主義の理念は、男性稼ぎ主中心のレジームから新しい雇用と社会保障のレジームへの転換を支える有力な理念の1つになりえた。さらに、子ども手当政策は、レジーム転換に向けた一定の政策リンケージを前提に形成されたのである。子ども手当政策の理念と

内容を簡単にみておきたい。

　萩原の整理に依拠して述べると、子ども手当は、保護者の所得に関係なく、中学卒業まで子どもに一定額を支給するものである。財源は、配偶者控除と配偶者特別控除、扶養控除を廃止して捻出することにした。ここには、子どもたちは将来は社会保障の支え手になるのであるから、子育ては公共的・社会的な営みと考えるべきだ（「子育ての社会化」）という発想がある（萩原2013）。

　子ども手当の特徴としては、「普遍主義」、「控除から手当」、「給付パッケージ」の3つの特徴を指摘できる。第一に、所得の低い層にのみ手当を支給する「選別主義」は、合理的かつ公平に思われるが、支給対象者を確定し選別するには、所得審査を必要とし、その場合受給者は肩身の狭い思いをし、人間の尊厳が傷つけられることになる。普遍主義のもとでは、あらゆる所得層（とくに主たる納税者である中間層）が同じ手当やサービスを受けるため、社会的連帯が生み出されやすい（萩原2013：160-164；井手2013：24-31, 187をも参照）。

　第二の特徴は、「控除から手当」であるが、所得から一定金額を控除する所得控除は高所得者に有利に働く。そこで「控除から手当」は一律に一定額を給付する子ども手当の実施と同時に、所得控除を廃止することで、中・低所得層の負担軽減を目指すものであった。また配偶者控除の廃止は、子ども手当の財源を確保するだけでなく、女性の就労を抑制する税制を改める狙いも持っていた。第三の特徴は、子ども手当を単独の政策としてではなく、出産から子どもが自立されるまでを経済的に支える「給付パッケージ」の柱として位置づけたことである。このように、子ども手当は、社会保障を若い世代に広げ、男性稼ぎ主中心の雇用と生活保障を改め、社会連帯を醸成する可能性を持っていた（萩原2013：167-168）。

　子ども手当は、最終的には挫折するが、その原因としては財源不足やねじれ国会が重要だったが、子ども手当の理念が党内で共有されなかったことも大きかった。すなわち、2009年当選の大量の1年生議員を中心に、普遍主義に基づく現金給付のあり方や、「控除から手当」の手法などが日本には馴染みが薄く、また専門性が高く、理解している議員が少なかったのである（萩原2013：173-

175)。

　以上のように、民主党の2009衆院選マニフェストについては、個別政策を貫く共通の理念の欠如、それゆえの社会ビジョンの不明確さ、また中には個々の政策の妥当性の欠如、政策間の不整合、実現可能性の低さといった、粗さが認められる。ただ、子ども手当のスキームはレジーム転換を支える１つの理念になり得たが、支給額を月額２万6,000円に増額するという小沢代表の発言によって、財源の裏付けを失い、ばらまきとの批判を受けたことは、民主党にとって痛打となった。萩原は、満額支給達成を先送りしても、「子ども手当の理念の大切さを国民に訴えて、新しい制度をスタートさせるという選択肢」もありえたという（萩原 2013：175）。

(3)「過大」なマニフェスト

　マニフェストに掲げられた多くの政策が、実現されなかった原因としては、第一に、自民党政権下における政府の巨額の財政赤字といった負の遺産や、リーマンショック不況などの状況的要因による税収不足、第二に実行力不足、第三に過大なマニフェストによる財源不足、第四に党内で政策の理念が共有されなかったこと、そして菅内閣以降はとくに、「ねじれ国会」や東日本大震災の影響も考えられる。ここでは、政権交代以前の準備期間と鳩山内閣を中心に検討したい。

　まず、政府の財政赤字は、確かに民主党の政権運営に大きく制約し、またリーマンショックなどによる税収減の影響も民主党政権に負荷をかけた。しかし、田中は、原因としては第二の「実行力」および第三の「過大なマニフェスト」が重要であること強調する。第二の「実行力」については、鳩山政権は、2010年度予算編成に当たり、公共事業から子育て・福祉分野へ予算分配を変えていったが、マニフェストとは関連の薄い社会保障以外にも振り向けて、歳出を膨張させて、マニフェスト実施のための財源確保を困難にした（田中 2013：97）。

　マニフェスト政策の実現が困難になった第三の理由は、マニフェスト自体の

「過大さ」にあり、この「過大さ」はマニフェストを形成する過程から生まれた。2005年マニフェストでは必要な財源を確保できないとの判断で、年金目的消費税3％を掲げていた（薬師寺2012：180, 186）。しかし、2006年に小沢代表の下で作成された「政権政策の基本方針（マグナカルタ）」では消費税に言及されず、執行部は「無駄遣いを削る」ことによって財源を確保できると主張し、2007年参院選マニフェストはこれを原型とした。

財源については多くの議員が懸念を示していたが、「政権に就けば、いくらでも財源を生み出すことができる」と述べた小沢代表と藤井裕久の発言は決定的だった（薬師寺2013：232；直嶋2012：82）。小沢はかつて自民党の幹事長、そして細川政権における与党新生党の幹事長の経歴を持ち、また藤井は、大蔵官僚、そして細川政権の大蔵大臣の経歴を持っており、この2人の財源に関する発言は、それに匹敵する経歴の政治家がほとんどいない民主党内にあって、抗し難い重みがあった。それだけに両者の責任は重大であった。

また、過大なマニフェストの理由として、野党として積み上げてきて、実現したい政策がマニフェストに盛り込まれたこともも指摘される（中北2013：23）。さらに、過大なマニフェストは、一面では、野党が政府の状態についての正確な情報についてアクセスできないことの反映でもある。こうした問題を克服し、円滑な政権交代を可能にするものとして、イギリスでは政権獲得前の野党と官僚との接触を認めるなど、政権移行の制度の存在している（牧原2013：第6章）。

第四に、政策理念が共有されなかったことが指摘できる。子ども手当も、理念が共有化されていれば、実現する可能性は大いにあった（萩原2013：173-174）。理念が共有化されなかった一因は、2009年衆院選マニフェストの作成過程で、選挙作戦上マスメディアに漏れないようにするために、小沢の指示で作成チームを少人数にし、議員全員へ内容の公開は選挙直前になったことにある（直嶋2012：48, 67-71, 81）。

4　民主党のマニフェスト（2）：政権構成

　前節ではとくに、民主党のマニフェストの政策内容を検討したが、本節ではこのマニフェストで重要な比重を占める「政権構成」を検討していく。2009年の衆議院選挙に向けての「民主党の政権政策マニフェスト」の冒頭には、「鳩山政権の政権構想」の見出しのもとに、構築すべき統治システムの「5原則」および「5策」が掲げられている。

　政府の意思決定システムの変革のための「5原則」としては「官僚丸投げの政治から……政治主導の政治へ」、政策決定の政府と与党の2元体制から内閣への一元化、「各省の縦割りの省益から、官邸主導の国益へ」などが謳われた。またこの変革を実現するための具体策としての「5策」には、政務三役を中心にした政治主導、事務次官会議の廃止と「閣僚委員会」の活用、国家ビジョンをつくり、政治主導で予算の骨格を策定する「国家戦略局」の設置、天下りを禁止し、行政全般を見直す「行政刷新会議」の設置が掲げられる。

　また、政権運営の「基本方針」には、マニフェストの内容を再度確認するとともに、「官僚主導・官僚依存から、政治主導・国民主導へ」の刷新、与党の事前審査慣行の廃止と族議員の誕生の抑制、官僚のみによる事前調整の抑止、これに代わる閣僚委員会による実質的な議論と調整などが示され、さらに「政・官の在り方」では、政務三役は、「政策の立案・調整・決定を担うとともに、「官」を指揮監督する」ことなどが定められた。

　以上の文書は、全体として政治（首相官邸、内閣、政務三役）と官僚の関係、政府と与党の関係、そしてそれらを統合する首相・官邸主導の3つの側面に焦点を当てている。

　以下においては、民主党の3つの内閣の政権運営を概略するとともに、政府－与党関係、政治主導、そして官邸主導といった3本柱が、実際にどのように展開したかを検証していきたい。

5　鳩山内閣

(1) 政権運営の経過

　鳩山内閣は「コンクリートから人へ」のスローガンのもと、公共事業から子育て・福祉分野へ予算分配を変えようとした。前原国交相は、就任当日八ッ場ダムの中止表明に続き、高速道路建設の一部凍結などを矢継ぎ早に打ち出した。また子ども手当、高校の実質無償化、農家戸別所得補償が実現し、行政刷新会議による事業仕分けは予算の無駄遣いや天下りの実態を次々と明らかにし、「無駄削減」への国民の期待も高まった。

　他方で、鳩山首相は2010年度予算の編成に当たり、各省庁の新大臣に「要求大臣」ではなく、「査定大臣」として既存事業の予算に厳しく切り込むように求めた。しかし各省が出し直した概算要求は拡大し、予算の「組み替え」どころか、「上乗せ」になり、2009年度当初予算を6兆円も上回った。またこの予算編成過程では、しばしば閣僚が調整のないまま異なる意見を表明し、閣僚同士や閣僚と党幹部の間で対立が表面化したり、首相官邸の調整能力も乏しく、民主党の政権担当能力を疑わせた。

(2) 意思決定システム

①政府－与党関係：内閣への「一元化」

　マニフェストでは、政権構想の第一の柱として、政府－与党関係の二元性を克服して政策決定の内閣への「一元化」が謳われたが、現実の展開では政策調査会の廃止や陳情の幹事長室への一元化といった党内ルールの改変により、二元制は克服されず、むしろ逆に党への一元化を思わせる局面も生じたのである。

ⅰ政策調査会廃止

　焦点となったのは、政策調査会長が閣僚を兼務するかどうかという問題であり、これは内閣発足前日の9月15日に開かれた民主党「三役会議」で議論され

た。この会議は、鳩山代表と、菅、小沢、輿石の3人の代表代行、岡田幹事長の計5人で構成する事実上の最高意思決定機関である。ここで小沢は、「政策決定は内閣でやってほしい」、そして内閣一元化の帰結として政策調査会を廃止する、という提言を行った。これに菅と岡田は難色を示したが（薬師寺 2012：28-29）、最終的には、鳩山は小沢に同調し、政策調査会は廃止されることになった（毎日新聞政治部 2009：33-35；清水 2011：56）。また幹事長に就任した小沢は、代表代行や副代表のポストに誰も就けず、副会長ら党役員には自らの側近を配した（薬師寺 2010：279-280）。代表代行だった菅も役員会の席を失ったのである（朝日新聞政権取材センター編 2010：92）。こうして小沢幹事長は、「政府・与党の2元体制から、内閣への政策決定の一元化へ」という原則を盾に、党から政権の実力者の関与を排除し、党の意思決定を幹事長に集権化していった。

さらに、小沢は、三役会議の決定を受けて、「議員必見」という注意書きを付した「政府・与党一元化における政策の決定」と題する文書を全与党議員にファックスで送った。この文書は、政策決定過程の一元化を理由に、民主党による議員立法の禁止と党議員の国会質問の制限などが打ち出すとともに、政策調査会を廃止し、代わりに設ける各省政策会議は、事前承認権は持たず、意見交換の場にすぎないことを示していた。小沢はこれらのルールの導入により、与党内の多元性を抑止して一般議員に対するコントロールを容易にし、党内権力を幹事長に一元化しようとしたのである。しかし、第2節で述べたように、一定の分権性を特徴とする党組織において、議員たちを単なる国会での「採決要員」に留めておくことは容易ではなかった。多くの議員は政策決定に関与できず、不満を募らせていたのである（薬師寺 2010：280）。

ⅱ陳情の一元化：幹事長室による団体・自治体とのアクセスの独占

11月初めの役員会で、各種団体や地方自治体からの予算と税に絡む陳情・要望を幹事長室が一元的に管理する方針を決めた。小沢幹事長は役員後の記者会見で、自民党政権下では各省庁や個別議員が陳情を受けていたことについて「利益誘導型、政官業癒着の政治の大きな原因」とし、「そういうことをなくそ

うということだ」と説明した。この結果、幹事長室は陳情の重要度に応じて各省の政務三役との面会を斡旋し、党の政策要望として実現を後押しする権限を握り、表向き、政策には口を出さない姿勢を示していた小沢一郎幹事長の圧力が、公然と政府に及ぶことになった（『日経』2009.11.12.：日経速報ニュースアーカイブ）。こうして、幹事長室は、一般議員のみでなく、省庁官僚制や内閣に対しても優位な立場に立つことになった。小沢幹事長は、自民党時代の族省業の三角形を排除するために土地改良団体、農協、日本医師会、歯科医師会など、自民党寄り業界への予算配分の削減や交付金の経由外しなどの手法で、自民党からの離反や、民主党支持を促していった。

しかし、次章で論じられるように、民主党政権は、土建国家レジームの転換に不可欠な「新たな支持層を見据えて利益媒介システムを再構築する」志向は弱かったのである。

⒤ⁱⁱⁱ「政府・与党の2元体制」そして「党への一元化」へ？

鳩山内閣の政権担当能力の試金石と見られたのは、2010年度予算編成であったが、概算要求は09年度当初予算より6兆5,000億円膨らみ、予算編成を仕上げることができない状況に陥っていた（清水2011：99-100）。

そこで、小沢幹事長は、官邸が行うべき各省庁間の調整にも乗り出し、最終局面で予算と税制に関する党の要望書の提出という形で介入することによって、最終調整が進み、年度内予算編成が可能になった。最大の焦点であるガソリン税などの暫定税率は最終的には小沢幹事長が主導してまとめた重点要望に沿った、しかし「マニフェスト違反」の決着となった。鳩山内閣は、「政府・与党の2元体制」を克服して政策決定の「内閣への一元化」を目指したが、もともと「政策は政府」、「選挙・国会は党」という切り分けは不可能であり、結局は2元体制が克服できるどころか、幹事長の関与があってかろうじて年内の予算編成ができたという意味で「党への一元化」の傾向さえがみられたのである（清水2011：100-103；朝日新聞政権取材センター編2010：284-285参照）。

②政官関係――「官僚主導」から政務三役による政治主導へ

　自民党政権では、各府省の副大臣と大臣政務官は、実質的な仕事にはほとんど関与せず、大臣との連携もほとんどなかった。しかし、民主党政権では、各府省の政務三役（大臣、副大臣、政務官）が実質的な仕事をするチームとして、官僚組織に対して政治主導を貫こうとした。

　鳩山内閣では、政官関係が不安定化したために混乱や停滞が見られた。こうした混乱や停滞は、政官間の情報流通の不全と政治家の官僚化という2つの側面からみることができる（『朝日新聞』2010年1月30日付朝刊、2010年3月16日付朝刊；『読売新聞』「民主イズム」取材班2011：36）。政官間の情報流通の不全の面から言えば、政務三役会議に官僚がどう関わるかは、府省によってさまざまであった。会議直後に事務方にブリーフィングを行う府省、秘書官を入れる府省、秘書官と総括課長まで同席させる府省、まず会議の冒頭に15分ほど省の重要問題についた議論したり、与党内の連絡事項や情報共有のために打ち合わせをし、その後事務次官を加え、議題に応じて関係局長や、資料説明の必要に応じて担当課長を加える府省など多様なパターンが見られた（『朝日新聞』2009年12月24日付朝刊；直嶋2012：43-44）。この違いは、政務三役の力量を含めた個人的属性によるところが大きいとされる。このように府省によってさまざまであったが、総じて政官の間には必要な情報の共有が十分でなかった。そのため、政務の官房副長官が事務の官房副長官に各府省との調整を依頼しても、各省の次官には上司の政務三役からの指示がないために調整できない状態も生じたのである（松井2012：251）。

　他方、政治家の官僚化とは、政務官などが、局長、課長、課長補佐の役割をすべて演じるとか、官僚を排除し、本来官僚の役割であるミクロな行政まで取り組む傾向があった、ことを指す。このような政治家の官僚化は、専門知識の乏しい政治家が専門知識を必要とする行政を担うという意味で非効率であるし、何よりも忙しすぎて政治の役割に投入すべきエネルギーや時間を減少させるというマイナスをもたらす。この政官間の情報流通の不全と政治家の官僚化という2つの側面は、前政権と密接な関係にあった官僚組織に対する警戒感から生

じたと考えられるが、官僚組織の潜在能力の活性化を阻害することになった。

③官僚による事前調整の抑制と事務次官会議の廃止

　鳩山内閣は、政権運営の基本方針で通常の官僚による府省間調整を抑制し、またマニフェストで事務次官会議の廃止を明示していた。事務次官会議は、省庁間の調整結果を確認し了承するにすぎなかったが、会議の議題と日時が設定されることによって、省庁官僚が何をいつまでに調整しなければならないかを明示するという、いわば政府活動の「進行管理」を担っていた。「民主党はこの仕組みを排除したために、期限内に物事を決めることに四苦八苦することになった」（山口2012：7）。また、官僚同士の折衝を許さないことによって、霞ヶ関を横断する調整ネットワークは寸断された（清水2011：13）。

　さらに、信田によると、事務次官会議は官邸主導の前提条件であった。事務次官会議は、一方で、小泉政権時代におけるように、一方で首相のトップダウンの指示を官僚組織全体に伝える最初の場として活用され、他方で、事務次官会議で行政レベルでの最終的決定がなされるからこそ、いつどの政策が事務次官会議に諮られるか、「どれほど調整が進んでいるか、その内容は、といった政策情報が官邸に入る」仕組みになっていた。また官房長官や事務の副長官は各省庁から相談を受け、必要に応じて調整に乗り出し、これによって官邸の求心力が生まれていた。それゆえ、事務次官会議の廃止によって、事務の官房副長官の影響力が低下し、それが「首相主導の政策決定ができにくくなった要因の１つであった」。さらに、局長以下の各レベルの省庁間の調整も原則禁止されたが、「政務三役だけで膨大な数の決定を行えるわけもなく、経験も知識も限られているために調整が進まないことが少なからずあった」のである（信田2013：142-143；清水2011：13, 149）。

④閣僚委員会

　自民党政権においては、省庁間の対立は、官僚間の協議によって調整がなされた。しかし鳩山内閣の「基本方針」には、官僚による事前調整を廃止する代

わりに、重要政策について、首相と官房長官がその都度判断して閣僚委員会を開き、実質的な議論と調整を進めると記されていた。これは、大臣たちが縦割りの弊害に陥らないように、「政務三役による原案決定→閣僚委員会での調整→首相を交えて決定→閣議決定」という過程で調整を図るという構想である。鳩山内閣では、予算編成、通商交渉、地球温暖化などの重要政策に関する閣僚委員会が頻繁に開催され、調整が進められた（清水 2011：52）。

　しかし、鳩山内閣でも次第に閣僚委員会が開かれなくなり、関係閣僚が非公式に集まる関係閣僚懇談会に近いものになり、さらに副大臣級の会議に代替されていった。民主党政権の意思決定システムをデザインした松井元官房副長官は、こうした後退は、閣僚委員会と副大臣級会議の設置、担当事務局、議事録の作成と公表の時期などについて制度として規定する余裕がなかったことが一因であるという（薬師寺 2012：243, 251-252）。そのことに関連して、国家戦略局に出向した財務官僚は、閣僚委員会が「閣議に代わって内閣の意思決定を行う場」という認識が十分に確立していなかったことを強調する（高田 2012：58）。副大臣会議も、そこでの意思決定が各省庁に伝わり、情報を共有して調整を進めるようなものではなく、むしろ秘書官を同席させないで、副大臣がオフレコで本音で議論する場となっていき、意思決定過程の不透明性も高まっていった（薬師寺 2012：256）。そして、閣僚委員会は菅内閣、野田内閣ではほとんど消えてしまい、事務次官会議も事実上復活して、省庁間調整は従来のパターンに戻っていったのである。

⑤首相と官邸

　首相・官邸主導は、政治主導を確立するための重要な要素であったが、鳩山首相の内閣ガバナンスのスタイルは、首相主導ではなく「閣僚発信型」であった（朝日新聞政権取材センター 2010：98）。他方、2010年度予算案の編成や税制改正に見るように、閣僚もこの首相の「受動型」スタイルに呼応して、それぞれの省の政策にこだわる閣僚同士が対立し、相互に食い違う発言を「自由に」行い、指揮不在・調整不在の政治を生んだ。政府内ばかりでなく、政府と政権

党の間で異なる意見が表明され、政権内の調整の欠如と統一のなさが露呈した。首相のリーダーシップの欠如は明白であった。

　政策決定への「内閣への一元化」が実現しなかった一因は、鳩山首相による「ダブル司令塔」構想が成功しなかったことにある。鳩山は菅副総理・国家戦略相と平野官房長官を「ダブル司令塔」として政権を運営しようとし、菅には各大臣間の調整をはじめとする「政策の中心」、平野には選挙戦略や国会対策など党務を仕切る小沢幹事長との連携という役割を当てた。しかし、閣内調整の全権限が官房長官にあり、国家戦略局の法整備はまだなされない段階では、鳩山の「ダブル司令塔」構想の実現は容易ではなかった（清水 2011：78-79）。政権が発足すると、実際に権限のある官房長官に仕事が集中し、平野は多忙を極めることになったが、その役割を円滑に果たせていないという批判が強まっていった（朝日新聞政権取材センター 2010：169）。官僚による省庁間の調整を原則禁止し、事務の官房副長官の機能を弱めたことも、官房長官への負荷を増大させた。

　上に述べてきた、政務三役による政治主導、事務次官会議の廃止、閣僚委員会、首相・官邸主導といった課題はいずれをも所期の成果を得ることができなかった。その理由としては、基本的に、政官関係および制度変化についての理解が一面的で未熟であったであったことが指摘できる。

⑥政官関係の理解

　政治家と官僚の関係（政官関係）をどう捉えればよいのか。官僚モデルとしては、一方で官僚は地位や報酬といった個人的利益を追求するものであり、その帰結として所属組織の予算極大化を目指すというモデルがあり、これに対して、ダンリヴィーは、政治・行政の改革などのやりがいのある仕事を追求するモデルを提示した（Dunleavy 1991；真渕 2009：477-488）。一般に、前者の予算極大化モデルが有力であり、民主党の「官僚主導」批判もこれを前提としている。しかし、やりがいを実感できる仕事をしたいと考える官僚のモデル（あえて「公共志向モデル」と呼ぶことにする）に近い官僚が存在することが少な

からず確認される。元官房副長官の松井は、細川内閣のときに、「われわれ課長補佐クラスを含めて、……閉塞感のある政治がどう変わるかという期待感があったことも事実です」、「少なからぬ官僚は、……先送りされてきた問題を改革しなければという意気込みを見出して共感していました」と述べている（御厨ほか 2013：130-131）。また、松井より１世代、２世代若い官僚にも、同様のタイプの官僚たちを見出すことができる（新しい霞ヶ関を作る若手の会 2005；荻野 2012：98-105）。

　ただし、わが国では、官僚行動を予算極大化モデルに向かわせるバイアスが存在する。それは官僚の報償体系（あるいは誘因構造）に「天下り」が組み込まれていることである。つまり官僚という職業の対価は、現職時の報酬だけでは十分でなく、退職後の「天下り」によってカバーされるのである。この天下りによるカバーは、採用時における明示されざる、暗黙の、しかし確固たる契約として当事者間で了解されている慣行である。それゆえ、官僚は省庁組織として、天下り先を維持・確保しようとし、ひいてはしばしば行政を歪めることが生じるのである。問題は、官僚の倫理観・公正観にあるというよりも、官僚制の誘因構造にあるのである。

　したがって、持続可能な社会を目指す政権が行うべきことは、官僚に不信感を持ったり、天下りを即座に禁止することよりも、いくつかの欧州諸国のように官僚の報償体系を天下りに依存しないものに徐々に改革していくこと[3]、そして多くの新しい官僚のあり方を浸透させていくことであろう。このように、従来路線とは異なる政策を官僚に浸透させることは時間のかかることである。しかしながら、鳩山内閣は、しばしば官僚を排除したために、政権運営に困難を招いた。民主党は、政権運営の困難さと自己の限られた経験、能力およびリソースの間の落差に十分に自覚的ではなかった。この落差を認識していれば、民主党政権はより慎重に、より注意深く、官僚との協力関係を維持しながら、政権を運営したであろう。

　小泉内閣の官房長官を務めた細田博之は、自民党が政権に復帰した後に、民主党政権について「行政官を使わないからそういうことが起こるのです。役人

どもは排除せよというわけです。……最後はチェックすればいいのに、細かいところでお前たち黙っていろというのは民主党の誤りです。」官僚の「使い方は自民党はうまいんです。蛇の道は蛇だからプロの言うことを聞かないと……判断はできないことは、大半の政治家はわかっています」と誇るかのように述べている（御厨ほか 2013：73）。それでは自民党政権が比較的安定して政権運営できたのはなぜかといえば、自民党議員が民主党議員より賢明であるとか能力が高いのではなく、上述のように、自民党と官僚（そして関係団体）の間で長期にわたるコミュニケーションの反復により、相互の価値観や政策志向を理解し合い、問題認知を共有し、ネットワークを形成してきたからである。そこで、自民党は安心して官僚に相当の仕事を委任することができ、官僚もまた自民党に対して予測対応的に行動することができたのである。しかしながら、自民党政権における政官民の政策ネットワークは土建国家レジームに埋め込まれており、同時にこのレジームを支えるものであり、それゆえその持続可能性を喪失していたのである。民主党政権が実効的な政官関係を構築するには、価値観を相互に理解し合い、問題認知を共有するネットワークを時間をかけて再編していく（それゆえ次の総選挙後も政権を担当する）構えが必要であった。またそのためには、新しい政官関係のみでなく、次章で示されるように、新しい「政官民」関係の構築も必要であった。

⑦制度変化と民主党政権

　民主党政権が挑戦した「脱官僚依存」や「政治主導」の確立は、政官関係の問題であるが、より広くは制度変化の問題である。民主党政権の失敗の大きな要因の1つは、制度変化についての理解が乏しく、それゆえ適切な戦略をとることができなかったことにある。

　制度には、一定の軌道の延長上を進む慣性がはたらき、その軌道から逸れる変化は起こりにくい（新川 2012；Streek and Thelen 2005）。民主党政権は一気にかつ全面的に政官関係を改革しようとしたが、結局は従来の制度が存続し、元に戻ることになった。したがって「リベラル政権の維持」を成功させるには、

「漸進的変容」の道しか残されていなかった。民主党政権の意思決定システムをデザインした元官房副長官の松井孝治は、「連続性と非連続性のバランス」の必要を説いており、これは、漸進的変容の1つのバージョンと考えられる。松井によれば、政権交代をしても、白紙の上に政権運営するわけではなく、官僚をはじめとする諸機関・諸組織との間の過去の経緯を踏まえて、進めなければならないのである（薬師寺2012：247-250；松井2013：42-43）。

　また、政権は一般に権限や財源に制約があり、そのうえ民主党政権は、明らかに経験、知識、時間、人材などのリソースが限定されていたのであるから、重要政策の優先順位を決めて、いわばせいぜい強めの「漸進的変容」の途を着実に進むべきであったろう。松井は、「今思うと、最初の鳩山政権はオールスター内閣で手を広げすぎたかもしれません」と述べ（御厨ほか2013：140）、2人目の首相の菅直人も、マニフェストについて「一度にやるのではなく、もうちょっとなだらかにやったほうがよかった」と振り返っている（萩原2013：178）。

⑧国家戦略局

　松井は、政権運営に当たり首相を支える直属の「司令塔」が必要だと考えていた。政権交代後、民主党政権はマニフェストに基づき、小泉政権の「司令塔」であった経済財政諮問会議を休止させ、代わりに「新時代の国家ビジョンをつくり、政治主導で予算の骨格を策定する」国家戦略局を構想した。しかし、国家戦略局の法整備は遅れ、「首相決定」による設置規則によって課レベルの組織として国家戦略「室」が設置された。設置規則によれば「税財政の骨格」、「経済運営の基本方針」、「その他の重要政策」の企画立案や総合調整に「首相の指示」で当たるように定めていた。しかし「何でもやれそうな反面、菅自ら各大臣に指示を下す法律上の権限は何もなく、不安定な新政権にあって立ち回りは難しかった」（清水2012：92）。それに加え、国家戦略室の対象分野も限定されていった。政権発足2日目に、岡田克也外相は、国家戦略室は首相から具体的な指示がない限り外交問題については扱うべきではないと牽制した。予算に

ついても藤井財務相から同様の牽制を受けたが、これで、国家戦略室は、外交や予算編成における司令塔の役割も果たせなくなった（信田 2012：137）。

　それでも松井は、国家戦略室で人材を集めて、予算編成方針をつくるべきだったと述べている。しかし、菅は、予算編成には関心が薄く、松井の構想には消極的であった。菅は、あの局面における自分の立ち位置に敏感であったと思われる。国家戦略室には、権限、予算、人員等の法律上の裏付けがないために、積極的に動くには少々無理をしなければならなかった。菅が「ポスト鳩山の一番手だからこそ、隠忍自重の構えをとり続けた」ことも理解できる（清水 2011：92）。予算編成は、菅および野田の両内閣で森内閣以前のスタイルに戻ってしまった（松井 2013：40）。

　松井は、国家戦略局を法的に裏付ける政治主導確立法案をできるだけ早期に内閣提出法案で成立させたい考え、2009年総選挙後の最初の臨時国会に法案を国会に提出するのが唯一最後のチャンスだったと見ていた。松井は、政治主導確立法案を閣議決定して臨時国会への提出を鳩山首相に直訴するが、官邸の判断でそのチャンスは活かされなかった。平野官房長官は、小沢幹事長と鳩山首相の政治資金問題を抱え、首相を守るためにも、国会を大幅延長してスキャンダルを追及されるのを回避しようとし、また臨時国会を閉じて予算編成に専念すべきであると考えたのである（松井 2013：36-40）。

　それでも鳩山内閣は、（成立を見込んだかどうかは不明だが）政治主導確立法案を通常国会に提出した。しかし、民主党幹部は、参院選対策のため、子ども手当法案等の審議を優先させ、政治主導確立法案の審議は後回しになり、結局継続審議になった（塩崎 2013：69-70）。竹中は、民主党政権が国家戦略局を実現する上で、(1) 首相の行政組織を編成する権限の制約、(2) 国会の議事運営に対する内閣の権限の制約、(3) 内閣の参議院に対する権限の制約が、妨げになったことを指摘している（竹中 2013）。

　政治主導確立法案が先送りされ、結局は撤回されることになるもう1つの大きな要因は、松井の言うように、「党内の支持が弱かった」こと、つまり「統治改革が党のレーゾン・デートル（存在理由）だと言う人は、仙谷[由人]さ

んも菅さんも含めていない」という政権の意思決定方式の変革への関心の弱さにあった（御厨ほか 2013：137；薬師寺 2012：217；塩崎 2013：69）。

(3) 鳩山内閣のまとめ

　本節では、マニフェストに焦点を合わせながら、鳩山内閣の経緯を記述してきた。民主党とマニフェストに対する国民の期待は大きかったが、マニフェストの「過大さ」や財源について懸念する声も少なくなかった。また民主党のマニフェストの多くが従来の政策の「破壊」か「否定」となっており、その後の実効的な再構築や「創造」が明確に示されていないことに危惧も表明されていた。政策決定の内閣への一元化を目指したが、一般議員の不満に対する適切な対応策を見出せず、とくに、官僚排除の後の新システムのデザインの欠如や未熟さが混迷を招いた（毎日新聞政治部 2009：169-171）。

　鳩山内閣は、2010年11月頃から、「予算編成における混乱」、「普天間飛行場移設問題をめぐる閣内の不統一」、「鳩山首相のリーダーシップの欠如」「実行力の欠如」などの理由で内閣支持率を急落させていたが年明けの2010年1月からとくに「政治とカネ」と普天間移設の問題が支持率続落の理由に挙げられ、5月には支持率は21％に低下し、6月2日に鳩山首相は辞任を表明した。

6　菅内閣

　鳩山首相退陣後に行われた民主党代表選挙では、「脱小沢」を掲げた菅直人が勝利し、直後の朝日新聞の世論調査では内閣支持率が60％へとＶ字型に回復した。そして2010年7月に参院選に向けてのマニフェストは、2009年マニフェストと比べて、財源も考慮したより現実路線に近づいた（『読売新聞』2010年7月8日付朝刊）。

(1) 政権運営の経過

　菅首相は、参院選挙に向けた記者会見で、「強い経済、強い財政、強い社会

保障」を掲げるとともに、消費税率10％に引き上げる案に言及するが、その唐突さ、内容についての発言のぶれなどが原因となって参院選で民主党は大敗北し、政権は衆参「ねじれ国会」の現実に直面する。内閣支持率は、発足1カ月後の7月には39％と大きく下落し、支持率と不支持率が逆転した。その後、菅は9月中旬の党代表選挙で小沢を破り再選を果たすが、相前後して尖閣諸島周辺で中国漁船が巡視艇と衝突する事件が起こり、その対応が世論の批判を受けた。さらに北方領土問題に対する対応の批判もあり、11月には内閣支持率は27％と急落した。

また2010年10月に社会保障・税一体改革の議論を開始したが、一方で、ねじれ国会下で、野党が特例公債法案などを人質に取り、尖閣諸島をめぐる対中関係の対応、東日本の大震災や東京電力の福島原子力発電所の事故への対応、閣僚の言動、小沢一郎の政治資金疑惑問題などに関連して、問責決議や審議拒否の手段に訴えて、民主党の衆院選マニフェストの見直しを迫り、他方では、党内で消費税増税やマニフェストの見直しに対して小沢グループを中心とした反対に遭うという構図に直面し、菅内閣は最後までこの苦しい構図から抜け出すことができなかった。

(2) 意思決定システム

菅首相は、鳩山内閣における政権の意思決定システムの機能不全から学習し、政務調査会を復活させ、官邸機能を強化し[4]、政官関係を修復しようとした。

①政府－与党関係：政策調査会の復活

菅内閣の政権システムの重要な特徴は、第一に政務調査会の復活であり、これには2つの意味がある。1つは、鳩山内閣で政調会を廃止して、「与党内で党幹事長に権限集中が進み、意思決定システムが「2元化」した体制を改革し、「政策決定の一元化」を復活させようとしたことである。2つめは、鳩山内閣で政調会が廃止されたために、党内の若手議員を中心に「政策決定に関与できない」という不満が噴出し、それに応える意味をもつ。政調会には、部門会議

も復活し、政府の閣議決定の前に政策や法案の了承を行うものとされた。自民党の政策調整と似たシステムではあるが、党が内閣提出法案の事前審査権を持つわけではなく、議員は政調会長に提言するに留まり、政策決定への強い関与には限界があるように思われた。また政調会長が閣僚を兼務して党の意向を政府に伝え、「閣議決定に政調会長が参加することで、党の決定にもな」り、2元的な決定システムとはならないと説明された。しかし、党側の主導権が強まれば、議員が「族議員」化する可能性は残された（『朝日新聞』2010年6月8日付朝刊、6月9日付朝刊、2011年9月13日付朝刊；『読売新聞』2010年6月8日付朝刊；『日経新聞』2011年12月25日付朝刊）。

②国家戦略室

　2009年衆院選マニフェストでは、「国家戦略局」に予算編成の基本方針や府省間の対立を調整する「司令塔」の機能が期待されていた。この構想実現のため、鳩山前政権が提出して継続審議になった政治主導確立法案では、戦略「室」を戦略「局」に格上げし、役割についても「予算編成の基本方針企画、立案、総合調整」と明記されていた。しかし。菅首相は、国家戦略室を「司令塔」から首相の助言機関（菅は英国の政策室（policy unit）のイメージを描いていた）に「格下げ」した。2010年度予算編成に関し、当時国家戦略相だった菅は、予算編成の作業の複雑さと調整の難しさを実感し、財務省官僚組織に依存しなければならないという思いを強めたと思われる。実際、ねじれ国会の下で、戦略室を局に格上げするための政治主導確立法案の成立はほとんど不可能になっていたのである。国家戦略局を構想し、政治主導確立法案を中心となってまとめた松井元官房副長官は、「官房長官が、首相、財務相、政調会長と相談しながら予算編成するなら自民党内閣と同じ」として菅首相に、戦略「局」への格上げの努力をするように申し入れている。しかし、菅は「予算編成は総理大臣である俺がやればいいんだろ、という意識だった」という（塩崎 2013：71）。

　さらに菅が、マニフェストに記された「予算編成の基本方針の企画、立案、総合調整」の役割を戦略室に与えようとしない理由としては、自己の首相権力

に対抗しうるもう1つの権力の存在を認めるのに躊躇したことが考えられる。同様の傾向は、鳩山政権時に、菅国家戦略相に対して鳩山の周辺が示した警戒にも見られるものであった（『朝日新聞』2010年7月16日付朝刊、17日、8月5日付朝刊）。2001年5月、東日本大震災に対応するために、国務大臣をはじめとする政務三役の増員を内容とする法案が国会に提出されるとともに、政治主導確立法案はこの新たな法案との内容が一部重複するとして撤回され、新たな法案も8月に審議未了で廃案となった（藤井2012：173-174）。

③政官関係
①政官関係の修復
　菅内閣は、「基本方針」で「政務三役と官僚は、それぞれの役割と責任の持ち、相互の緊密な情報共有、意思疎通をはかり、一体となって、真の政治主導による政策運営に取り組む」として、政官が一体で政策を推進する協調体制をつくろうとした。官僚を厳しく批判してきた菅が融和路線に転じ、8日の就任会見では「政治家だけで物事を考えて決めれば言いということでは全くない。官僚こそ政策や課題に取り組んできたプロフェッショナルだ」と持ち上げた（『朝日新聞』2010年6月10日付朝刊）。また、9月の党の代表選挙で再選された後の菅改造内閣の新政務官を集めた21日の会議でも、「（政権交代から）1年間の若干の反省を含めて言えば、政務三役だけで物事をやろうとしすぎた。省庁には膨大な仕事がある。三役だけですべてをやろうと思ってもオーバーフローする」と述べ、政務三役が官僚を使いこなすよう指示した。菅首相が、民主党が政権交代の際に掲げた「脱・官僚依存」という看板を下ろしてまで官僚との関係を改善しようとしたのは、鳩山政権で、予算編成にせよ、普天間基地移設問題にせよ、官僚を排除して政権運営を円滑に行うことが難しいことを学習したからであろう（『日経新聞』2010年6月9日付朝刊；『朝日新聞』2012年11月24日付朝刊）。

　しかしながら、2011年3月11日の東日本大震災および東京電力福島原子発電所事故の発生ともに、菅首相には、東電のみならず、保安院や原子力安全委員

会の官僚に対する不信感を増大させ、ブレーンとしての内閣官房参与を増員させていった（清水 2011：10）。

ⅱ「事務次官会議」の復活

　菅内閣は6月2日に各府省の事務次官に対しても、政官関係の改善に協力をするよう求め、12月28日には、仙谷官房長官が、各事務次官を集めて各省内の「政務三役会議」に陪席するよう要請した（『朝日新聞』2010年12月29日付朝刊）。また2011年1月に菅首相が各省事務次官に、「省庁間の調整に事務次官会議が重要な役割を占めていた」ことを認め、会議を復活させるまでには至らなかったが、鳩山内閣で原則封印された事務次官や局長、課長等の各レベルでの官僚による政策調整を行ってもらいたい、と発言している（信田 2013：161-162）。

　各省事務次官が表舞台に出てきたのは、東日本大震災後、とくに仙谷が3月17日に官房副長官に就任し、「被災者生活支援特別対策本部」の本部長代理になってからのことになってからである。地震発生後、政府は被災者支援や原発事故対応が遅いという批判を受けていた。仙谷は、この支援や対応の遅れの大きな原因は、事務次官会議をはじめ、官僚による各省間の調整活動を原則禁止にして、政府内のネットワークを寸断していることにあると判断したと考えられる。仙谷は就任早々、政府の「被災者生活支援各府省連絡会議」に事務次官を正式メンバーとして参加させ、「事実上の事務次官会議」を復活させた。3月24日の連絡会議の第2回会合で、仙谷は「今後どういう法律が必要であるか、各府省でよく検討してほしい」と指示した。連絡会議の役割は、政権中枢の指示が各省の末端まで浸透し、実行されているかどうかチェックすることと、同時に省庁横断的な取り組みが必要な被災者支援を各事務次官に責任を持って担わせるねらいを併せ持っていた。仙谷の戦略は、被災者支援に官僚機構を総動員することにあり、そのために、副大臣会議などの官僚排除に傾きがちな民主党流政治主導ではなく、「事務次官会議」方式を採用したのである（読売新聞政治部 2011：78-79；清水 2011：12-14）。

(3) 政権浮揚の戦略と失墜

①「脱小沢」戦略

　鳩山首相退陣の後の6月の代表選挙では、仙谷ら次世代リーダー候補の7奉行は、「脱小沢」路線を条件に菅支持を打ち出しことを受けて、菅は7月3日の出馬の記者会見で、小沢幹事長は「……しばらくは静かにしていただいたほうが、本人にとっても、民主党にとっても、日本の政治にとってもよいのではないか」と激しい言葉で、「脱小沢」を鮮明にし、勝利した。

　9月の代表選挙は、菅と小沢の直接対決となった。両者の政策上の対立は、衆院選マニフェストの財源と消費税の問題であり、菅が「消費税を含む税制の抜本改革も検討する」を強調するのに対して、小沢は「消費税率引き上げの前に行政の無駄削減を徹底」すべきであると主張した。選挙結果は、国会議員票が菅支持が206人、小沢支持が200人と僅差だったが、党員・サポーター票が大差で、菅が勝利した。小沢グループからは、有力議員がいないこともあり大臣の起用はなかったが、何人かが副大臣や政務官として処遇された。党役職では、脱小沢路線の岡田が幹事長、同じく玄葉光一郎が政策調査会長に起用された。この政府と党の人事は、一般には「脱小沢」路線を進めたと見られて、内閣支持率も57％へと再びV字型回復を見せた（清水2011：193-203；読売新聞「民主イズム」取材班2011：200-211）。

　それまで鳩山、菅、小沢のトロイカ体制が微妙なバランスを保って維持されてきたのだが、この2つの代表選挙は、党内に修復の難しい亀裂を生み、やがて消費税増税問題を軸として、党分裂を引き起こす遠因になったと考えられる（清水2011：156；伊藤2013：45）。この帰結を見ると、はたして、党内リーダーの1人を非難の的にして政権浮揚を狙うという、菅首相の激しい「脱小沢」戦略が、民主党にとって適切であったかどうか議論の余地があろう。

②消費税増税と「ねじれ」国会

　菅首相の消費税増税の課題設定の仕方は、きわめて唐突であり、拙劣であっ

た。ここでは、菅首相がなぜあのような消費税増税の課題設定をしたのかを簡単に見ておきたい[5]。

　2010年6月17日、谷垣自民党総裁は、「消費税率は当面10%」を柱とする自民党の参院選公約を発表した。「責任政党」として消費税率の明記まで踏み込んだのである。同日の記者会見で、菅首相は、「消費税を含む税制抜本改革」に関連して「当面の税率は自民党が提案している10%という数字を1つの参考にさせていただきたい」と述べた。菅は消費税増税について「超党派で法案を提出」することを提案して、選挙の争点から厄介な増税問題を消し、あわせて財源問題を軽減する「抱きつき戦術」をとろうとした。しかし、菅は消費税増税の提案は、少数の民主党幹部に根回ししていたとはいえ、政治交代後の民主党内で消費税論議の蓄積はゼロに等しく、唐突であった。菅は、6月30日に東北3県を遊説したが、3県で消費税の還付の対象となる年収がすべて異なる発言をし、民主党の失速を決定的にした。自前の税制・社会保障改革のビジョンもなかったのである。7月3～4日の朝日新聞調査では、菅内閣を「支持する」が39%、「支持しない」が40%と逆転した。参院選の結果は、民主党は議席を大幅に減らし、与党も参議院で過半数を割り込み、衆議院でも3分の2に届かない「真性ねじれ」の国会に直面したのである（清水 2013：163-166；伊藤 2013：31-43）。

　それでは、消費増税を政策課題として設定する十分な意義があるとして、菅首相は、この問題をどう扱えばよかったのだろうか。田中によれば、このときに税率に言及すべきではなく、「次の衆院選まで徹底した歳出の効率化に努め、どうしても足りない場合は、それに応じて税率を検討し国民に増税をお願いしたい。ただし、消費増税を含む社会保障と税の一体改革には準備が必要なので、検討を開始する」と説明すべきであった（田中 2013：120）。菅自身は、後日、「与野党で協議したい」ということに留めたつもりだが、「精緻な議論を進めての準備はして」いないまま、取材に答えてしまった、「もう少し扱いを含めて慎重にすべきだったな、と戦術的には思います」、「政策として必要でも持ち出し方が稚拙だった」と反省の弁を述べている（伊藤 2013：39）。不用意な菅の

責任は大きすぎるというべきであろう。

③社会保障と税の一体改革

参院選の敗北後しばらくして、菅首相を含む財政再建派は消費税論議を始めたが、消費税論議を「オブラート」で包み、社会保障のための議論を前面に出す戦術をとった。12月には「税と社会保障の抜本改革」の呼び名を、「社会保障と税の一体改革」に切り替えた（伊藤 2013：46-48, 129-130；清水 2013：173-174, 183-184）。一体改革の議論は、東日本大震災によって中断していたが、4月に再び始められた。6月に開かれた税・社会保障抜本改革調査会では、仙谷調査会長はじめ執行部が消費増税を含む一体改革を進めようとするのに対して、反対派は「次の代表選挙の争点にすべきである」とか、引き上げ時期について「経済状況の好転を前提」とすべきであると主張した。最終的には、引き上げ時期について原案を修正し、2015年を「2010年代半ば」という表現で幅を持たせ、また「経済状況の好転」も「前提」ではなく「条件」と明記する、その代わり、消費税率10％への引き上げを明記する、という内容で「一任」を取り付け、かくして社会保障の安定財源を確保することを明記した一体改革の成案が得られた（清水 2013：205-210；伊藤：118-123）。

しかしながら、この会議は6月中に12日間にわたって開かれ、一体改革をめぐるこうした長丁場の会議は、この会議と、野田内閣における3度の会議を含めて、計4度開かれることになる。こうした長丁場の会議は「決められない」「実行力を欠く」という民主党政権のイメージが国民の間に浸透する一因となったのである。

④唐突な課題設定とその帰結

菅首相の政治スタイルの特徴として、「唐突な課題設定」を指摘できよう。重要な政策を場当たり的に打ち上げ、実現への十分な検討や戦略のないために、発言がぶれたり、政治を混乱させ、結局は先送りするといったケースが多い。菅は、改革志向の有権者に直接発信して支持を得るという自民党の小泉純一郎

首相の政治手法をモデルとして（飯尾 2013：120）、ある課題が行き詰まっても、他の政策課題を繰り出せば、政権浮揚ができるという、いわばポピュリズム的な思い込みがあったと考えられる。清水はこれを政権を牽引するという意味で「機関車論」と呼び（清水 2013：142）、また政策課題を次々と使い捨てるという意味で「上書き論」とも呼ぶことができるであろう。そして、民主党には、十分な検討や議論がないまま党首あるいは首相が唐突に政策課題を打ち出すことを許すという組織の体質があった。

TPP（環太平洋経済連携協定）についても、米中口などの首脳があつまるAPEC（アジア太平洋経済協力会議）首脳会議を控え、オバマにTPP交渉参加を伝えれば、日米同盟立て直しのきっかけをつかみ、中国との関係でも抑止力として働き、APECの推進は経済界も歓迎するはずであり、「厳しさを増す政権運営へのプラス材料として、魅力的だった」。しかし、2012年6月までには結論を出すとしていたが、党内外の反対もあり、11月の閣議決定では「関係国との協議を開始する」という曖昧な方針に留めざるをえなかった（清水 2013：172-173）。

さらに、2011年7月13日の記者会見で、突然「将来は原発がない社会を目指す」と「脱原発」を表明したが、2日後の閣議で閣僚から「総理が重大な発言するときは事前に説明してほしい」と反発が噴出し、「個人的な考え」と釈明せざるをえず、15日の国会でも「私自身の考え」であり、政府の方針ではないと説明した。菅は、「脱原発」への明確な道筋と方法、それを支える科学的、経済的な根拠を示すことができなかった。首相の突然の表明に政権内が混乱し、首相は自ら軌道修正に追い込まれたのであり、次々と繰り出す首相の延命策に同調する政権幹部も少なく、首相の孤立ぶりが際立つようになった。打ち出す政策の当否は脇に置くとしても、菅の「唐突な課題設定」は、閣内、党内外、そして国民の間の首相に対する信頼性を弱めるだけだった。菅の首相としての資質が問われる理由があったというべきであろう（『朝日新聞』2011年7月14日付朝刊、7月16日付朝刊、8月27日付朝刊）。

(4) 菅内閣のまとめ

　菅内閣は、鳩山内閣の挫折から学習し、マニフェストの「過大」さを縮小し、また「事務次官会議」復活、国家戦略室の「助言機関」への格下げなど「脱官僚依存」から官僚依存へと「現実路線」に軌道修正した。2011年3月11日以後は、大震災の被災者救援、復旧・復興および原発事故の対応に追われたが、世論の批判は厳しく、政権による対応は検証されつつある。一方で、ねじれ国会下で、野党が問責決議や審議拒否の手段に訴えて、民主党の衆院選マニフェストの見直しを迫り、他方では、党内で消費税増税やマニフェストの見直しに対して小沢グループを中心に反対するという構図の中で、政権はきわめて困難な状況に陥った。

　4月半ばには、自民・公明両党が予算関連法案の成立を阻むことで菅を退陣に追い込む構えを強め、退陣する前の7月9〜10日の世論調査では、菅内閣の支持率は前回6月調査の22％から下落し、鳩山内閣末期（17％）を下回る、政権交代後最低の15％となり、首相の辞任の時期については8月末までの今国会の会期内に辞めるべきだという意見が7割に達していた。

7　野田内閣

　2011年8月26日の菅首相の正式な退陣表明を受けて、行われた党代表選挙で、野田財務相が勝利した。

(1) 政権運営の経過——消費税増税と保守化

　野田首相は、9月2日の就任の記者会見で、内閣として取り組む政策について東日本大震災の復興と東京電力福島第一原発事故の収束を「最優先の課題」と位置づけ、また安全性の確認できた原発は再稼働を容認する考えを示した。さらに復興増税と消費増税の必要性を強調し、後者については社会保障の財源を安定的に確保するためと説明し、TPPについても、早期に参加の是非につ

いて結論を得たい、と述べた。

　野田内閣の支持率は、野田首相の低姿勢が好感を持たれ、当初53％であったが、10月から11月にかけてのTPPへの参加問題について党内の意見が割れたために、政権運営に不安が抱かれて、11月の調査では40％に下落し、さらに12月には31％に続落し、逆に不支持が43％と上回った。これ以降、不支持の理由の第1位は（1回を除いて）すべて「実行力の面」であり、与党反対派と野党の間で政権が立ち往生に近い状態にあったことは、菅内閣と同様であった。

　野田内閣の重要な帰結は、民自公の3党合意による消費税増税導入の決定、消費税増税をめぐる対立による党分裂、衆院解散・総選挙による民主党惨敗の3つである。これらの帰結は不可避であったろうか、それともこうした帰結に至らない他の経路がありえたであろうか。結論から言えば、野田首相が誕生した時点で上記の3つの帰結に至る経路を避けることは相当に難しくなっていた。内閣発足後の経路に影響を及ぼすおもな要因としては、野田首相の政策目標と戦略が指摘できる。党の代表選挙の立候補者のうち、消費増税関連法案を翌2012年1月招集の通常国会に提出することを明言したのは野田だけであった。野田は、民主党が転落した2カ月あまり後のインタビューに次のように答えている。消費増税した後の解散で惨敗し政権を失ったことに対して「後悔はしていない」、「財政はもう、歳出削減だけではたちゆかない」、「誰かがやらなくてはいけないことでした」。党を分裂させないで増税を見送るよりも、党が割れても増税の断行を優先させたということですね、という問いに、「党より天下国家を考えたということです」。「民主党の綱領とは合わない話をしてしまうかもしれませんが、「穏健な保守」という路線が、自分の中でずっと思い描いてきたことです」と応えている（伊藤 2013：10-20）。

　このインタビューに見られるように、野田首相の第一の政策目標は消費増税であり、そのためには党分裂も恐れなかった。消費税増税は早かれ遅かれ必要であると広く理解されていたとしても、野田には、自民党政権下の土建国家レジームに代わる新しい生活保障システムを構築するという民主党の存在理由に即して政策を実現していくという志向がほとんど見られない。それどころか彼

の路線は、リベラルな民主党に沿うものではなく、むしろ自分は「保守」であるとさえ言う。松井は、「より深刻だったのは……本来歴史的にこの政権がどのような改革を担うべきかという初心を忘れたことにあります。民主党は、3年あまりで党全体のレゾン・デートルを見失い、党の組織マネジメントにもイメージコントロールにも失敗し、自壊したと言えます」と述べている（御厨ほか2013：140）。野田内閣は、大規模公共事業を復活させ、原発再稼働を承認し、次第に自民党と差別化できなくなり、また自民党と共同して法制定した消費税増税もその負のイメージを民主党が負い、さらに、党内対立が激化し、ガバナンスの欠如を印象づけ、分裂したのである。

やはり、2011年8月の代表選挙が大きな岐路であった。立候補者の一人であった前原元代表は、民主党が下野した後にではあるが、「あらゆる政策手段を投入し、「まずはデフレ脱却、増税はダメだ」、そう言っていました。……仮に私や他の人が総理になっていたら、消費税はあげていませんね。デフレ脱却のためにいろいろなことをやり、党も割れなかったでしょう」（伊藤2013：10-212-213）。野田以外の候補者が代表になっていれば、どのような経路を辿り、どのような帰結をもたらしたか、また望ましかったかどうかは定かではないが、少なくとも、最終的には党分裂や総選挙での敗北も辞さずの姿勢で、消費税増税導入のために民主党政権を自滅させる経路は辿らなかったろうと思われる。

このような野田首相のイデオロギー、消費増税という目標、民主党の存在理由の軽視を考慮すれば、彼の首相としての言動、政権運営、消費税の政治過程の展開がよく理解できるのである。

(2) 意思決定システム

①内閣－政党関係：政策決定システムの2元化へ

菅内閣は政調会を復活させたが、政府への提言機関に留め、内閣主導の建前は崩さなかった。野田内閣は、2011年9月6日の党役員会で、政府提出法案の政調会長による事前承認の原則を決定し、また部門会議を置き、さらに首相、官房長官、幹事長、政策調査会長など6人をメンバーによって構成される「政

府・民主三役会議」を最高意思決定の場と位置づけた。そして政調会長が三役会議の委任を受ける形で、政策調査会の部門会議と政調役員会（もしくは政調幹部会）の了承を取り付ける、という仕組みに整理された。この新しい仕組みによって、全議員の政策参加を可能にするとともに、党側の政策への関与が格段に強まった。この見直しは、党内全体に参加意識が生まれ、政権への協力姿勢が生まれやすい反面、霞ヶ関との癒着や族議員化が進むことが懸念された。その意味では、この政策決定システムは政権交代前の自民党に接近していった（『朝日新聞』2011年9月13日付朝刊）。また、政調会の「事前審査」に付す基準や政調会長と三役会議の関係などに曖昧さが残り、しばしば手続き上の問題で意思決定が混乱したのである（清水 2013：218；『朝日新聞』2011年9月7日、9月13日付朝刊；読売新聞政治部 2012：188）。

　政調役員会は、2009年の政権交代で廃止した党税制調査会の設置も決めた。民主党が党税調を廃止して政府税調に一元化したのは、族議員と業界との癒着を防ぐ狙いがあったが、野田内閣がわずか2年で方針転換したのは、増税論議を進めるために、党内の増税反対派の理解を得るとともに、与野党協議を容易にするという狙いがあったからである（『朝日新聞』2011年9月7日付朝刊、9月14日付朝刊）。

②政官関係：官僚依存と事務次官会議の復活

　野田内閣は、その基本方針に、「「政治主導」の下、政務三役と官僚は、それぞれの役割分担と責任を明確にし、相互に緊密な情報共有と意思疎通を図りつつ、それぞれが持てる力を最大限発揮し、政府全体が一体となって政策運営に取り組む」と記した。これは菅政権の基本方針の「政治主導」についての内容とほぼ同じである。

　とくに財務省は、民主党代表での野田の勝利を増税路線が否定されなかった証しと受け止めて歓迎し、消費増税の実現に向けて野田首相を組織を挙げて支えた。財務省は、勝栄二郎事務次官を中心に、政治日程を綿密に分析し、丹念に筋書きを描き、必要に応じて与野党の議員に「ご進講」を重ね、「直勝内閣」

と揶揄されるほどであった。野田首相もまた財務省の「組織内候補」と言われるのも気にせず、財務省を大きく信頼し、依存を深めていった（伊藤2013：273-274）。

　また、野田内閣は事務次官会議を完全に復活させた。菅内閣では、仙谷官房副長官は、東日本大震災後に各府省連絡会議として事務次官中心の会議を復活させたが、野田内閣は、「各府省連絡会議」のテーマを震災関連だけでなく、国政全般の幅広いテーマを扱うことにし、毎週金曜日に定例化した。これは事実上の「事務次官会議」の復活であり、「脱官僚依存」を掲げたマニフェストの修正であった（『朝日新聞』2011年9月10付朝刊）[6]。

(3) 社会保障と税の一体改革の政治過程

　消費増税は、野田首相が政治生命をかけて取り組んだ課題である。一体改革をめぐる民主党政権中枢、党内グループ、野党の立ち位置、その戦略と行動についての構図はほとんど、ねじれ国会以後の菅政権が直面した構図と同じであった。すなわち、政権中枢は、ねじれ国会の下で、野党にある程度譲歩しつつ一体改革法案の成立を目指すが、できるだけ党内の反対や分裂を誘発しないように配慮しなければならなかった。しかし民主党内反対グループのリーダーの小沢は、消費税反対、マニフェスト実現を掲げ続けた。

　消費税増税をめぐって、賛成派と反対派が激しく対立する長丁場の会議が3度開催された。2011年12月に13日間かけて増税の時期と税率を決め、年が明けて2012年3月に8日間かけて景気条項などを議論した後に、増税関連法案を閣議決定し、国会に提出した。6月には3党合意の修正案を諮り、政調会長に「一任」されるまで長い会議が持たれた（伊藤2013：165）。

　政権中枢は、民主党の重要政策について大きく譲歩してでも野党と協調する意向を固め、2012年6月15日に一体化改革について民自公3党合意を成立させた。その内容は、①消費税率を2014年4月に8％、2015年10月に10％に引き上げる、②低所得者に対しては、政府案に明記されていた減税や現金支給の「給付付き税額控除」に加え、公明党の主張した「軽減税率」を検討する、③年金・

医療・介護などの社会保障制度改革は、国民会議を設置して議論し、1年以内に法的措置を講じるというものである。最低保障年金の創設と後期高齢者医療制度の廃止という民主党の2つの公約は、国民議会の議論に「棚上げ」されることになったが、国民会議発足の道筋は不透明であり「増税先行」の批判もなされた。この譲歩の内容は、党としての存在理由を危うくするものであった（清水 2013：268-271, 275-288；読売新聞政治部 2012：180-188）。

26日の衆院本会議で消費税増税関連法案の採決では、民主党は57人が反対、16人が棄権と大量の造反者を出した。7月2日小沢は離党し、11日には新党「国民の生活が第一」の結成大会を開いた。政権奪取から3年目で民主党は分裂した。8月8日に民自公3党首会談が開かれ、野田首相から「増税法案が成立した暁には、近いうちに信を問う」との収拾案が提示され、10日の参院本会議で増税法案が成立した（清水 2013：300-301；伊藤 2013：310-315）。

他方、自民党は一体改革の修正協議を進め、消費増税を確実にするとともに小沢グループを離党させ、その後に早期に解散・総選挙に追い込むというシナリオどおりに、消費増税および社会保障について大幅に譲歩させた3党合意を勝ち取りかつ政権奪還に成功する（読売新聞政治部 2012：164参照）。民主党にとっては、最悪の結果と言ってよいであろう。

(4) 衆院解散

10月19日、野田首相は、安倍自民党総裁、山口公明党代表と党首会談を行い、解散の3条件として①特例公債法案の成立、②「一票の格差」する衆院選挙制度改革法案の成立、③社会保障改革を協議する「国民会議」メンバーの人選、の3点セットを提示し、自公の協力を要請し（『朝日新聞』2012年11月15日付朝刊）、これに自民・公明両党が応じ、11月16日に野田首相が衆議院を解散した。

しかし、11月10〜11日の朝日新聞の世論調査で、内閣支持率が2割を切り、だれもが「民主党惨敗」を予想しうる状況で、それゆえ民主党内で解散反対論がわき起こり、実際13日に輿石幹事長が常任幹事会で全会一致した解散反対決議を野田首相に突きつけるような状況にあったにもかかわらず、野田首相は、

なぜ解散に踏み切ったのか。その理由はいくつか指摘されているが、ここでは以下のように整理しておきたい。①党首会談で挙げた3条件は臨時国会で通したいが、問責決議で行き詰まった与野党関係を打開するには、解散するしかない、②民主党から離党が続いて衆院の与党過半数が割れ、野田内閣の不信任決議案の可決で衆院解散か内閣総辞職を迫られる事態も現実味を帯びていたために、追い込まれた形の解散を避け、野田が能動的に打って出る態勢を取るためにも、解散を急ぐ、③急速に支持を拡大しつつある日本維新の会をはじめとする「第3極」の準備が整わないうちに、選挙に持ち込む、つまり時を経るほど民主党にとって不利な状況が拡大するという判断に基づく「損切り」解散である、④党内では首相退陣論が広がり兼ねない状況にあった、ことなどが挙げられる（清水 2013：315-316；NHK 時事公論 2010.11.14.：http://www.nhk.or.jp/kaisetsu-blog/100/138020.html）。

おそらくこれらの理由は、それぞれ何らかの説明力を持ち、それらが合成されて野田首相を動かしたのかもしれない。

上に検討したいずれの解散理由も、「リベラルな政権の維持」を基準とすれば政治的に合理的であるとは思われない。しかし、野田首相が、消費税増税を最重要課題として何よりも優先していたことを考えれば、理解しやすい。野田首相は達成感で満たされ、それゆえ燃え尽きたのかもしれない。野田首相および野田内閣をどう評価するかは、「リベラルな政権の維持」と消費税増税の実現のバランスをどう考えるかによるだろう。いずれにせよ、民主党自体の盛衰に無頓着な野田首相は、少なくとも民主党にとっては不都合な党首であった。

(5) 野田内閣のまとめ

野田内閣は、政策の面でも意思決定の面でも、2009年の衆院選マニフェストを脱却し、保守化・自民党化し、何よりも消費税増税を最優先課題として実現し、その過程で、党内対立を先鋭化させ、ひいては党分裂を引き起こし、最終的には早期の「自爆解散」を断行し、民主党の歴史的敗北をもたらした。本論で検証したように、この経路は、野田が党代表に選出された時点でほぼ決まっ

たといってよく、ほかの経路を辿る可能性はほとんどなかったと思われる。しかし、民主党に期待し、支持した有権者からすれば、野田政権は共生・リベラルな政策の追求にはあまり関心がないように見えたであろう。

政権の意思決定のシステムも、政府と政調会の2元性への復帰、族議員の復活など、ますます自民党のシステムに接近していったのである。

8　失敗の原因

本章は、「リベラルな政権の維持」というコンセプトを民主党政権の成功と失敗の評価基準として設定して検証を進めてきたが、最終的には、リベラルな政策の実現と政権維持の両面で成功しなかった。失敗の潜在的原因としては、第2節で示した政権運営の規定要因、すなわち国際的要因と国内的要因、そのそれぞれの社会的、経済的な状況的な要因、さらに突発的な大災害や大事故といった文脈的要因、諸制度、そして各主体の戦略などの要因、およびその複合作用の中に見出すことができる。そして、3つの民主党政権の失敗には共通の原因もあるが、直面した問題状況も首相の政治スタイルも異なり、各内閣に特有の失敗の原因もある。さらに、政権に就く前に埋め込まれた失敗の原因も考えられよう。

①政権交代前の原因

まず、日本型硬直的マニフェスト政治は、政権交代後の状況の変化に政府が柔軟に対応することを制約した。また政権交代前に野党が官僚と接触し、政権運営に必要な情報を得ることができるイギリスと異なり、そのような慣行が確立していない日本では政権交代後の円滑な政権運営を困難にする。

さらにマニフェストが「過大」であったことも失敗の大きな原因であった。過大になった理由としては、第一に、それまで野党時代に積み上げた政策をマニフェストに盛り込んだこと、妥当性や整合性の検討を経ないまま党首の意向を反映する政策を掲げる党の体質があること、そしてかつて政権の中枢で役職

を努めた経験をもつ有力幹部が財源の捻出の懸念を排除したことなどを指摘できる。第二に、マニフェストの政策の基礎にある共通の理念が明確でなく、しばしばマニフェストの実現に向けて合意形成が困難になったのである。

②共通の原因

　次に、政権交代後の3政権に共通の原因を検討しよう。朝日新聞調査で3政権に共通して内閣支持率の低下の理由に挙げられたのは、「実行力の面」、すなわち「最終的にものごとを決められないこと」（いわゆるガバナンスの欠如）である。これは党組織の一定の分権性と低い凝集力によるものである。意思決定システムにおける政府と党の関係が、内閣ごとに変更されたが、それでもガバナンスの問題は解決されず、課題として残された。

　「親小沢グループ vs 非小沢グループ」の対立が、党のガバナンス能力を低めた。民主党はイデオロギー的には相異なるリベラリズムの潮流の混合物であったが、小沢グループの生活保守主義的志向は「自立と共生」のスローガンの傘の下に包摂されうるものであろう。問題は、小沢元自由党代表の選挙至上主義的シニシズムと機会主義であった。そこで民主党が小沢を上回る戦略性を持って、小沢の影響力を制御し親小沢グループを包摂できるかどうかが分岐点であったが、結果としては小沢を制御できず、党のガバナンスに負荷をかけるばかりになった。自民党の一党優位体制に対抗する政党間の連携・合併については、慎重な判断と周到な戦略性が求められよう。

　さらに各政権に共通な失敗の原因として、内容は異なるが各首相のリーダーシップのあり方が指摘できる。鳩山首相は、問題の困難さを十分に検討することなく、沖縄の普天間基地を県外に移設することを約束したが、結局実現できずに、辞任の大きな原因となった。菅首相も、消費税増税を唐突にかつ拙劣に課題として設定し、内閣支持率を急減させ、参院選挙で民主党を惨敗させた。野田首相は、党内の強い反対にもかかわらず、社会保障の税の一体改革を押し進めたが、3党合意が成立した2012年6月内閣の不支持率は56％と過去最高になり、「消費税引き上げ」および「社会保障改革の取り組み」を「評価しない」

とする回答が5割を超えたのである。

　上記の3つの課題とも「総理案件」と呼ばれる首相独自の最重要政策であり、どれもマニフェストには記載されていなかった（中野晃一 2013：214）。政権に就く以前でも、菅代表の高速道路無料化も小沢代表の子ども手当の増額も、党代表の意向ということでマニフェストの重点政策として掲げられた。民主党は「総裁案件」や「党代表案件」の取り扱いを再検討すべきであろう。

③各内閣固有の失敗の原因

　鳩山内閣では、マニフェストに掲げた脱「官僚依存」と「政治主導」に取り組んだが、実際には官僚を排除し、情報と調整のネットワークを寸断し、予算編成をはじめとする政権運営の混迷を招いた。その混迷は、官僚および政官関係についての一面的な理解、より広くは制度変化についての未熟な理解によるところが大きかった。

　内閣の最重要課題を党内議論のないまま課題として設定するのは3人の首相に共通していたが、とくに菅首相は、ポピュリズム的思い込みがあり、頻繁に政権浮揚のために「唐突な課題設定」や課題の「上書き」を行い、結局、閣内、党内外、そして国民の間の首相に対する信頼性を弱めていった。政権浮揚を目指すための厳しい「脱小沢」戦略も、和解困難な党内亀裂を生み、やがて党分裂と政権崩壊を早める一因となった。

　野田首相は、政策の実質内容においても意思決定システムにおいても、脱「マニフェスト」を強力に進め、党の分裂も辞せず、消費税増税を最重要課題として取り上げた。しかし、この野田首相の路線は、松井が、「深刻だったのは……初心を忘れたことにある」と述べたように、2009年総選挙で民主党に期待して投票した有権者を離反させた可能性が大きい。さらに、わずかにせよ存続能力を残していたと思われる民主党政権に態勢を整える時間を与えず、「自爆解散」を断行してとどめを刺したのである。

おわりに

　一時の中断を除いて、長期にわたり続いてきた自民党の一党優位体制下で「土建国家」レジームが持続可能性を失い、それに代わり「共生リベラル」のレジームへの転換を目指す民主党政権の誕生は、わが国の現代政治史においても画期的な意義をもつ。しかし、民主党政権は、新しい持続可能な政治の構築への国民の期待に応えることができず、リベラルな社会への希望を託した人々を幻滅させた。長期間存続し社会に浸透したレジームの経路依存の慣性を考えれば、レジームの転換が容易でないことは想像に難くない。本章の目的は、民主党政権がなぜ、その重要政策を定着させることができないまま、3年3カ月間の短期間で終結したのか、その原因を実証的に検証することにあった。ただ、民主党政権の失敗や不備をあげつらうことが本位でなく、リベラルな政党が再び自民党政治代わって政権に就くときがあるとして、本章の検証がその政権運営に何らかの貢献となるというささやかな期待が根底にある。

　国民の雇用や生活の保障がますます不安なものになっている今日、リベラル政党の存在理由は高まっている。2013年の党大会で承認された「党改革創生本部　第一次報告」は、「私たち民主党は、……、弱い立場に置かれた人々と共に歩み、互いに支え合う共生社会を目指し、人の命と国民の利益を大事にし、改革を進めて未来への責任を担う歴史的使命を負っている」、「民主党が政権担当能力を身につけ再生するのは容易ではない。それでもわれわれは、国民の生活と安心のために、決してあきらめることなく前進する」と宣言している。また党代表および副総裁を務めた岡田は、「自立と共生」というリベラルな立ち位置を確認した上で、「もう一回政権交代して、次は1期でなく2期やれるように」と述べている（御厨ほか 2013：115）。今回の挫折の意味を噛み締め、じっくり腰を落として、次の機会に備えることを期待したい。

注
1) ここで、レジームとは、資本主義体制や社会主義体制といった高位のレベルに比べてより中位の体制であって、ただし個々の政権や内閣などよりずっと一貫したもの、すなわち、複数の社会経済的勢力の連携を背景とした、いくつかの制度が組み合わされてある特質を持つにいたった体制、を意味する（宮本 2008：12-13）。
2) ここで、「凝集性」とは党内の選好（政策志向など）の一致度を指し、「集権性」とは、党内の意見集約などにおける党執行部による強制の実効性の度合いを指す（建林・曽我・待鳥 2008：153）。
3) アメリカ、イギリス、ドイツ、フランスでは、一般に退職年齢は60歳かそれ以上であり、そして年金額の代替率が最終年収の7割程度（退職金を含んで計算）であり、年金生活者として十分な生活をすることができるのに対して、日本では課長以上で退職した場合最終年俸の3割程度（退職金を含んで計算）にすぎない（村松編 2012：121-122）。また欧米各国の公務員制度については、村松編（2008）をも参照のこと。
4) 官邸機能の強化については詳述しないが、菅首相は、鳩山内閣の失敗の一因を内閣の要である平野官房長官の調整能力不足に求め、その教訓として、内閣をコントロールする能力のある政治家を官房長官に起用することが強い政権づくりの「最初の一歩」であると強調し、仙谷戦略相を官房長官に起用した（清水 2011：167-170）。
5) 菅首相が参院選挙で消費税増税を打ち出したとき、財務官僚は「事前に相談してくれればこんな悲惨な結果にならなかった」という恨み節を漏らしたという（中野雅至 2012：162）。
6) また野田首相は、国家戦略室を事務局として「国家戦略会議」を新たに設置したが、重要政策の決定に関わるのではなく、将来ビジョンを構想する研究会を念頭に置いたのである（『朝日新聞』2011年10月6日付朝刊、10月18日付朝刊、12月26日付朝刊、2012年7月14日付朝刊）。結局、マニフェストに示された重要政策の「司令塔」としての国家戦略局構想は、民主党政権の3つの内閣のいずれにおいても実現されることはなかった。

〈参考文献〉

青木理・辻恵・宮崎学（2013）『政権崩壊——民主党政権とはなんだったのか』角川書店。

朝日新聞政権取材センター編（2010）『民主党政権100日の真相』朝日新聞社。
新しい霞ヶ関を作る若手の会（2005）『霞ヶ関構造改革プロジェクトK』東洋経済新報社。
井手英策（2013a）『日本の財政　転換の指針』岩波書店。
井手英策（2013b）「コンクリートから人へ」『世界』別冊 No. 841、岩波書店。
伊藤光利（2007a）「官邸主導型政策決定システムにおける政官関係——情報非対称性縮減の政治」『年報行政研究』42号、ぎょうせい。
伊藤光利（2007b）「政治的リーダーシップ論とコア・エグゼクティヴ（CE）論」『神戸法学雑誌』第57巻3号。
伊藤光利編（2008）『政治的エグゼクティヴの比較研究』早稲田大学出版部。
伊藤裕香子（2013）『消費税日記——検証 増税786日の攻防』プレジデント社。
大嶽秀夫（1999）『日本政治の対立軸』中央公論新社。
大藪俊志（2007）「政策過程分析モデル」縣公一郎・藤井浩司『コレーク政策研究』成文堂。
荻野徹（2012）「余はいかにして脱藩官僚とならざりしか——変革期における官僚の論理と倫理を求めて」御厨貴『「政治主導」の教訓——政権交代は何をもたらしたのか』勁草書房。
金子勝・武本俊彦（2010）『日本再生の国家戦略を急げ』小学館。
小林良彰（2013）『政権交代』中央公論新社。
小堀眞裕（2012）『ウェストミンスター・モデルの変容』法律文化社。
塩崎彰久「政治主導——頓挫した「五策」」日本再建イニシアティブ『民主党政権　失敗の検証』中央公論新社、第2章。
信田智（2013）『政治主導 vs 官僚支配』朝日新聞社。
清水隆雄（2012）「野田佳彦」藤本一美編『民主党政権論』学文社。
清水真人（2011）「第Ⅰ部　政権交代の600日」佐々木毅・清水真人編著『ゼミナール現代日本政治』日本経済新聞社。
清水真人（2013）『消費税——政と官の「十年戦争」』新潮社。
新川敏光（2011）「福祉国家変容の比較枠組」新川敏光編『福祉レジームの収斂と分岐』ミネルヴァ書房。
新谷卓（2012）「マニフェストと民主党」藤本一美編『民主党政権論』学文社、第6章。
杉田敦（2012）「大災害や政治の構造変化に直面した新聞報道の戸惑いと苛立ち」『Journalism』260号。
高田英樹（2012）「国家戦略室の挑戦——政権交代の成果と課題」（www.geocities.jp/weathercock8926/nationalpolicyunit.pdf）。
竹中治堅（2013）「民主党政権と日本の議院内閣制」飯尾潤編『政権交代と政党政治』

中央公論新社。
田代洋一（2010）『政権交代と農業政策――民主党農政：暮らしの中の食と農シリーズ48』筑摩書房。
橘民義（2008）『民主党10年史』第一書林。
田中愛治（2009）「自民党衰退の構造」田中愛治・河野勝・日野愛郎・飯田健・読売新聞世論調査部『2009年、なぜ政権交代だったのか』勁草書房、第1章。
田中秀明（2013）「経済と財政――変革への挑戦と挫折」日本再建イニシアティブ『民主党政権　失敗の検証』中央公論新社、第3章。
谷口将紀（2013）「政権交代以降のマスメディア――新聞の信頼感に関する考察」飯尾潤編『政権交代と政党政治』中央公論新社。
建林正彦・曽我謙悟・待鳥聡史（2008）『比較政治制度論』有斐閣。
直嶋正行（2012）『次の、日本』時事通信社。
中北浩爾（2013）「マニフェスト――なぜ実現できなかったのか」日本再建イニシアティブ『民主党政権　失敗の検証』中央公論新社、第1章。
中野晃一（2012）「「政権交代」とは何だったのか、どう失敗したのか」『世界』9月号、岩波書店。
中野晃一（2013）「政権・党運営――小沢一郎だけが原因か」日本再建イニシアティブ『民主党政権　失敗の検証』中央公論新社、第6章。
中野雅至（2012）『政治主導はなぜ失敗するのか』光文社。
中野雅至（2012）『財務省支配の裏側』朝日新聞出版。
日本総研（2012）「マニフェスト検証シリーズ No. 1：各党の総選挙マニフェストに求められること」。
萩原久美子（2013）「子ども手当――チルドレン・ファーストの蹉跌」日本再建イニシアティブ『民主党政権　失敗の検証』中央公論新社、第5章。
日野愛郎（2009）「政権交代は1日にして成らず：有権者意識にみる2009年総選挙」田中愛治・河野勝・日野愛郎・飯田健・読売新聞世論調査部『2009年、なぜ政権交代だったのか』勁草書房、第5章。
藤井直樹（2013）「撤回された「政治主導確立法案」をめぐって」御厨貴編『「政治主導」の教訓』勁草書房。
藤本一美編（2012）『民主党政権論』学文社。
毎日新聞政治部（2009）『完全ドキュメント　民主党政権』毎日新聞社。
前原誠司（2012）『政権交代の試練』新潮社。
牧原出（2013）『権力移行――何が政治を安定させるのか』NHK出版。
松井孝治（2013）「政権交代における非連続と連続のバランスをどうとるか」『世界』別

冊 No. 841、岩波書店。
真渕勝（2009）『行政学』有斐閣。
御厨貴・牧原出・佐藤信（2013）『政権交代を超えて——政治改革の20年』岩波書店。
峰崎直樹（2010）「民主党政権は、なぜ財源問題に苦しむようになったのか」『エコノミスト』2010年10月11日号。
宮本太郎（2008）『福祉政治』有斐閣。
宮本太郎（2013）「ネオ土建国家を超えて」『世界』別冊 No. 841、岩波書店。
民主党（2013）『民主党創生本部　第1次報告』（http://www.dpj.or.jp/article/102018/）。
村田泰夫（2010）『戸別所得補償制度の衝撃——「作らせない農政」から「作らせる農政」への転換』農林統計協会。
村松岐夫（1981）『戦後日本の官僚制』東洋経済新報社。
村松岐夫編（2008）『公務員制度改革——米・英・独・仏の動向を踏まえて』学陽書房。
村松岐夫編（2012）『最新　公務員制度改革』学陽書房。
薬師寺克行（2010）「統治の挑戦——創造期の混乱とその背景」朝日新聞政権取材センター編（2010）『民主党政権100日の真相』朝日新聞社。
薬師寺克行（2012）『証言　民主党政権』講談社。
山口二郎（2012a）『政権交代とは何だったのか』岩波書店
山口二郎（2012b）「政権交代と政官関係の変容・連続——政治主導はなぜ失敗したか」『年報行政研究47』ぎょうせい。
湯浅誠（2010）「社会運動と政権　いま問われているのは誰か」『世界』6月号。
読売新聞政治部（2011）『亡国の宰相——官邸機能停止の180日』新潮社。
読売新聞政治部（2012）『民主瓦解——政界大混迷の300日』新潮社。
読売新聞「民主イズム」取材班（2011）『背信政権』中央公論新社。
リプシー、P. Y（Phillip Y. Lipscy）（2013）「選挙戦略——大勝と惨敗を生んだジレンマ」日本再建イニシアティブ『民主党政権　失敗の検証』中央公論新社、第7章。
渡辺治（2009）「政治交代と民主党政権の行方」渡辺治・二宮厚美・岡田知弘・後藤道夫『新自由主義か新福祉国家か』旬報社、第1章。

Dunleavy, P.（1991）*Democracy, Bureaucracy, and Public Choice: Economic Explanations in Political Science*, Longman.

Elgie, Robert（1995）*Political Leadership in Liberal Democracies*, Mcmillan Press LTD.

Helmes Luder（2005）*Presidents, Prime Ministers and Chancellors: Executive Leadership in Western Democracies*, Palgrave Macmillan.

Peters, B. Guy, R. A. W. Rhodes, and Vincent Wright eds.（2000）*Administering the*

Summit: Administration of the Core Executive in Developed Counties, Mcmillan Press LTD.

Smith, J. M. (1999) *The Core Excutive in Britain* (published in association with the ESRC WHITEHALL PROGRAMME).

Streek, W. and K. Thelen (2005) "Introduction: Institutional Change in Advanced Political Economies", in W. Streek and K. Thelen (eds.), *Beyond Continuity*, New York: Oxford Press.

第2章　民主党政権下における雇用・福祉レジーム転換の模索

三浦まり・宮本太郎

はじめに

　民主党はどのような雇用政策と社会保障政策を掲げ、それはどこまで実現したのだろうか。そして、雇用政策と社会保障政策の「レジーム転換」という観点から見たとき、民主党政権はなぜ挫折をしたのだろうか。

　本章では、民主党政権には目指すべき雇用・福祉のかたちについて、大まかな方向性についてはビジョンがあり、これを掘り下げたならばレジーム転換の入り口には辿り着いたであろうという見方を示す。すなわち、それまでの男性稼ぎ主の雇用保障を通じた生活保障を見直し、公共事業に依存しない新たな成長モデルを前提に、子育て支援を通じて共稼ぎ主型へと変換するものである。しかしながら、民主党が打ち出した個々の政策メニューはレジーム転換に繋がるものであったものの、それらは体系性を欠き、またレジーム転換を実現するための戦略的なロードマップを持ち合わせていなかった。

　民主党が掲げた「政治主導」のプログラムは本来ならばロードマップに相当するものであったが、レジーム転換と政治主導は別々の構想として組み立てられ、両者が有機的に連携することはなかった。本書の分析枠組みで言えば、従来の日本型雇用・福祉レジームが「構造」として民主党の政策選択を規定していた。民主党は新しい「理念」を打ち出し、その「構造」の転換に接近したが、その「構造」の全体を掌握できていなかったために、この「構造」を機能的に

代替する仕組みを準備しつつその転換を進める「戦略」を欠き、レジーム転換に挫折したのである。

以下、第1節では、民主党政権が掲げた2つのスローガン、「コンクリートから人へ」と「官僚主導から政治主導へ」を手がかりに、民主党のレジーム転換構想および政治主導の意味付けについて整理する。次いで第2節では雇用・社会保障政策、第3節では子ども・子育て政策に焦点を当て論じる。

1　レジーム転換はどこまで構想されたか

(1) コンクリートから人へ

民主党の2005年あるいは2009年のマニフェストをもとに、この党の生活保障政策を体系的に記述しようとする者は誰しも困難を覚える。子ども手当、最低保障年金、求職者支援制度などの施策は、必ずしも相互に連携させて構想されたわけではなく、もともと政治的な寄り合い所帯の性格が強かった民主党において、諸政策の領域を横断して貫かれた政策原理を見出すことはできないからである。あくまで民主党は、政権奪取という共通目標で結ばれた連合体であった。そこに一致した新しい雇用・福祉レジームを目指す準備はなかった。

だが、逆に言えば、戦後ほぼ一貫して政権を担ってきた自民党政権というシステムに対するアンチ・テーゼという点にこそ、民主党の社会保障、雇用政策を横断的に貫く特質があったと言える。そのアンチ・テーゼとしての主張を集約すれば、「コンクリートから人へ」という、やや抽象的なスローガンに帰着する。

このスローガンは決して「無内容」ではなかった。「コンクリート」が象徴するのは土建国家と呼ばれた建設業界の保護体制のことであり、ひいては、各業界への利益誘導を通して政権の基盤を培養する自民党の政権システムのことであった。このシステムは、各業界での男性稼ぎ主雇用を確保し、その家族扶養を保障するという点で、それ自体が政治過程と一体となった生活保障の構造

にほかならなかった。

　つまり、雇用が部分的に社会保障を代替した、あるいは雇用を通しての福祉（welfare through work）が実現していたことが、日本型の雇用・福祉レジームの特徴であった（Miura 2012：宮本 2008）。そして、この利益政治と重なり合った、業界保護による生活保障のかたちを脱却して、個人の直接支援に向かうことこそ、「コンクリートから人へ」というスローガンが意味したものであった。

　このような生活保障の転換についての提起は、それ自体大きな意味のあるものであった。ただし、個人の生活のいかなる場面をどのように支援するのか、そして業界から個人への支援をいかなる政策リンケージを通して実現するのかという点については、民主党のなかには一致した考え方があったわけではない。

　第3節で論じる子ども・子育て支援を例にとれば、2004年や2005年の民主党マニフェストでは女性就労を促進する待機児童対策が前面に出ていたが、2007年に小沢一郎代表の下で子ども手当を2万6,000円に引き上げる提起がされたとき、それは老親と同居し介護することへの手当である「同居手当」と組み合わせて提起された。後に子ども手当が「社会による子育て」であると自民党から批判を受けたことを考えると皮肉なことではあるが、ここでは家族というまとまりを支援の単位とする考え方が打ち出されたのである。

　結局、同居手当は見送られ、子ども手当だけがマニフェストで打ち出された。子ども手当は、一方では北欧型のレジームに見られたような現物給付を軸とした考え方と、他方では大陸ヨーロッパに見られたような家族を単位としての現金給付重視の発想の間で揺れ動いていたのである。また、現物給付による待機児童解消が前面に出たときを含めて、雇用をいかなる政策リンケージで実現していくかという議論はほとんど欠落していた。「コンクリートから人へ」のコンクリートは、先にも触れたように自民党政権というシステムにおいては雇用の分配による生活保障機能を担っていた。ここを解体していくときにその雇用政策としての機能をどのように継承していくか、という点は、レジーム転換を図る上では避けては通れない問題のはずであった。

にもかかわらず、子ども手当をはじめ、生活保障の主軸が最低保障年金や求職者支援制度の給付金など現金給付に傾いていくなかで、とくに地方で雇用をいかに創出・維持していくかという構想は問われないままで終わった。子ども手当の財源確保のために、自公政権がリーマン・ショックに対処すべく打ち出した緊急雇用創出事業の財源を転用する、という局面もあった。

レジーム転換の大きな方向性を示唆する議論もないわけではなかった。政権交代直後に、鳩山首相は、その所信表明演説のなかで「居場所と出番のある社会」の構想を語った。これはその草稿を執筆した平田オリザが述懐するように、社会的包摂の理念を表現しようとした言葉であった（平田・松井 2011）。

また、菅内閣においては、消費税増税でいかなる社会保障を構築するかについてビジョンを提示する必要に迫られ、社会保障と経済成長を連動させる「強い社会保障」という考え方が打ち出され、そのための社会保障のあり方が論じられた。たとえば、2010年12月に政府の社会保障改革推進本部に提出された「社会保障改革に関する有識者検討会」の報告書は、社会保障改革の方向性をめぐって「参加保障」、「普遍主義」、「安心に基づく活力」という3つの理念を打ち出した。この報告書では、社会保障の対象を高齢者や限定された困窮層に絞ることを改め、全世代対応に転換することで、人々の社会参加を促進し、社会保障と経済成長の好循環を実現していくという課題が掲げられた。

このように、民主党政権の中盤においてはマクロな政策リンケージに繋がっていくいくつかの要素が現れていた。求められていたのは、こうした社会保障の全体像を、経済成長戦略や雇用戦略と連携させ、そのことによってそれをさらに具体化していくということであった。にもかかわらず、こうした報告書を受けて進められた「社会保障改革に関する集中検討会議」と、これに先だって議論を開始していた「新成長戦略実現会議」における成長戦略の論議は深く交わることはなかった。「新成長戦略実現会議」では、本来ならば「ライフイノベーション」として括られた保健、介護、医療分野での雇用創出の課題が、社会保障改革と一体のものとして論じられてしかるべきであった。しかしながら、実際には経済連携協定についての議論の比重が高く、ライフイノベーションに

関しては医療ツーリズムなどの問題が部分的に議論されて終わった。

鳩山内閣の頃から、ヨーロッパのネオ・コーポラティズムもモデルとしつつ、官邸における政労使のトップ協議として「雇用戦略対話」も開始されていたが、ここでの議論も社会保障改革論議と深く結合することはなかった。

さらに重要であったのは、「地域主権戦略」との連携である。社会保障改革は、支援型の公共サービスに力点を置いたものになる以上、地方自治体がその担い手になることが明らかであった。にもかかわらず、「社会保障改革に関する集中検討会議」の最終盤で片山総務大臣が地方の声が反映されていないと厳しく批判するなど、分権化をレジーム転換に結びつける議論はほとんど深まらなかった。「雇用戦略対話」も、地域での雇用戦略を深める都道府県での「雇用戦略会議」につなぐはずであったが、地方での会議はほとんど開催されずに終わった。

マクロな政策リンケージへの構想をまとめるプロセスそのものが作動しなかった背景としては、民主党政権が掲げたもう1つの大きなスローガンであった「政治主導」の内実を併せて検討しておく必要がある。政官業の鉄の三角形が織りなす政治過程に代わる政治主導こそ、「構造」の転換に繋がるマクロな政策リンケージを実現するものであり、さらには政治過程に埋め込まれた政官民（政官業）の連携による自民党型生活保障の構造を転換する役割を負うべきものだったからである。

(2) 官僚主導から政治主導へ

脱・自民党システムのためには、「コンクリートから人へ」という生活保障の転換を、「官僚主導から政治主導へ」という政治過程の転換を通して実現することこそ、民主党政権の課題であるはずであった。事実、政治主導に関しては、鳩山内閣における事務次官会議の廃止、政治主導のセンターに発展していくことが期待された国家戦略室の設置、族議員の育成を警戒しての党政調の廃止など、政治主導を追求するための施策が次々に実施された。

だが、ここにはいくつかの問題があった。先にも見たように、個人への直接

支援を軸にした民主党の生活保障の構想には、その理念を具体化するマクロ・レベルでの政策リンケージのビジョンが欠落していた。マニフェストには子ども手当や求職者支援制度といったメソ・レベルあるいはミクロ・レベルの政策群は並べられており、それぞれの政策が支援の対象を個人に置いていることは事実であった。しかし、諸政策群がいかなるリンケージを構成するのかという見通しがきわめて弱かった。

政治主導とは、本来は、ミクロなレベルでの政策の設計と実施に関わる官僚制に対して、マクロな政策リンケージについての構想をもとに、リンケージを構成する政策群の優先順序を決めたり、政策間の接点を調整したり、あるいは新たな政策を付加することのはずであった。ところが官僚制と対峙すると意気込む民主党政権には、縦割りの官僚システムを横断的に連携させるリンケージの構想がなかった。メソあるいはミクロな個別政策は、縦割りの行政機構に吸収されうることを考えると、これは民主党政権にとって重大なジレンマであった。

さらにここで検討するべきは、政官関係をいかに捉えるかという視点である。民主党政権の政治主導論の裏付けとなったのは、松下圭一や飯尾潤らが唱えた官僚内閣制批判であり、これを国会内閣制ないし（真の）議院内閣制に転換するという構想であった。たとえば松下圭一は、憲法41条が国会を国権の最高機関と定め、65条が行政権は内閣に属すると述べるにもかかわらず、日本は閣議を官房（事務）副長官が主催する事務次官会議決定後の「通過儀礼」とする「官僚内閣制」という性格を変えていないとする。そして、事務次官、官房（事務）副長官、事務次官会議などを廃止して首相・内閣主導が実現された「国会内閣制」を目指すべきとした（松下 2009）。

戦後日本の政治学・行政学がこの国の権力構造を問題にするときには、もともと官僚制の権力優位が唱えられ、この点で戦前と戦後の連続性が強調されていた。これに対して、1980年代の後半からいわゆる日本型多元主義論の主張が広がった。これは、日本政治を官僚支配の貫徹という点で先進国のなかで例外的なものとするのではなく、官僚制自体が利益集団と連結したり、あるいは族

議員による利益媒介を受けて、欧米と同じような多元主義的な利益表出が行われていることを強調したものであった。

　もちろんこうした日本型多元主義論も、この国の利益表出が官僚制と族議員によって媒介されるという構造や、その限りで縦割り行政によって分断された利益媒介であることを否定するものではない。それゆえに、日本型多元主義論は、たとえば佐藤誠三郎と松崎哲久のように「仕切られた多元主義」といったような限定を付してこの国の政治を定義した（佐藤・松崎 1986：170）。これに対して山口二郎は、多元主義的な政治が妥当するのは一部の政策分野に限定されていることを主張した（山口 1987）。あるいは官僚制を通しての利益媒介は多元主義というよりネオ・コーポラティズム的であるという主張もあった（Pempel and Tsunekawa 1979）。

　しかしながら、多元主義論という立場であれ、政策過程論の深化という視点からであれ、さらにはネオ・コーポラティズム論の適用を目指す議論であれ、この時期の議論は政官関係を通して民間の利益がどう表出されているかという、いわば「政官民」関係という枠組みから展開されていたことは改めて想起されてよい。民主党の政治主導論が依拠した官僚内閣制論も、官僚主導のなかで民間の利益表出が実現されていたことを否定するものではない。たとえば飯尾は、この仕組みを「所轄による利益媒介システム」と呼んでいる（飯尾 2007）[1]。

　ここで政官民関係という枠組みを問題にしたのは、この枠組みが雇用・福祉のレジームのあり方と深く関わるからである。かつての日本の政官民関係は、日本型多元主義者が認めていたように、多様な利益集団がその都度さまざまなかたちで立法府に働きかけるアメリカ型のロビイング政治に比べれば、政官業の縦割りのネットワークに強く拘束されたものであった。ヨーロッパのネオ・コーポラティズムと比べても、マクロな所得政策をめぐって当面の賃金抑制を福祉国家の給付拡大を通して「返済」するという政労使間の政治的交換は、（1975年には類似の試みがなされたものの）制度的には定着しなかった。日本の政官業ネットワークの多くは、公共事業をめぐるものであれ、中小企業経営の保護・規制をめぐるものであれ、あるいは第一次産業の保護に関するもので

あれ、その多くが、男性稼ぎ主の雇用をいかに分配し、安定させるかを課題としたネットワークであった。そしてその限りで、それは日本型の雇用・福祉レジームを支えた政官民関係にほかならなかった。

だが、政官関係を民間利益の媒介機能という視点から論じる議論は下火になり、内閣制度のあり方などに視点を据えた官僚内閣制論が再び盛んになった。官僚内閣制論による官民関係評価の再度の転換の背景は何か。それはかつて日本型多元主義論が強調していた利益媒介のあり方が、財政危機やそれを受けた構造改革の展開のなかで、次第に機能不全に陥っており、かつてのような機能を実現していないことである。たとえば、公共事業をめぐる利益誘導や利益表出がその例である。1995年にはGDP比で6.4％に上っていた公共事業支出は、その10年後には3.2％に半減した。公共事業をめぐる政官業ネットワークは、明らかにその生活保障機能を大きく減退させていった。予算の削減で地方では談合すら成立せず、行政が決めた最低制限価格での入札が当たり前になっていった。こうして生活保障機能が後退したにもかかわらず、旧態依然たる官僚の振る舞いや補助金行政の実態については大きな変化はなかった。

官僚内閣制論などの官僚支配論が再び支配的な論調になった背景はここにある。そして、われわれもまた、利益媒介機能を失いつつある官僚主導への批判的視点を共有するものである。しかしながら同時に、レジーム転換を目指す際には、その構造のもとで実現していた機能をいかに代替するか、つまり、従来のレジームを支えてきた政官民関係とそこで表出されていた利益を、いかに引き受け新しいレジームに繋げていくかという点こそが、併せて構想されるべきであった。にもかかわらず、官僚内閣制論に依拠した民主党にその戦略はなかった。

「コンクリートから人へ」と「官僚主導から政治主導へ」という２つのスローガンは、レジーム転換のスローガンとしては表裏一体であったのである。そして、「人」の支援を実現していく、マクロな政策リンケージをテコとして、「コンクリート」に関わる利益表出の回路をいかに官僚制から引きはがし、どのように政治が引き受け、新しいレジームに組み込んでいくかということこそが問

われていた。

　民主党のマニフェストで打ち出されたのは、こうした組織された「民」に代わる、「新しい公共」、すなわちさまざまなNPOや市民の運動体であった。そして鳩山内閣で設置された円卓会議では、NPOへの円滑な資金循環を実現するための寄付税制改革や、多様なNPOの立ち上げを支える認定制度の見直しが論じられた。「新しい公共」をめぐる制度改革にはもちろん意義があった。しかしながら、「新しい公共」は、それ自体としては、これまで官僚制に結びついていた「民」に代わって、その利益表出を担うものではなかった。

　マクロな政策リンケージの構想に基づいた政官民関係の再編こそ、政治主導を可能にするはずであった。

2　民主党政権の雇用・社会保障政策

(1) 民主党における「レジーム転換」の兆し

　雇用・福祉レジーム転換の要の1つは雇用と社会保障の連携のあり方である。第1節で検討したように、民主党は「コンクリートから人へ」のスローガンの下、個人と家族の直接支援を強める方向に舵を切った。子ども手当や高校無償化はその具体的政策である。業界保護から個人支援への転換はそれ自体で重要な政策変化であるが、レジーム転換の観点から問題にすべきは雇用保障のあり方と位置づけである。業界保護は雇用保障の1つのあり方であったが、その業界保護を止めるのであれば、雇用の受け皿をどこに見出すかが問われることになる。個人への給付を強化することは、日本の税・社会保障制度の再分配機能が弱いことを鑑みると検討すべき政策課題ではあるが、雇用保障の縮小とセットで打ち出されるべきものではない。なぜなら、雇用の縮小は生活を直撃し、それは個人給付の多少の強化で補償できるものではないからである。菅内閣のときには「雇用、雇用、雇用」と訴え、雇用政策にも重点的に取り組んだ民主党であるが、マニフェストの変遷や政権交代後の政策決定を振り返ると、レ

ジーム転換における雇用の戦略的位置づけには無頓着であったことが見出される。

　民主党の雇用戦略は、後述の新成長戦略において明確になるが、第一の公共事業依存でもなく、第二の構造改革路線でもなく、第三の道、すなわち環境・健康・観光の三分野で新たな需要創造をし、雇用の安定と質の向上を通じて内需主導型の経済成長を目指すものであった。民主党は結党以来、常にこの路線を指向していたというわけではなく、むしろ小泉改革の矛盾が可視化された政治文脈のなかで、選挙戦略として路線転換を図ったといえよう。たとえば、亀井静香は民主党は「コペルニクス的転換」を遂げたと評する（NHK「永田町権力の興亡」取材班 2010：227）。それまでの民主党はどちらかといえば構造改革を重視しており（つまりは第二の道路線）、小泉政権が構造改革を実際に押し進めるなか、自民党との差異化に苦慮した民主党が2007年参院選マニフェストを用意する過程で政策転換をしたという見方である。もっとも、民主党は公共事業の肥大化にだけ異を唱えていたのではなく、将来不安の解消と安心の実現には一貫して関心を寄せていた。ただ雇用を成長を支える基盤としては明確に位置づけてはいなかった。むしろ、その時々に話題となった個別の政策課題に対して自民党とは異なる解答を出していった結果、それらをつなぎ合わせると、社会保障の持続性の確保という線で繋がったといえるのかもしれない。こうした個別対応の積み重ねでは、いつまで経っても体系性に辿り着けないのは不思議ではない。

①マニフェストの変遷
　ここではマニフェストの変遷を追うことで、民主党にとって雇用と社会保障はどのような位置づけを帯びていたのかを確認しよう。
　民主党は2001年に「第19回参議院議員通常選挙政策」（2001年3月23日）を策定したが、そこでは老後の不安、財政の不安、経済・雇用の不安の3点を指摘し、それらが相互に繋がっていること、根本的問題は高齢化社会にあるとの見方を提示した。すなわち、老後の不安が消費者心理を冷え込ませ、雇用不安

を深刻化させているという問題認識に基づき、社会保障改革と雇用改革は不安を取り除くという共通の目的で結ばれているとしている。もっとも、社会保障改革は年金・医療を中心に個別論点が並び、雇用との連携は明らかではない。ただし、男女共同参画や仕事と育児の両立、労働時間短縮、多様な生き方を尊重する税制についてはそれなりに書き込んでいる。

　民主党は2003年からマニフェストを作成するが、この年のマニフェストでは「脱官僚宣言」と「つよい経済」がキーワードとして掲げられ、強い経済の中身としては「強い経済を再生させて景気回復・雇用拡大を実現するためには、民間需要を掘り起こし、内需を拡大することが必要です。現在および将来に対する不安の解消と、眠っている需要に対応した新しい仕事・産業の掘り起こしによって、経済再生への着実な一歩を踏み出します」とある。福祉・環境部門の産業育成やNPOの育成、公的部門を含めた積極的雇用創出などによって、新たな就業機会を拡大することを主張している。社会保障の持続性への不安が消費を低迷させていることから、将来不安を解消することで消費を喚起することも引き続き謳われている。労働に関しても、強い経済をつくるために「誰もが仕事に就き、労働が正当に評価されるルールを確立します」とある。

　労働が正当に評価されるルールとは具体的に何を意味するのかは、同年9月18日に発表された「民主党政策集——私たちのめざす社会」(『政策INDEX』改訂版)に多少詳しく書かれている。「安定した雇用確保のため、ワークシェアリングを推進、同時に労働条件の均等待遇の実現、雇用契約の明確化とルールの整備を図るなど、働き方のルールづくりを進めます」と書き込まれていることから、正規労働者と非正規労働者の均等待遇を重視していることを窺わせる。もっとも、子育て支援にも言及はするものの、ジェンダー視点は希薄であり、どこまで根本的な働き方の改革を目指しているのか不明である。

　2004年参院選向けのマニフェスト「まっすぐに、ひたむきに」では民主党の8つの約束の1番目に「すべての人に安心を」とあり、年金制度の一元化により多様なライフスタイルを応援するとある。この頃より年金問題における自民党の失点を民主党は強調し、それにより支持を広げる戦略が目立つようになっ

てくる。当時の岡田克也代表の問題意識が反映している結果と思われるが、雇用への言及が減っている点が特徴的である[2]。岡田は民主党代表選出馬に当たって「2015年、日本復活のビジョン」を8月25日に発表したが、そこでも雇用は触れられていない。

2005年衆院選のマニフェストでは「コンクリートからヒト、ヒト、ヒトへ」が登場する。具体的にはパート労働法改正、年齢差別禁止法、ワークシェアリングの促進、長時間労働を解消し、ワーク・ライフ・バランスを実現することが言及されている[3]。ジェンダー視点は依然として希薄であるが、政策各論で「夫婦の収入を合算し、その2分の1ずつを各人それぞれの収入と見なす方式（二分二乗方式）を採用します。婚姻中の年金保険料は、この見なし収入に基づき、それぞれが納付したものとします。これによって、働く女性の不公平感を解消するとともに、専業主婦の年金権を確立します」と踏み込んで書き込まれた点は注目に値する。

2007年の参院選向けマニフェストは小沢一郎代表のもと「国民の生活が第一」をスローガンに掲げて作成され、3つの約束と7つの提言から成る。7つの提言の筆頭に「雇用を守り、格差を正す」が位置づけられ、具体的には中小企業対策とセットになった全国平均1,000円の最低賃金、均等待遇、就労支援が言及されている。雇用と格差問題の優先順位が上がったことが明瞭に見て取れる。さらには、政権交代に繋がった2009年衆議院選挙向けのマニフェストでも、同様に雇用は重視されており、ここでは雇用保険をすべての労働者に適用拡大する方針が新たに盛り込まれた。

2000年代における民主党の選挙公約・マニフェストを概観すると、公共事業依存の景気対策には明確に異を唱え、社会保障を充実化することにより将来不安を取り除き消費を喚起させる点では一貫していることがわかる。働き方のルールに問題があることも認識しており、長時間労働の是正、均等待遇、ワーク・ライフ・バランス、最低賃金の引き上げ、雇用保険の適用拡大等のメニューも並んでいる。また職業能力開発や就労支援を重視していることからも、産業構造の転換に対応したセーフティネットとやり直しの機会整備に対する関

心は高いといえよう。しかしながら、雇用を核に据えて、雇用の安定が安心と成長を生み出し、社会保障がそれを下支えするという関係にまで踏み込んでいるようには見えない。むしろ社会保障の持続性と公平性に対する強い関心がまずあるように思われる。年金に関する未払い問題や消えた年金問題が政治化し、それに対する自民党政権の不手際を民主党が鋭く追求することで支持を広げてきたことからも、社会保障の持続性と公平性の確保は民主党にとって関心の高い政策であったと思われる。それと比べると雇用は個別メニューを並べているだけともとれる書き方であり、マクロ経済政策に裏打ちされた雇用戦略を打ち出すまでには至っていない。

また、働き方の変革に言及する割にはジェンダー視点が希薄であり、誰のどのような働き方を変えることがなぜ必要なのかに関する明確なメッセージとはなっていない。子育て支援を重視していることから社会投資戦略の萌芽はあるが、明確な形で現れていないのである（子育て支援策に関しては第3節）。

②新成長戦略と包摂型成長論

雇用の重視は民主党が政権をとってからより強く打ち出されるようになる。リーマンショック以来の景気後退から日本経済が立ち直っていないことを受けて、10月に緊急経済対策を発表し、12月には新成長戦略を閣議決定している。新成長戦略は民主党政権には成長戦略がないとの批判を受け策定されたものであるが、そのなかに雇用戦略が位置づけられた。新成長戦略（基本方針）の冒頭に、「1．新需要創造・リーダーシップ宣言」が掲げられ、そこに「2つの呪縛」という題名の下に、「私たちは、公共事業・財政頼みの「第一の道」、行き過ぎた市場原理主義の「第二の道」でもない「第三の道」を進む。それは、2020年までに環境、健康、観光の3分野で100兆円超の「新たな需要創造」により雇用を生み、国民生活の向上に主眼を置く「新成長戦略」である」と高らかに宣言されている。自民党政権下においては、小泉政権以前は第一の道を歩み、小泉政権とそれ以降は第二の道を邁進してきたことへのアンチ・テーゼとして、民主党の第三の道が位置づけられているのである。ここの部分だけでは

単に3つの成長分野を重視しているだけであり、新機軸を打ち出したようには見えないが、その後の「成長を支えるプラットフォーム」のなかに、「(5) 科学・技術立国戦略」と「(6) 雇用・人材戦略」が並び、とりわけ雇用・人材戦略が成長戦略を下支えする役割を与えられた点は新しい。

雇用・人材戦略の副題は「「出番」と「居場所」ある国・日本」である。具体的には、「雇用の安定・質の向上と生活不安の払拭が、内需主導型経済成長の基盤であり、雇用の質の向上が、企業の競争力強化・成長へと繋がり、その果実の適正な分配が国内消費の拡大、次の経済成長へと繋がる。そこで、「ディーセント・ワーク（人間らしい働きがいのある仕事）」の実現に向けて、「同一価値労働同一賃金」に向けた均等・均衡待遇の推進、給付付き税額控除の検討、最低賃金の引き上げ、ワーク・ライフ・バランスの実現（年次有給休暇の取得促進、労働時間短縮、育児休業等の取得促進）に取り組む」と明記された[4]。

この雇用・人材戦略は、副題に示されたように、社会的包摂の視点を成長戦略に組み込んだことも特徴的である。すなわち、社会的に排除された人々に対して、単に所得保障を提供するのではなく、いかに雇用と社会に結びつけていくかという視点である。たとえば、「国民すべてが意欲と能力に応じ労働市場やさまざまな社会活動に参加できる社会（「出番」と「居場所」）を実現し、成長力を高めていくことに基本を置く」と述べられたが、これは、EUの成長戦略「ヨーロッパ2020」における「包摂型成長（inclusive growth）」論に通じる考え方とも言える。

新成長戦略に組み込まれた「出番と居場所」のある社会という考え方は、先に述べたように、もともとは政権交代後の鳩山首相の2009年10月の所信表明演説のなかで打ち出されたものであったが、この段階ではやや抽象的な社会イメージに留まっていた。

雇用政策の整備に伴い、菅内閣は、この社会的包摂の施策についても具体化する方向で足を踏み出した。菅首相の所信表明演説では、「様々な関係機関や社会資源を結びつけ、支え合いのネットワークから誰一人として排除されることのない社会、すなわち、「一人ひとりを包摂する社会」の実現を目指します」

とされ、そのために排除された人々への伴走的な支援を行う「パーソナル・サポート」の事業の必要性を訴えた。新成長戦略にも、「長期失業などで生活上の困難に直面している人々を個別的・継続的・制度横断的に支える「パーソナル・サポート」を導入する」と書き込まれた。

これに基づき、2010年7月には、内閣府参与の湯浅誠を中心とした「パーソナル・サポートサービス検討委員会」が内閣府に設置され、パーソナル・サポートのサービスを各自治体で実現していくためのモデル事業の準備を開始した。さらに、社会保障、雇用、住宅など諸分野の政策が横断的に連携して社会的包摂を実現するために、2011年1月には、各省の実務担当者を集めた「一人ひとりを包摂する社会」特命チームが設置され、社会的包摂推進のための緊急提言が提出された。

(2) 政策実現段階でのトーンダウン

では、民主党政権は当初掲げた方針を具体的な施策としてどこまで実現することができたのだろうか。

新成長戦略に関しては、2010年6月に「新成長戦略――「元気な日本」復活のシナリオ」が閣議決定され、9月には具体的施策を検討する新成長戦略実現会議（以下、実現会議）が設置された。第1回目会議の9月9日から最終回の2011年8月3日まで計12回しか開かれなかったが、菅内閣における成長戦略の方針はここで議論されている。実現会議が設置されると同時に、7つの分科会が設けられたが、それらは雇用を基軸とした成長戦略とは異なる構成となっている。名称を列挙すると、パッケージ型インフラ海外展開関係大臣会合、国内投資促進円卓会議、新成長分野人づくり会議、総合特区制度「環境未来都市」構想に関する会議、医療イノベーション会議、グローバル人材育成推進会議、エネルギー・環境会議となっている。成長分野やグローバル企業向けの人材育成の視点はあっても、ディーセント・ワークの実現は抜け落ちている。さらには、このなかでも優先順位は経済連携協定や経済特区、法人税引き下げなどに高く付けられ、福祉・医療分野における雇用拡大に関する具体的議論には入れ

なかったのである。

　雇用の安定と質の向上は雇用戦略対話と通常の審議会（労働政策審議会、中央最低賃金審議会）の枠組みで議論された。雇用戦略対話は連合の働きかけにより実現した民主党政権下における政労使対話の枠組みである。3年3カ月の間に8回開催され、前半は新成長戦略における雇用・人材戦略、後半は若者雇用戦略について意見交換がなされた。労働政策審議会では、派遣法の改正、雇用保険の適用拡大、有期雇用法制の整備（労働契約法の改正）が民主党政権下における主要な案件であった（詳細な検討は第5章）。

　雇用戦略対話では2009年11月から2010年6月にかけて雇用・人材戦略の具体化策が議題となり、同年6月の新成長戦略に2020年の数値目標が盛り込まれた。ここでの主眼は3つある。第一に、少子高齢化が成長の足かせとなっていることから、女性、高齢者、若者等の就労を促進すること、つまり雇用供給の拡大である。具体的には就労阻害要因を取り除くための政策がメニューに並ぶこととなった。第二に、職業能力開発等による潜在能力を発揮させる政策であり、これが人材戦略と呼ばれるものとなっている。第三に雇用の質、ディーセント・ワークに関わる施策である。2020年までの数値目標をみると、就業率を上げることには力点が置かれているが、ディーセント・ワークの実現に関しては取り組みが弱い。項目としては、有給休暇取得率70％（2008年は47.8％）、週労働時間60時間以上の雇用者の割合5割減、労働災害発生件数を3割減、メンタルヘルスに関する措置を受けられる職場の割合100％、受動喫煙のない職場の実現である。最重要課題である同一価値労働同一賃金や均等待遇には踏み込んでいない。

　野田内閣になると2011年10月に国家戦略会議が発足し、そこにおいて日本再生戦略が議論された。分厚い中間層の復活が政策の目的に据えられ、就労促進（若者、女性、高齢者の就労促進、非正規労働者に関する新たなルール）、雇用創出（新産業創出および地域における雇用創出）、セーフティネット（社会的包摂政策、生活支援戦略、職業教育・訓練）の3つの相互連携が提示されている。分厚い中間層と謳っているものの、セーフティネットは労働市場へ包摂さ

れていない人々への対策となっており、現行の労働市場の問題に関してはせいぜい就労促進の項目に非正規労働者に関する新たなルールが入っているだけである。

パーソナル・サポート・サービスについては、そのモデル事業が2010年秋からそのような活動の実績や構想のある5つの地域（北海道釧路市、神奈川県横浜市、京都府、福岡県福岡市および沖縄県）において開始され、その後全国19の地域に拡大された。さらに、2011年8月には、「一人ひとりを包摂する社会」特命チームが「社会的包摂政策に関する緊急政策提言」を出し、就労支援をおもな課題としていたパーソナル・サポート・サービスについて、就労条件のない人々を含めて幅広く対象としていくことを求めた。これを受けて、パーソナル・サポート・サービスは新モデルプロジェクトとして合計27地域でプロジェクトが進められることになった。

パーソナル・サポート・サービスのプロジェクトは、その活動の全体を通して、1万9,615件の相談を受理し、そのなかで就労支援を行った7,220件のうち、2,996件について就労を実現したとされる（内閣府資料「パーソナル・サポート・サービスについて：モデル事業の評価について」）。

しかしながら、この事業はそれ自体としては新しい恒久的制度としては定着せず、2011年度で終了した。これに代わって、2012年2月に閣議決定された「社会保障・税一体改革大綱」が打ち出した「生活支援戦略」を受けるかたちで、2012年4月に社会保障審議会に「生活困窮者の生活支援の在り方に関する特別部会」が設置された。この特別部会は、「生活支援戦略」の体系について議論を進め2013年1月に報告書をまとめた。そこでは、ワンストップ・サービスの考え方を継承する相談支援事業を基軸に、就労準備支援事業、家計再建支援、住宅関連の支援などをパッケージとして提供していくことが提起された。

この報告書に基づいて、「生活困窮者自立支援法案」および生活保護法改正案が2012年の再度の政権交代を経た2013年の臨時国会において成立した。

(3) 頓挫するレジーム転換

　民主党政権の実績を「レジーム転換」の観点から検証すると、レジームを転換させようとする意思の萌芽を見て取ることはできるものの、レジーム転換を引き起こすには不十分な施策しか取り組みが進んでいないことがわかる。民主党が描こうとしている社会ビジョンと具体的な施策の間には大きな開きがあるといえるだろう。もっとも、3年3カ月という短い期間であり、かつねじれ国会という与件を考慮すれば、それなりに前進したという評価は可能である（雇用政策の進展に関しては第5章も参照）。物足りない印象を与えるのは、具体的施策がどう社会ビジョンの達成に繋がるのかの見通しが明確な形で提示されていないからであろう。

　民主党政権がレジームの構造転換に失敗した理由を、雇用政策と社会保障政策として3点ほど指摘できる。

　第一に、雇用の戦略的位置づけに関する認識不足である。民主党自体は安心社会の構築の要に必ずしも雇用を据えていたわけではない。もともと持続可能な年金制度の構築への関心のほうがはるかに高いのである。マニフェストの変遷や政権交代以降の政策過程を見てもわかるとおり、民主党がどの程度雇用政策を重視するかはその時々によって変化しており、それは党代表の問題関心および雇用情勢を反映している。雇用への関心の低さは、雇用が雇用・福祉レジーム転換の要であるとの認識を抱いていないことを裏書きする。

　民主党が雇用政策を重視するようになるのは、2008年秋のリーマン・ショック以降、とりわけ2008年末の年越し派遣村出現以降である。そのため、失業や非正規雇用の増加に対する対症療法は持ち得ても、日本の労働市場の構造的問題を解消する必要があるという問題意識は希薄であったように思われる。後述のように子ども・子育て政策に関しては、民主党は男性稼ぎ主モデルに固執しておらず、むしろ共稼ぎ家庭への支援を強めたが、雇用政策の領域において男性稼ぎ主モデルからの転換を積極的に進めたとはいえない。民主党の雇用政策にジェンダー視点が希薄であることは、労働市場の課題認識をあまいものにさ

せるひとつの要因になっていると考えられる。

　第二に、新たな利益媒介システムをつくり出せなかった点も指摘したい。それぞれのレジームは固有の利益媒介システムと密接不可分の関係にある。したがって、レジーム転換を起こすためには、新たな支持層を見据えて利益媒介システムを再構築する必要がある。民主党のように風頼みの選挙を展開し、団体政治を否定的に捉え、社会に根ざした党組織をつくることに成功していない場合、利益媒介システムの組み替えには相当の困難がつきまとう。民主党は連合とは緊密な関係を築き、連合からの政策要求にはそれなりに応えていた（第5章参照）。しかしながら、連合には必ずしも包摂されていない利益——非正規労働者、女性、若者——をどのように政治的支持に転化していくかに関する戦略は弱かったといえる。こうした労働者層に対する個別の施策は確かに行ったものの、彼ら・彼女らが直面する生き難さを解消するにはほど遠く、また民主党から明確なメッセージが発せられることもなかった。

　第三に、中長期的観点から政策の有機的連携を図り、ロードマップとしてまとめ上げる戦略部署の不在である。民主党の政権構想では国家戦略局がその任務に当たるとされていたが、国家戦略局の職務に関して内閣官房との棲み分けが必ずしも整理され共有されていたわけでもなかった。結果的に法案提出が間に合わず、国家戦略局構想は実現を見ることなく国家戦略室として運営された。ルーティーンに忙殺される官房長官や官房副長官では気づかない、あるいは処理しきれないような案件を国家戦略担当大臣が扱うことになったが、レジーム転換を意識的に行うためには国家戦略担当の政務三役と事務局が機能しなければならない。歴代の国家戦略担当大臣のなかでは菅直人（2009年9月16日～2010年1月7日）と古川元久（2011年9月2日～2012年10月1日）にはレジーム転換への関心があったと思われるが、頻繁な大臣交代はレジーム転換を進める上での阻害要因となったと考えられる[5]。

　そもそも民主党は政治主導それ自体を目標としており、政治主導という新しい政策決定システムを通じて実現するべき社会ビジョンを見据えていたわけではなかった。このことは、レジーム転換に向けた政策のリンケージが欠落して

いたことと対応している。政治主導を支える機構改革に失敗したこともさることながら、政治主導と政策転換との有機的連携を当初から描ききれていなかったことも、民主党の抱えた根本問題として指摘されてよいだろう。

　以上、雇用・福祉レジーム全般に関わって、民主党政権による構造転換の失敗を検討したが、次に政策の目玉でもあった子ども・子育て支援に絞るかたちで、「挫折」の構造分析を深めたい。

3　子ども・子育て支援政策

(1) 子どもの育ちを社会で

　子ども・子育て支援政策は「レジーム転換」の観点からきわめて重要な意味を持つ。男性の雇用分配を通じて生活保障を実現する旧・日本型レジームにおいては、社会保障は定年以降の高齢者の生活保障に偏重し、子育て世帯および子どもたちへの支援は脆弱なものであった（宮本 2008）。民主党はそれまで着目のされることのなかった児童手当・子ども手当の優先順位を引き上げ、マニフェストで約束した額の半額しか実現しなかったものの、総額では倍増という大きな政策変換を成し遂げた。また子ども・子育て関連法案（子ども・子育て支援法、児童福祉法改正、認定こども園法）を成立させ、それまでの保育制度を根本的に変える新しい子ども・子育て支援制度を誕生させた。民主党政権の子ども・子育て政策は高齢者偏重の社会保障から全世代型へのモデル・チェンジを志向するものであったことは間違いない。

①マニフェストの変遷
　まずはマニフェストを手がかりに、民主党はどのような子ども・子育て政策を訴えてきたのか概観したい。民主党にとっての子育て支援策は安心して子育てできる環境の整備が主眼にある。2001年の段階から、児童手当の支給額を現行の2倍程度の水準にすることが盛り込まれており、奨学金制度の拡充とあわ

せて、子育ての経済的負担の軽減に深い関心を寄せていたことが窺える[6]。しかし2003年のマニフェストには児童手当は盛り込まれず、幼保一元化やNPOなどによる駅前保育や保育ママの拡充、学童保育の2万カ所創設が明記された。この時点では現金給付より現物給付に力点を置いたのである。ところが2004年のマニフェストでは再び現金給付が登場し、初めて子ども手当に言及する。財源は配偶者控除・特別配偶者控除廃止分と税の増収分とあるが、具体的な額には触れられていない。子ども家庭省の創設もこのときから言及されている。

2005年のマニフェストでは、日本刷新8つの約束のなかに「コンクリートからヒト、ヒト、ヒトへ」が入り、公共事業の無駄を排し、「人材育成に投資し、未来に備えることが重要」であると主張し、そこの目玉政策として子ども手当が据えられた。明らかに優先順位が上がったことが窺える。財源には配偶者控除・特別配偶者控除の廃止分に加えて扶養控除（老親控除以外）の廃止も明記された[7]。また額に関しては、所得水準にかかわらず、義務教育終了年齢までの子ども1人あたり、月額1万6,000円（所要額3兆円）が明記された。子育て支援に関しては2003年および2004年の提言を踏襲しているが、待機児童解消に向けた予算は300億円から960億円へと大幅に増加させている。

2007年のマニフェストでは子ども手当が倍の月額2万6,000円となり、高校授業料の無償化も盛り込まれ注目されたが、この頃より社会で子育てをする必要性を強調するようになる[8]。「子どもは未来を担う宝です。民主党は、単に親にだけ子育ての責任を負わせるのではなく、社会みんなで子育てと教育を支える仕組みをつくります」と明記された。額に関しては、子どもが育つための基礎的な費用を保障すべきとの観点からと説明し、2005年マニフェストにあったような各種控除廃止は後景に退いている。これらの方針は2009年マニフェストにも引き継がれ、「社会全体で子育てする国にします」と謳い、このときは所得再分配に踏み込んだ書き方をしており、子ども手当の財源として「相対的に高所得者に有利な所得控除から、中・低所得者に有利な手当などへ切り替える」ことが明記された。

奇妙なことに2007年のマニフェストからは子育て支援策が消えてしまう。重

点政策50項目に盛り込まれなかったのである。それどころか『2007年政策リスト300』においても比重は軽く、それまで明記されていた待機児童の解消に関わる予算額への言及もない。2009年のマニフェストでは待機児童対策への言及が復活するが、認可保育所の増設というそれまでにはなかった方針を盛り込む一方、学童保育や予算額への言及はなされていない。

②レジーム転換？

　以上のマニフェストの変遷を手がかりに、民主党は子ども・子育て支援をどの程度「レジーム転換」に関わる課題として位置づけ、追求したかを考えてみよう。

　第一に、現金給付志向が強く、現物給付への配慮は少ないことが指摘できる。脱官僚を掲げる民主党としては、国家機構を経由せざるを得ない現物給付よりも、直接的に現金を個人に支給することのできる手当を志向していたのかもしれない（Miyamoto 2010）。また「控除から手当へ」という方針を掲げている民主党にとっては、恩恵の程度が見えにくく、かつ相対的に高所得者に有利な控除を整理し手当に転換することは、再分配の強化という側面を持っていた。さらには、現金給付や高校無償化は可処分所得を増やすことになり、消費拡大に繋がるという成長戦略の一環でもあった。

　現物給付に関しては、幼保一体化が待機児童を解決するという見解に立ち、保育園と幼稚園の両方の機能を併せ持つこども園が拡充しないのは文部科学省と厚生労働省の縦割り行政に原因があるとし、幼保一体化と子ども家庭省の創設を主張していた。ここにも民主党の官僚不信が窺える。興味深いことに、保育の市場化に関して民主党は特段強い反応を示していない。待機児童解消の1つの方策として株式会社の参入を認めること、そのために児童福祉法を改正し、自治体の保育の実施義務を外し、保育所と利用者の直接契約方式に改めることが自公政権下で模索されてきた。保育の市場化は質の切り下げや利用者の選別・階層化が進みかねないことから、公的保育を守るべきであるという主張がなされていたが、この論点に関して民主党が強く関与した形跡は見られない。

現金給付に関しては再分配を志向しても、現物給付に関しては格差への配慮よりも、サービスの量的拡大を志向していたものと思われる。民主党的な「第三の道」路線と言えるかもしれない（三浦 2013）。現物給付としての子ども・子育て支援を拡充するためには、公共サービスへの信頼獲得や幼保一体化に伴う省庁再編など、より構造次元での改革が不可避となる。子ども・子育て支援における現金給付への偏りは、これまで検討してきた民主党政権におけるレジーム転換戦略の限界と対応していると言えよう。

第二に、民主党は高齢者偏重の社会保障を再編し、全世代型へとモデル・チェンジすることを志向していたといえる。全世代型への転換は自公政権下においてすでに模索されていたものである。福田内閣の下での社会保障国民会議が社会保障の「機能強化」を打ち出し、その路線は麻生内閣における安心社会実現会議に継承された。民主党の子ども・子育て支援政策もその路線の延長線上にあるものの、量・質ともに大きく踏み込んでおり、その背景には民主党の子育て支援観が自民党のそれとは全く異なるという事情がある。

民主党と自民党の考え方の相違は、子育てを「社会全体で行う」のか、「家庭内で親が行う」のかの違いにある。民主党はチルドレン・ファーストの方針の下、すべての子どもの育ちを支援することを目標とし、その手段の1つに所得制限なしの子ども手当を位置づけていた。また幼保一体化もすべての子どもの育ちを支援する観点から正当化された。他方、自民党の子ども・子育て政策の基調は家庭内教育の重視である。0歳児はすべて家庭で保育されるべきであるとの方針を掲げ、親の責任と負担を強化し、社会的支援を軽視するものである[9]。

民主党と自民党は子育て支援に関してこのように観念論的に正反対の立場を取っていた。民主党の立場を象徴的に表す言葉が「子どもの育ち」である。2009年のマニフェストに「次代の社会を担う子どもの育ちを社会全体で応援する」という表現が初めて登場する。子育てをしている保護者を支援することはわかりやすいが、「子どもの育ち」とはまるで子どもが勝手に育っているかのような印象を与え、民主党が批判された表現である[10]。自民党が家族の粋を強

めることで公的支援を弱めようとしているのに対して、民主党は個人支援を強調しており、子どもの視点に立って子ども・子育て支援策を講じるという思想がこの言葉に表れているといえる。

全世代型へのモデル・チェンジを社会保障費総額の世代別分配の観点から見るのであれば、自民党と民主党はともにモデル・チェンジを志向していたが、子ども・子育て世代への分配の度合いは、民主党のほうが高い水準を構想していた。また具体的な制度設計に関しても、民主党のほうが家庭環境に恵まれない子どもたちへの配慮が高い。

社会保障費を子ども・子育て世代に重点的に振り分けるという政策志向は、ヨーロッパでは「社会的投資戦略（social investment strategy）」として実践されてきた。子どもの貧困が早くから社会問題化してきた文脈のなかで、貧困の世代間連鎖や貧困が生み出す福祉依存や犯罪への対策として、未就学児を対象に早期から質の高い幼児教育を保障することが提言されてきたのである。未就学児の早期教育に新たな費用が発生するが、将来的に発生する社会保障費を抑制することから、最終的には社会保障費全体を節約するものであるという理解も社会的投資戦略では強調される点である。

民主党も子どもを「未来を担う宝」と捉え、「人材育成に投資し、未来に備えることが重要」と訴えている点では、社会的投資戦略的な視点を持っているといえる。しかしながら、2009年の時点では生活保護費の抑制が政治問題化しておらず、むしろ格差・貧困問題への対処の観点から教育機会を開いていくことに重点を置いていた。新たな層への社会保障の拡充が強調されており、社会的投資戦略の言説と比較すると経済的合理性の側面はさほど強調されることはなかった。

社会的投資戦略という視点が希薄であった理由は、民主党が将来の日本の経済モデルに対して強い関心を抱いていないことにも一因があると考えられる。ヨーロッパにおいて社会的投資戦略が打ち出されるようになった背景には、ポスト工業化社会において持続的な成長を達成するには知識基盤社会への転換が不可欠であるという認識が横たわっている。長い間、ものづくりが成長を牽引

してきた日本においては、ポスト工業化への対応は政策課題として認識されにくいためか、むしろ人口減少社会においてどのように負担を分かち合うのかということに民主党は関心を寄せていた。成長戦略に関しても、成長が見込まれる分野の発見（たとえば医療や環境）には言及しても、経済モデルとして知識基盤型に転換するという発想を抱いていたわけではなかった。したがって、保育施設の拡大は政策課題として認識されるが、社会的投資戦略で強調される早期教育の重要性に関しては、それほど重視はしていなかったのである。

　第三に、民主党の子ども子育て支援政策は、男性稼ぎ主モデルを超える内容であったが、その方向で十分な展開を図ることはできなかった。

　日本の税・社会保障制度は男性稼ぎ主モデルを前提として構築されてきたが、実際には共稼ぎ世帯や単身世帯が増え、税・社会保障制度が依拠する家族モデルが社会の実像と合わない状況になっている。民主党が配偶者控除や特別配偶者控除の廃止を主張するのは、男性稼ぎ主モデルを前提としないという姿勢の表れと理解することが可能である。

　ただし、前節でも指摘したように、ジェンダー視点は徹底していない[11]。世帯主単位の制度を個人単位に改めることまでは踏み込んでおらず、子ども手当の設計にあたってもほとんどは男性である世帯主（主たる生計者）を受取人としていた。ジェンダー視点に基づいて子ども手当を構想していたならば、受取人を女性（主たる育児者）にしたり、DV（ドメスティック・バイオレンス）被害者が受け取りやすい支給要件に整えたりすることにもっと意識を振り向けていたのではないだろうか。

　さらには、もし民主党が男性稼ぎ主モデルからの転換に本気で取り組むのであれば、子ども手当の設計も両性の社会参加促進の観点から吟味されたはずである。高い支給額は無償労働を社会的に評価するという側面があるものの、母親の就労を抑制し、むしろ雇用社会におけるジェンダー平等を阻害する可能性もある。実際の効果は、子ども手当が雇用政策、税制、企業慣行等とどのように関連し合うかによって変わってくることから、単体の政策を取り出して是非を問うのではなく、政策体系のなかで位置づけて論じる必要があるが、民主党

にそうした発想は弱かった。

(2) 迷走する子ども手当、邁進する保育サービス政策

以上のような制約を伴いつつも、民主党の子ども・子育て支援政策は、「子どもの育ちを社会全体で応援する」という意味での「レジーム転換」への可能性をもっとも強く孕んだものであった。この民主党の政策志向はどの程度実現したのだろうか。

①子ども手当

民主党はマニフェストで2万6,000円の子ども手当を約束し、初年度は半額の1万3,000円を支給するとした。これを実現するには、扶養控除・配偶者控除を廃止し、さらに新たな予算措置が必要となってくる。鳩山内閣期には公共事業を前年度当初予算比で18.3%減と大鉈を振るい、菅内閣でも実質5.1%減を実現し、また事業仕分け、租税特別措置の見直し、「埋蔵金」の活用、たばこ増税などで財源を確保しようとした（第4章参照）。しかし、年少扶養控除は廃止したものの23〜69歳の成年扶養控除は残すことになり配偶者控除の廃止にも踏み切れなかった[12]。控除廃止分だけを子ども手当に振り分けるのでは次年度からの満額実施は不可能となり、また年少扶養控除の廃止に伴い増税になる世帯への善後策が必要になったことから、菅内閣は3歳未満のみ7,000円増額することを閣議決定する。しかしこれも東日本大震災の復旧・復興の費用に充てるべきだとする野党の理解が得られず撤回に追い込まれてしまった。結局は2011年8月に子ども手当は3党合意により児童手当へと名称が戻り、支給額は3歳未満1万5,000円、3〜12歳1万円（第3子以降は1万5,000円）、中学生1万円となり、所得制限（年収960万円程度）を復活することで決着し、子ども手当はわずか2年で廃止に追い込まれたのである[13]。

2万6,000円の子ども手当を支給するには5.5兆円の恒久財源が必要であり、大胆な予算組み替えが不可避となってくる。民主党は2006年段階では扶養控除と配偶者控除を廃止し、その財源を子どもの数で割ると1万6,000円となるこ

とから、同額の子ども手当を提言していた。2万6,000円へと増額されたのは、2007年1月の国会で小沢一郎代表が6兆円規模の子ども手当を創設すると発言したことが発端である。6兆円を子どもの数で割った額である2万6,000円がその後の党の方針となり、2007年と2008年のマニフェストで記載された。そしてその2万6,000円を正当化する根拠として、子どもが育つための基礎的な費用が計算され、理論武装を行ったのである。民主党が満額支給を実現できなかったのは、財源不足もさることながら、支給水準および財源に関して党内で深い議論がなされなかったことが大きい。当初の1万6,000円で十分であると考えていた議員からすると、半額支給の子ども手当も3党合意による新児童手当も十分評価できる内容であると思えるであろう。旧児童手当と子ども手当を比べると予算は倍増し、総額は新児童手当以降も大きくは減っていない。この点だけで見るのであれば、民主党は「レジーム転換」に部分的に成功し、それは自公政権によっても継承される不可逆的な政策転換であったと言えるのである。

　もっとも、再分配の観点からは不可逆的という判断を下すことには無理があるかもしれない。自公政権下で拡充されてきた旧児童手当は、年少扶養控除と組み合わせると高所得者を優遇し低所得者層には恩恵の薄い制度であった[14]。民主党が「控除から手当へ」の方針の下で年少扶養控除を廃止し手当を拡充したことから、再分配機能は強化されたのである。しかしながら、自民党は年少扶養控除の復活を2012年の選挙公約で謳っており、もしこれが復活すれば再分配は再び弱まることになる。

②子ども・子育て支援策
　民主党政権は2012年3月に子ども・子育て新システム関連法案を閣議決定し、5月から衆議院の特別委員会にて消費税増税法案を含む社会保障・税一体改革関連7法案の一括審議が始まった。6月には民主党・自民党・公明党による大幅な修正を経て（以下、3党修正）、子ども・子育て関連法案（子ども・子育て支援法、児童福祉法改正、認定こども園法）は8月に成立した。
　子ども・子育て支援法は膨大な改革事項を含む根本的な制度変更である。第

一に子ども・子育てに関する財源が一本化され、子ども・子育て交付金として市町村に交付されることになった。保育利用に対する給付は利用者個人に対してなされることになり、本来は保護者に支給される給付金を教育・保育施設が代わりに受領する代理受領方式がとられることとなった（利用者補助方式または個人給付方式と呼ばれる）。つまりは現物給付から現金給付への抜本的変化が実現した[15]。

第二に、市町村の保育の実施義務が緩和された。それまでは行政処分として入所決定されていたものが、保護者と保育施設との直接契約へと転換する仕組みが盛り込まれた。政府案では市町村の保育の実施義務を規定する児童福祉法24条を削除することになっていたが、これは3党修正により復活した。もっとも表現は変更され、市町村は保育所に対しては実施責任を持つが、それ以外の施設（認定こども園、幼稚園、小規模保育所など）に関しては入所を確保する責任のみ追うことになり、後者には直接契約・利用者補助方式が適用されることとなった。

第三に保育園と幼稚園を一体化させた幼保連携型認定こども園の規定がおかれた。政府案の総合こども園は撤回され、3党修正により認定こども園を拡充することになり、幼保連携型認定こども園に加えて3種類の認定こども園が誕生することになった[16]。また小規模保育も地域型給付として補助の対象に加えられた。

成立した子ども・子育て支援法は自公政権下で検討されてきた政策路線を継承するものであり、民主党がマニフェストで謳ったものではない。民主党はチルドレン・ファーストおよび幼保一体化の方針を掲げていたが、その具体的な中身は曖昧であり、2009年のマニフェストには「認可保育園の増設を進める」ことが盛り込まれていた。これを字義どおりに取るならば保育の市場化を推進する立場にはなかった。ところが、2009年12月に閣議決定された「明日の安心と成長のための緊急経済対策」のなかに「幼保一体化を含めた保育分野の制度・規制改革」が入り、「利用者補助方式への転換」や「イコールフッティングによる株式会社・NPOの参入促進」を検討することが盛り込まれた。これ

らは民主党のマニフェストでは言及されておらず、厚労省が中心となって進めてきた保育制度改革が滑り込んだものである。つまり民主党の幼保一体化案に厚労省が進めてきた新しい保育制度構想が包摂され、議論が開始されることになったのである。

　民主党政権は2010年1月には「子ども・子育てビジョン」を閣議決定し、3歳未満の保育所入所率を現行の24%から2017年には44%へ引き上げるという野心的な数値目標を設定した。同月には内閣府に子ども・子育て新システム検討会議（以下、検討会議）を設置し、検討会議およびその下に設置された作業グループおよび3つのワーキングチームにおいて議論が開始される。6月には子ども・子育て新システムの基本制度案要綱が閣議決定されたが、このタイミングで民主党は7月の参院選に向けてマニフェスト修正を模索するようになる。子ども手当の満額支給を諦め、代わりに子ども手当の「上積み分については、地域の実情に応じて、現物サービスにも代えられる」ことがマニフェストに盛り込まれた。子ども手当より保育所という保護者の声が伝えられるなか、現金給付と現物給付のバランスを改善させた動きとも捉えられるが、現物給付としては保育所定員増、保育料軽減等は言及されるものの、認可保育園増設は明記されなかった。

　参院選を挟み検討会議での議論は続き、2011年7月に検討会議の中間とりまとめが提示された。直前の5月には社会保障改革に関する集中検討会議にて、総理指示として社会保障における安心3本柱の第一に子育て支援（現物サービス）強化が位置づけられた。従来相互に関連づけて論じられてこなかった3つの改革がこれによって統合され、消費税増税が実現した場合は消費税より0.7兆円が子ども・子育て支援策に使われることが決定した。翌年3月に検討会議は基本制度案と法案骨子を了承し、同月法案は閣議決定された。

　約2年間の政府案形成過程では民主党は多様なステーク・ホルダーを参加させ、表出された意見を部分的に反映させてきた[17]。しかし多くの論点で合意が形成されないまま閣法ができ上がり、積み残し課題は国会での3党修正を通じて妥結されることになった。皮肉なことに民主党がまとめた政府案ではかなり

徹底した幼保一体化・保育の市場化政策が盛り込まれていたのに対し、3党修正によってブレーキがかけられ公的保育が一定程度守られる仕組みが導入されることとなった。

　子ども・子育て支援法の成立は「レジーム転換」の観点からは評価が難しいものである。制度改正が複雑であり、どのような影響が現れるかに関しては法案成立後の運用に任された部分が多いからである。ただし、予算規模に関しては画期的なものと言ってよいだろう。消費税増税分より0.7兆円の予算が確保され、加えて他の財源より0.3兆円を合わせて計1兆円分の増額を図ることが決定された。今までの現物給付予算が2兆円程度であったことを考えると、大幅な拡充である[18]。もっともこれは消費税増税と一体化されたことによるものであり、消費税増税の理由として子育て支援が位置づけられることで予算獲得に至るのである。消費税を5％上げることにより約13兆円の増収が見込めることを考えると、0.7兆円はわずかの額でしかなく、増税の口実として子育て支援が使われたという見方も可能かもしれない。また財務省と厚労省との間の調整は官僚主導で行われ、民主党が積極的に関与した形跡は見られない。

　「レジーム転換」の観点から注目すべきは、待機児童の解消がどの程度進むかであり、また2017年には3歳未満の保育所入所率を44％へ引き上げるという数値目標の達成度である。保育園、とりわけ認可保育園への入所が都心部ではきわめて困難であることが女性が働き続けることへの障壁となっており、男性稼ぎ主モデルからの脱出がなかなか進まない一因となっている。子ども・子育て支援法の枠組みは、認可保育園を44％の3歳未満児に保障することは財政的に不可能であるとの前提に立ち、株式会社の参入や家庭的保育などを組み合わせることにより量的サービス拡大を図ることを狙っている。当初は指定制度を導入することにより自治体は基準を満たした参入主体を認可しなくてはならない仕組みが構想されていたが、政府案の段階で盛り込まれなかった。したがって、自治体がどの程度本気で待機児童対策に取り組むかによって成果は変わってくる仕組みとなっている。民主党が肩入れをした子ども・子育て新制度がどの程度の「レジーム転換」をもたらすかは、実施段階でどのように運用される

かにかかっている。

(3) 転換の失敗

では民主党が試みた「レジーム転換」の萌芽は、なぜ中途半端にしか実現しなかったのであろうか。レジーム転換一般に関わる失敗の構造については前節で論じたとおりであるが、子ども・子育て支援という個別政策の水準で述べると以下の3点が挙げられよう。

第一に、前述のように、民主党の子ども・子育て政策は、「レジーム転換」の観点からは重要な役割を担っていたものの、当の民主党がそれを自覚していたかが不明である点を指摘したい。民主党は個別の政策メニューへの関心は高いが、それらを繋ぎ合わせたときに浮かび上がる総合的な社会ビジョンに関しては、それを言語化・意識化する努力はあまり見られない。共働きを政策的に支援し、社会保障を全世代対応型に転換するのであれば、質の高い保育サービスの量的拡大とともに、働き方の見直しによる無償労働の男女分担の見直しも不可欠である。民主党が長時間労働是正に無関心であったわけではないが、保育政策と労働政策を連関させ、どのような働き方・生活の仕方を支援しようとしているのか、最後までそのかたちは見えなかったのである。個別政策から見たときにこそ、リンケージの欠落は決定的な困難をもたらすのである。

第二に、普遍的な現金給付を重視したことが、新たな利益媒介メカニズムの構築と齟齬をきたした点が指摘できる。子ども手当や高校無償化は所得制限のかからない普遍的な制度である。日本ではあまり馴染みのない普遍的制度に対する社会的支持を調達するためには、民主党が一丸となって戦略的に言説政治を行う必要性があるが、聞こえてくるのはむしろ党内の不協和音であった。小沢は子ども手当は有権者の反応がよいと判断し2万6,000円規模を打ち出したが、子ども手当にそもそも熱心であった議員は「控除から手当へ」の計算の枠内で発想をし、増額を必ずしも積極的に支持していなかった。小沢が構想していた「同居手当」も、両性就労支援を支持する議員には違和感を持って受け取られたことであろう。

もっとも、少額の普遍的な制度は支持層開拓に繋がらないと考えると、小沢のような大胆な額を支給して初めて世論を見方につけることができたのかもしれない。いずれにせよ、新たな利益媒介メカニズムをつくり出す観点から政策を打ち出す発想は弱く、そのために社会的支持の調達に失敗し、レジーム転換をさらに前に進める動力を失ってしまうという悪循環に陥ってしまったのである。

　ただし、新たな政官民関係の構築という観点から見れば、民主党が政策過程をオープンなものにし、多くのステーク・ホルダーを参入させたことは注目に値する。政権が長く続き、こうした試みが制度化されるようになれば、新しい政官民関係の片鱗が見えるようになったのかもしれない。もっとも、既存の業界団体（保育園団体や幼稚園団体）との新たな関係だけではなく、組織化されていない保護者層をどのように取り込むのかに関しては、民主党に特定の戦略があったわけではない。

　第三に、「レジーム転換」に対応する政官の協働関係を築くには至らなかった点が指摘できる。子ども手当に関しては終始政治主導で行われ、そのことにより細部の制度設計に関して詰めの甘いまま法案を提出し、多くの批判を浴びる結果となった（小野 2011）。子ども・子育て支援法に関しては、鳩山内閣時こそ政治主導で議論をリードしていったが、度重なる政務三役の交代は政治家の政治資源を減少させ、官僚主導で調整を行うことを常態化させた。それまで優先順位の低かった保育政策を政権の重要政策の位置に引き上げたのは民主党の功績であり、それがあったからこそ複雑な利害関係が絡む子ども・子育て支援法を何とか成立させることができたとはいえる。

　しかしながら、皮肉な見方をするのであれば、もともと官僚組織内で構想されていた政策を、民主党がマニフェストでは約束していなかったにもかかわらず肩入れし実現に漕ぎつけたということは、官僚が「本人」であり民主党が「代理人」であることを示唆する。このことは、消費税増税に関しても同様に当てはまる。政治主導にふさわしい官民の協働関係は、政治家があくまで「本人」となり官僚である「代理人」を統制するものである。官僚が委任から逸脱する

行動を取ることを防ぐためには、明確な指示内容が必要であるが、民主党のスローガンは抽象的で曖昧なため、官僚が逸脱行動をしているのかどうかを見破りにくいという欠点を抱えていた。どのような原則に基づいて社会ビジョンを構想するかに関する党内議論を欠いていたために、政権に就いてから政治主導を貫けない事態に陥ってしまったのである。

おわりに

　本章では民主党が「コンクリートから人へ」のスローガンの下、「レジーム転換」の入り口には辿り着いていたことを論じた。それがレジームの本格的な構造転換へと繋がらなかったのは、1つには「人」を支えるということのその内容を十分に膨らますことができなかったことがある。旧来のレジームは男性雇用の分配を通じた生活保障を実現してきたものであったが、それに代わる新しい形とは、男女が安心して働くことのできる条件を整備することであるはずである。しかしながら、民主党の雇用政策や労働条件に関する関心は弱く、新しい働き方を公共政策によって支えることがアジェンダとして認識されることはなかった。結果的に、個人への支援は静態的な給付に偏り、再分配政策としては多少の改善が見られたものの、「レジーム転換」までには至らなかったのである。

　民主党がレジーム転換に頓挫したもう1つの理由は、「官僚主導から政治主導へ」という目標が利益媒介のシステムの構築とリンクしていなかったことである。民主党は、政治主導を狭く政官関係の中で捉える傾向が強かった。政官関係という次元でも、マクロ・レベルでの政策リンケージを可能にする戦略部署をつくり得なかったことは痛手であった。だが、ある意味でそれ以上に深刻な問題は、民主党という政党がどのように利益集約を担うのかに関する見通しもまた実践も伴っていなかったことである。政治主導という概念は、政官関係だけではなく、政官民関係として捉える必要があるが、民主党の政治主導には多様な「民」の利益や意見をどのように集約し代表していくのかに関する構想

は含まれていなかったのである。民主主義を選挙における多数獲得に還元する思考は、民主党政権においても克服されずに今日に至ったことになる。

このように考えると、民主党が政策空間に持ち込んだ新しい政策アイディアが、必ずしも社会的支持を得られなかったのは、民主党が政官関係ばかりに照準を合わせ、政官民関係として政治主導を捉えようとしなかったことが原因であることが理解されよう。つまり、この2つの問題は同じコインの表裏の関係にあったのである。

民主党の場合、政策立案に関する党内プロセスに問題があったことがしばしば指摘されるが、党内議論が不十分だったというだけではなく、政党と有権者の関係を構築する視点が欠落していた点が致命的であった。政党と有権者の新たな利益媒介関係を築くことができなければ、政党と官僚の関係も慣性が強く働き、新たな政治主導モデルを貫徹することは叶わないのである。

もっとも脱団体政治志向は民主党に特有の傾向ではない。大きな組織の統合力の衰退は世界的な現象であり、それを出発点として新たな政治が模索される最中にある。雇用や社会保障、家族をめぐる再編は、旧レジームの残滓を「既得権益」として一面的に否定したり、逆に恣意的な「伝統」への回帰を志向したりする扇情的な政治を生起させがちである。

それゆえに、反省的討議を求める能動的な市民の活動を支える空間形成が求められている。民主党がすべきことは、「自らの利益について反省的討議を行う空間」（宮本 2011：138）をつくり出し、市民社会との対話を通じて、政党として代弁すべき声に自覚的になり、政策を陶冶していくことである。民主党の再生が可能になるとすれば、この課題に自覚的になることがその1つの条件であろう。

注
1) 松下は、1980年代に盛んであった「政高官低」か「官高政低」かという「流行の論議」について、これを「議員ないし与党内外の党レベルの議論」で、「内閣の構造特性ついで憲法運用のレベルにまで高められていない」と批判する（松下 2009：170）。

2 ）　もっとも、8つの約束の5番目に『ヤングワーク・サービスセンター』で、「若者の資格取得、就職をサポートする」とある。
3 ）　「就業機会の拡大を図り、ワークシェアリングや男女共同参画の推進、不払い残業の解消などに取り組みます。失業の新規発生を食い止め、就労者を増やします。男性も女性も家事を担い、生活を共に楽しむため、長時間労働を解消し、休暇が取れ、年休の完全消化ができるワーク・ライフ・バランスを実現します」とあるが空疎である。
4 ）　「新成長戦略（基本方針）」（http://www.kantei.go.jp/jp/kakugikettei/2009/1230 sinseichousenryaku.pdf：2009年12月30日）。
5 ）　このほかの歴代の国家戦略担当大臣は仙谷由人、荒井聡、玄葉光一郎（民主党政調会長と兼務）、前原誠司である。
6 ）　第19回参議院議員通常選挙政策（http://archive.dpj.or.jp/news/?num=88511）。
7 ）　この時点でジェンダー平等政策（女性の就労支援）と社会保障政策（税制体系）が一体的に議論されたのは、民主党内で男女共同参画推進本部が「オンブッド報告書」を作成し、党内議論を深化させていたからである（宮本2011：134）。
8 ）　第2節で説明したように、子ども手当が2万6,000円へと引き上げられたとき、それを主導した小沢代表は「同居手当」を併せて構想していた。このような家族主義的な意味合いを付与された子ども手当は撤回され、マニフェスト作成の段階では、社会で子育てを支えるという言説に変化している。
9 ）　自民党が2011年7月に公表した報告書「日本再興」に「0歳児については、家庭で育てることを原則とし、家庭保育支援を強化する」と盛り込まれた（http://www.jimin.jp/policy/policy_topics/pdf/seisaku-066.pdf）。
10）　ただし小野（2011）が詳細に検討するように、子ども手当の政策目標および制度設計の細部に関しては党内で詰めた議論がなされた形跡は見られない。
11）　党内における女性議員の発言力が高い時期または案件に関してはジェンダー視点が反映されるが、そうではない場合にはジェンダーへの配慮が後景に退くということのように思われる。
12）　成年扶養控除廃止は連立を組む社民党の強い反対により見送られた。
13）　2011年10月から2012年3月までは特別措置により支給額は新児童手当並みとなったが、所得制限は課せられていなかった。2012年4月からは新しい児童手当の制度が開始され、所得制限は扶養家族の人数によって異なるが、専業主婦・子ども2人世帯の場合は年収960万円となる。
14）　北（2012）によると、年収1,300万円以上の所得層が享受する税軽減額は、700万円台以下の層が受け取る児童手当・税軽減の合計を上回る。また所得制限が非

被用者と被用者で異なる額で設定されていたことから、非被用者である自営業者や非正規雇用・失業者の世帯主も不利な扱いを受けていた。
15) 3党修正により当分の間は保育所に関しては市町村が委託費を支給するため代理受領の仕組みは取られない。なお、利用者補助方式への転換は保育サービスの給付が現物給付ではなく現金給付化することを意味する。
16) 政府は総合こども園に保育所と幼稚園が移行することを狙っていたが、まずは幼稚園の反対で義務付けは見送られ、さらには3党修正により保育所の移行義務も撤回された。
17) 2007年に設置された社会保障審議会少子化特別部会は17名の有識者で構成され、8名の大学教員、労使代表1名ずつ、知事・市長・町長1名ずつ、マスコミ1名、訪問介護会社代表1名、保育分野のシンクタンク代表1名、小児科医1名となっていた。それに対して検討会議はワーキング・グループに大学教員、子育て関係団体（保育園団体、幼稚園団体、こども園団体、学童団体、NPO、株式会社）、保護者団体、経済団体、労働団体、自治体代表（知事会、市長会、町村会）が入り、ステーク・ホルダーを網羅している。
18) 2010年度予算では認可保育所等に約1兆円、放課後児童クラブや地域子育て支援拠点等を入れて合計約2兆円である。

〈参考文献〉

飯尾潤（2007）『日本の統治構造——官僚内閣制から議院内閣制へ』中公新書。
NHK「永田町 権力の興亡」取材班（2010）『NHKスペシャル 証言ドキュメント 永田町"権力の興亡"——1993-2009』日本放送出版協会。
小野太一（2011）「「平成22年度子ども手当」の政策形成過程について」（上・中・下）『社会保険旬報』2451、2452、2453号。
北明美（2012）「「子ども手当」とジェンダー」『女性労働研究』第56号。
佐藤誠三郎・松崎哲久（1986）『自民党政権』中央公論社。
平田オリザ・松井孝治（2011）『総理の原稿——新しい政治の言葉を模索した266日』岩波書店。
松下圭一（2009）『国会内閣制の基礎理論』岩波書店。
三浦まり（2013）「政権交代とカルテル政党化現象——民主党政権下における子ども・子育て支援政策」『レヴァイアサン』53号。
宮本太郎（2008）『福祉政治——日本の生活保障とデモクラシー』有斐閣。

─── (2011)「社会保障の再編構想と新しい争点」齋藤純一・宮本太郎・近藤康史編『社会保障と福祉国家のゆくえ』ナカニシヤ出版。
山口二郎 (1987)『大蔵官僚支配の終焉』岩波書店。

Miura, Mari (2012) *Welfare Through Work: Conservative Ideas, Partisan Dynamics, and Social Protection in Japan*, Ithaca: Cornell University Press.
Miyamoto, Taro (2010) "Designing an Employment-Based Welfare Policy", *Japan Echo*, Vol. 37, No. 1.
Pempel, T. J. and Tsunekawa, Keiichi (1979) "Corporatism without Labor: the Japanese Anomaly", P. C. Schmitter and Gerhard Lehmbruch (eds.), *Trends toward Corporatist Intermediation,* SAGE Publications.

第3章 「地域主権」改革

北村 亘

はじめに

　民主党が2009年衆議院総選挙用マニフェスト『民主党の政権政策 Manifesto 2009：政権交代（以下「2009年マニフェスト」と呼ぶ）』の中で、最重要政策を意味する「一丁目一番地」として掲げたのは、「地域主権」改革である。
　「地域主権」という言葉は、学問的には耐えうることのできない言葉である。2000年代以降の民主党のマニフェストを見てみると、連邦制や道州制のイメージをもつ「地域主権」から、基礎自治体を重視する「分権」まで大きく揺れており、政治的にも一貫性はない（小原 2010：94-95）。そのため、地方分権を「地域主権」と言い換えることを「素朴な感情と言葉遊び」と見なすこともできる（西尾 2013a：191-192）。しかし、「政治用語としてはいささか摩耗した感のある「地方分権」」ではなく、「地域主権」という言葉を使ったことによって、より強いインパクトを与えることに成功したといえる（小原 2010：87-88）。本章でも、民主党内閣時代に進めた地方分権改革をとくに「地域主権」改革と呼ぶ。
　民主党の地域主権改革は、2009年9月に鳩山由紀夫内閣の発足直後まもなくして方向性を失い、迷走することになる。鳩山内閣が当初目指した地域主権改革は、小泉純一郎首相率いる自民党内閣が2000年代前半に推進した「三位一体の改革」と同じく、中央の財政的関与を減らして地方自治体の自律性を強化す

る改革であった。しかし、参議院議員選挙が予定される2010年7月が近づくと、徐々に2006年以降のポスト小泉時代の自民党3内閣と同じく中央省庁の出先機関の廃止や地方自治体への移転財源の増額を志向するようになる。そして、参議院議員選挙が過ぎると、菅直人内閣の下で、一気に現行制度の枠内で地方自治体の自律性を高める改革に転じる。結果として、地域主権改革の方向性は変化するが、2009年マニフェストで掲げた国による「義務付け・枠付け」の緩和や「国と地方の協議の場」の法制化、一括交付金化への着手などの制度改革は、第1次および第2次の地域主権改革一括法や2011年度および2012年度予算で実現したのである。

なぜ、地域主権改革の方向性は大きく変化したにもかかわらず、民主党内閣は2009年マニフェストで掲げた制度改革を相当程度達成できたのだろうか。また、政権交代は改革にどのような影響を及ぼしたのだろうか。

本章は、3年3カ月の間、政権を担った民主党が地方分権改革の方向性を変えながらも、2009年総選挙のマニフェストを相当程度達成した原因を探求する。結論を予め述べておくと、自民党ではなく民主党だから地方分権改革を達成できたという党派的な説明も、衆議院で過半数の議席をもつ与党が参議院では過半数の議席を有していないため地方分権改革が停滞したという「ねじれ国会」的な説明も、いずれもそれだけでは十分な説得力を持たない。むしろ、政策決定者の行動を規定する議会の諸制度と国政選挙のタイミングという統治制度的な要因によって、地方分権改革も、大きく方向性と達成度が変わると考えられる。

以下、最初に民主党の地域主権改革の内容について確認したあと、どのように説明することが可能なのか理論的に検討を行う。次いで、実際の地域主権改革の展開を見て、最後に結論と含意を述べることにする。

1 理論的検討

(1) 改革の帰結とその評価

　1996年9月に鳩山由紀夫と菅直人を共同代表とする民主党が結成された後、いくつかの会派が合流して1998年4月に現在の民主党が誕生する。結党時点での綱領的文書であった『基本理念』を見てみると、中央集権体制を「市民へ、市場へ、地方へ」との視点で再構築することが明記されている。抽象的な理念としては、「地方分権」のみならず「新しい公共」などの行政機構の改革理念がすべて含まれている。民主党は、結党以来、地方分権を重視してきたことは間違いない[1]。

　2009年マニフェストで掲げられた地域主権改革の具体的な制度改革のターゲットをよく見ると、「国と地方の協議の場」の法制化と、国庫補助負担金の中での国直轄事業への地方の負担金の廃止や一括交付金化の2点に絞られる。そこで、この2点が2012年12月の衆議院総選挙で敗北するまでの間にどの程度達成できたのかを最初に確認しておく。

　第一に、「国と地方の協議の場」の法制化については、菅直人内閣の下で2011年4月に地域主権改革関連3法として実現した。さらに言えば、2009年マニフェストではあまり触れられていないが、国の法令による「義務付け・枠付け」の緩和が行われ、地方自治体の条例制定に委ねる領域も拡大した。

　第二に、地方の負担金廃止や一括交付金化については、菅内閣の下で2011年度予算において地域自主戦略交付金制度が創設され、一括交付金化に道筋をつけた（後述のように第2次安倍内閣では廃止される）。確かに、同年度の21兆8,152億円の地方向け補助金の全体額（概算額）の中で、新たに地域自主戦略交付金として確保されたのはわずかに都道府県向けの5,120億円にすぎない。しかし、野田佳彦内閣は、2012年度予算で、交付対象を政令指定都市にも拡充し、地域自主戦略交付金は6,754億円にまで引き上げられた。

つまり、制度改革の観点から見ると、2009年総選挙で民主党が掲げたマニフェストの中の「地域主権」改革については、3年3カ月の統治の間に相当程度達成できたといえよう[2]。東日本大震災の対応に追われた菅内閣の下で地域主権改革が大幅に進展したことは注目すべきことである。マスメディアでは「看板倒れ」との酷評が目立つ中で、地方自治関係者では「輝かしい成果」という評価も根強い（西尾 2013b：89）。地方分権に関して言えば、1990年代後半の中央省庁の了承の範囲内で行った改革とは異なり、中央省庁の反発を招く領域に踏み込んでいたにもかかわらず、改革が少しでも前進したことを評価すべきなのかもしれない[3]。

ただ、地域主権改革が地方自治体にとって諸手を上げて歓迎すべき改革だったといえるかどうか評価は難しい。民主党の地域主権改革は、かつて2000年の地方分権一括法に至る過程と同じく、地方行財政制度を所管する総務省（旧自治省系）、全国知事会などの地方6団体、そして地方自治研究者たちの「地方分権改革コミュニティ」が、現行制度内での地方自治体の裁量拡大を図った改革と位置付けることができる（大森 1998；北村 2000）。地方分権改革コミュニティの中で、改革の「主導アクター」としての旧自治省が研究者を支援した点を強調する研究でも同様の結論となろう（木寺 2012）。そうであれば、地域主権改革も、あくまで中央の政策決定者の政治的利益のために推進されたという「上からの地方分権（Decentralization from above）」であり、地方自治体間の利害対立は、地方分権改革コミュニティーの内部で封じ込められたり隠蔽されたりした可能性もある。

地域主権改革の推進主体を考慮に入れて再度、地域主権改革の内容を見てみると、地域主権改革によって、地方自治体の裁量はさらに高まり、中央の政策決定過程にも「国と地方の協議の場」を通じて地方利益を表出できるチャネルができたといえる。このことは、地方自治体も歓迎する改革である。

だが、義務付け、枠付けの緩和は、財政的に余裕のある地方自治体は歓迎するが、十分な行財政能力を有しない地方自治体にはますます負担が増えてしまう改革である。とくに財政にも恵まれないだけでなく職員の専門性にも恵まれ

ていない基礎自治体は、生き残るための財政支出の削減や定数削減などを必死に行っている。そのような中で、自ら条例案を作成して議会での議決を受けて執行しなければならない事務が増えることは、そうした基礎自治体にとってまさに「歓迎されざる改革」である。都道府県や市町村が地方分権の錦の御旗の下で「地方の総意」を結集することはもはや難しい状態であった。

　このような政治的困難な中であって、民主党内閣の間、なぜ、地域主権改革が進展したのか、そして、その改革の方向性はどのような要因に左右されたのかということは大きなパズルである。この問いの探究は、より一般的には、何が地方分権改革の方向付けに影響を及ぼすのかという問いの答えを探す作業に繋がるだろう。

(2) 代替仮説の検討

①党派性による説明

　二大政党制の下では、しばしば支持基盤の政策選好の分布を反映して、政策が収斂していく「合意の政治（consensus politics）」が生まれることもあるが、同時に対立点を過大に喧伝して「敵対政治（adversary politics）」に陥ることもある。党派性で政策転換を説明する場合は、敵対政治的な状況に着目している。

　日本政治の文脈で考えると、これまでの自民党と補助金をめぐる研究から、保守系無所属議員を含む多くの地方議員を政治的基盤とする自由民主党は地方の利益を表出する傾向が強く、都市圏の国会議員を中心とした民主党であれば逆に地方への再分配に消極的になる傾向があると推論しうる。英国においても、保守党が農村部を主体としているのに対して、労働党が大都市部を支持基盤としていることと同じ構図である。

　つまり、自民党は、脆弱な農村部を基準にした行政を重視し、都市部の突出を抑えるために一律の権限抑制をかけていたのみならず、農村部に利益誘導するために都市部の経済的果実を強制的に吸い上げる集権的な財政構造を維持してきたということになる。自民党は、農村部への利益誘導は容認できても、地

方間の格差を生み出すような地方の自律性を強化する改革には消極的になると推論できよう。逆に、民主党は、都市部の住民の利益を重視して、従来、抑え込まれてきた都市部に裁量を与える改革や農村部への利益誘導を弱める改革を志向するだろう。

また、自民党と民主党の組織内構造に着目した説明もありうる。党内組織も確固たる自民党であれば、党政務調査会の各部会に結集している当選回数を重ねた族議員たちが現状の変革に反対に回るという推論が成り立つ。他方、民主党議員は「当選回数の浅い議員も多く、党内組織も固まっていない段階」であるがゆえに、族議員も育っていないために、「自公と民主の間で分権改革に対する考え方やイデオロギーに大差はない」のにもかかわらず改革を進めたのだという（西尾 2013a：92-93）。

確かに、これらの党派性による説明は、一定の説得力をもつ。しかし、党派性は、社会保障政策や経済政策のように「何を行うのか」という点で表出しやすいが、地方分権政策のように、「どのように行政サービスを供給するのか」という点では生まれにくい。もちろん、どの程度の予算を投じるのかなどについて差が生じるかもしれないが、それは政党が本来もつ党派性から直接導出されることとも言い難い。

しかも、小泉自民党内閣が地方に冷淡ともいえる三位一体改革を実施したことを説明できないだけでなく、推論レベルでいえば、民主党は地方組織が脆弱ゆえに地方の利益に自民党以上に迎合的な姿勢を示す可能性すら考えられる[4]。また、民主党内閣発足以降の改革の方向性の変化をどのように説明するのかという問いにも答えることができていない。

このように、党派性だけから地方分権改革の方向性の変化を説明することは難しい。

② 「ねじれ国会」論

ここでいう「ねじれ国会」論とは、衆議院の多数派と参議院の多数派が異なる「ねじれ国会」という状態が、政策決定者である内閣の立法活動に影響を与

えると考える議論である。「参議院議員は衆議院議員と違って任期が保証されており、首相の解散権によって牽制することができない」ことから、「内閣に立法活動を断念させること」もしばしばであり、内閣にとって「参議院の与党議員から法案に対する支持をどのように獲得するか」が課題とされた（竹中2010：15, 334）。地方分権改革についても、内閣が立法の一翼を担う参議院をコントロールできない程度が高まれば、それだけ内閣の目指す改革は進展しないということが導出されよう。

　立法府の分割状態ともいえる「ねじれ国会」は、とくに参議院の多数派をコントロールしうる野党勢力の意向を汲んだ対応を政府与党に強いることから、衆議院と参議院の多数派が異なる「ねじれ」が出現するかどうかによって政策の方向性が変わると考えるのは当然である。しかし、「ねじれ国会」だけで、改革の方向性をすべて説明することは難しいと考えられる。「ねじれ」をまたいで政府与党が同じ政策を追求することも、同じ「ねじれ」状態の中でも政策の方向性が変化することも十分にありえる。福田康夫内閣、麻生太郎内閣に至るポスト小泉時代の自民党3内閣は、2007年7月の参議院議員選挙の敗北による「ねじれ国会」状態に陥った中でも、それ以前の第一次安倍晋三内閣も以後の福田康夫内閣、麻生太郎内閣も一貫して中央省庁の出先機関の廃止を模索していた。また、麻生内閣は、それ以前の内閣以上に地方への財源移転を強化した。

　「ねじれ国会」は政策の方向性の転換を説明するための重要な要因であるが、とくに民主党内閣発足後の地方分権改革の政策変更を説明するためには、改革の方向性を左右する他の要因を説明に取り込む必要がある。

(3) 本章の仮説：議会制度仮説

①政策決定者による政策選択

　支持基盤や党内構造に着目した党派性による説明は、民主党内閣の地域主権改革における方向性の変化をうまく説明できない。また、国会の二院における多数派の違いに着目した「ねじれ国会」による説明も、それだけでは十分に説

明できない。民主党内閣は、当初三位一体改革のような地方の自律性を強化する路線を打ち出したにもかかわらず、途中で、省庁の出先機関の廃止とともに地方交付税の上積み措置を継続して地方利益に迎合的な態度をとる路線を打ち出し、最終的には2009年マニフェストで示した「国と地方の協議の場」の法制化や一括交付金化の推進、義務付けの緩和などの路線に転換したのである。どのようにすればうまく一貫した説明が可能であろうか。

単一主権国家の地方分権改革の決定過程を分析するにあたって、中央政府における政策決定者に着目するところから始める必要がある。この場合の政策決定者とは、内閣を中心とする「コア・エグゼキュティヴ（core executive）」であり、日本政治の文脈では政府与党幹部である[5]。政府与党幹部が直面する政治的不安定性の程度は議会制度によって生み出される。政治的不安定性によって、改革の方向性は左右される。

たとえば、財政政策の領域でいえば、増大する行政需要に対して、議会制度によって生み出される政治的不安定性が高い場合、新規課税ではなく公債発行などを通じて財政支出拡大が図られることになる（村松・北村 2010）。地方分権改革においても同様に、改革の内容を説明する際に政策決定者に着目する研究も少なくない（Eaton 2004；北村 2009；Falleti 2010；Kitamura 2013；嶋田 2013）。

地方分権改革の場合、議会制度が生み出す政治的不安定性が高い場合、地方擁護的な改革案の選択を余儀なくされるだろう。制度運用のレベルでは地方交付税の増額措置などが挙げられ、制度改革のレベルでは地方負担の増加とならないような制度選択がなされるであろう。他方、政治的不安定性が低い場合、脱地方擁護的な改革案が選択されるだろう。とくに国家財政全体での赤字が進行している中であれば、地方レベルでの自律性の向上と引き換えに財政規律の向上も重視されるだろう。

つまり、地方分権の場合であっても、改革のトリガーとなるのは、政治的不安定性の程度である。そうであるならば、政治的不安定性を生み出す要因とはどのようなものであろうか。

②政治的不安定性を生み出す議会制度的要因

　一般的に政治家の行動に大きな影響を与える要因は選挙制度が生み出す政治的インセンティヴであると指摘される（Falleti 2010：12-13）。しかし、選挙制度だけに着目することは不十分である。議会内政党として行動する以上、議会制度の影響を無視することはできない。とくに、政権与党である場合、一定の議会制度の下で立法活動を行う必要性がある。地方分権改革でも、政府与党幹部がどのように立法過程全体を安定的にコントロールするのかということが重要となる。

　政策決定者として政治家が直面する政治的不安定性とは、議会制度と国政選挙のタイミングである。まず、議院内閣制の下で議会が政策領域ごとに設置される委員会で法案を審議する委員会制度を採る場合、英国議会などの本会議中心の三読会制と比較して、安定的な立法活動を行うための政策決定者の国政選挙での勝敗ラインは過半数議席の獲得では十分ではなくなる。委員会の採決結果を本会議で覆すことが可能だとしても、議会の会期や日程が限られているということを考えると、いつ採決を行うのかという委員長の権限が法案の成否を左右してしまうことになる。主要委員会で、全委員長ポストを獲得した上で、過半数の委員を送り込むことは政府与党幹部にとって至難の業である。

　さらに、過半数議席獲得以上の大勝をおさめなければならない国政選挙が頻繁にやってくるとすれば、当然、政策決定者は目前の選挙対策に引きずられることになるだけでなく、もしも勝敗ラインを割り込めば、野党だけでなく政府役職についていない与党議員も倒閣運動を行う可能性が高まり、安定した立法活動は望めなくなる。頻繁な国政選挙で大勝し続けることしか政治的安定性が得られないという議会制度の下で、委員会審議の仕組みが変わらない以上、国政選挙の頻度やタイミングは法案を大きく左右してしまう。

③検証すべき点

　どのような議会制度が政治的不安定性を生み出すのかを確認した上で、政治的不安定性が実際にどのようなタイミングで政策決定者を襲ったのか、そして、

地方分権改革の方向性が政治的不安定性によってどのように変化したのかということが検証すべき点となる。

具体的には、政治的安定性が変化していく中で、民主党内閣がどのような地域主権改革案を選択していくのか、また、その選択と政権交代とはどのような関係にあるのかということを検証していく。

2　「地域主権」改革の展開

(1) 政治的不安定性を生み出す制度的要因

日本における政治的不安定性を生み出す制度的要因として重要なのは、国会中心主義的な議会制度と国政選挙のタイミングに関する制度である。

政策決定者の直面する政治的不安定性が生み出される要因として第一に指摘しなければならないのは、制度的に強力な第二院の存在である。「ねじれ国会」論が指摘するように、日本の二院制は「強い参議院」の存在が大きな影響を及ぼしている。とくに、自民党が衆議院に加えて参議院でも過半数の議席を有していた時代が終わった1989年7月以降になって「衆議院のカーボンコピー」と揶揄された参議院の権限の大きさを改めて痛感することになった。参議院は、そもそも内閣との間に信任関係はない。参議院が内閣不信任決議を可決することも、内閣が参議院を解散することも憲法上できない。しかも、「衆議院の優越」の対象外の通常法案であっても、参議院の議決を覆すような再可決（override）を衆議院が行うためには、60日ルールと衆議院の3分の2以上の議員での再可決という政治的に高いハードルが憲法で定められている。すぐに参議院が法案に対する可否を明らかにしない限り、参議院で60日も法案をたな晒しにされてからでないと衆議院は再可決することはできない。会期150日で1度しか会期延長が認められていない通常国会の場合、この時間的ロスが政府与党首脳を苦しめることになる。こうして、内閣が参議院を含めた立法過程全体をコントロールすることは難しい。このこと自体が不安定性を生み出す。

政治的不安定性を生み出す第二の要因は、頻繁な国政選挙の存在である。この点は「ねじれ国会」論ではあまり重視していないが、政治家の中長期的な視点での政策決定に大きな影響を及ぼすといえる。選挙のタイミングというものは、英国のように強い内閣制度が確立した政治システムの下でも政治家の判断に大きな影響を及ぼす。たとえば、英国のダグラス－ヒューム首相（Sir Alexander Frederick Douglas-Home）も「目前に総選挙があるという事実は決してわれわれの心から離れなかった」と述べている（Quoted in Ian Gilmour, Conservative MP, "Timing the general election: Who should decide?" Letter to the Editor, *The Times*, 22 April 1970）。彼は、1963年に首相に突然指名されて以来、1964年に予定されていた下院総選挙に向けて必死であった（しかし、彼が率いた保守党は総選挙で敗北し、下野することになった）。

　日本で見たとき、参議院議員は3年ごとに半数の議員が改選されることが憲法で決められている。そして、任期4年の衆議院議員についても首相による解散権行使を考えると、おおよそ3年程度で衆議院総選挙が実施されている。国政選挙が近づいてくれば、それだけ政策決定者が中長期的な観点から政策立案を行うことはますます難しくなる。国政選挙前には、政策決定者は短期的な政策を露骨に追求することもあるだろうし、内閣が解散権を行使しうる衆議院を考えると、内閣は自らの掲げた改革がうまくいかないと判断した場合、「損切り」をするためにも衆議院解散の誘因は高まり、解散のタイミングは早まってしまう（Smith 2004：179）。

　「ねじれ国会」論との関係を考えると、特定のねじれの状態は変わらなくても、政策の方向性が変わることもありえる。国政選挙のタイミングを考慮することで、政策の方向性が変化するタイミングも説明できよう。

　政治的不安定性を生み出す第三の要因は、国会での委員会制度にある。日本の国会は、委員会中心主義の法案審査が国会法などにより制度化されている（川人 2005）。委員会を中心とした法案審査方式は、立法権と行政権の融合を核とする議院内閣制の本質と衝突する可能性を本来的に秘めている。本会議での法案審議のあとに過半数の議決で法案を成立させる立法過程よりも、各委員

会での法案審議に開会期間の時間をとられてしまう立法過程のほうが政策決定者は立法過程をコントロールするのが難しくなる。

もちろん、国会の委員会での審議の結果、委員会レベルで得られた議決は、本会議での議決で覆すことができるようになっているが、事態はそう簡単なものではない。実は、委員会レベルの法案審査で各委員長は、委員会に付託されてきた法案の成否に対してきわめて大きな政治的意味をもつ。言い換えると、法案審査のために設置されている委員会の委員長がもつ議事運営権は、政策決定者である内閣の行動を制約する重要な要素となっている。とくに常任委員会の委員長は、法案の採決のタイミングを設定する権限を有しているため、法案審議に入らないという消極的な権限行使を行うことで、会期内での法案成立を阻止する権限を持っているといっても過言ではない。まさに、委員長は、国会制度の中に潜む「拒否権プレイヤー（veto players）」であり、政府与党としてはできうる限り委員長を抑えておく必要がある。実際に、1970年代以降の保革伯仲という僅差で与党自民党が政権を担っていたときには野党委員長よりも委員長を与党で確保した上で与野党の逆転委員会となることを選んだことが明らかにされている（増山2003）。

このように、二院制の下で国会中心主義的な立法過程が制度化されているため、政府与党の政策決定者が安定的な政権運営を行うために越さなければならないハードルは、高いだけでなく、多くなる。このことが、政策決定者が直面する政治的不安定性を生み出す。

まず、国会の法案審査過程における委員会制度のため、国政選挙での勝敗ラインが異様に高騰することが指摘できる。政権与党を目指すだけであれば、衆議院での単純過半数で十分といえるが、安定的な政権運営を目指すのであれば全く不十分である。2013年6月時点での衆議院の定数480議席のうち、過半数241議席は本会議での法案の可決に必要な議席数である。しかし、実際に政権を目指す政党は、17の常任委員会すべてで委員の半数を確保し、かつ各委員会で委員長を独占するのに必要な安定多数252議席や、すべての常任委員会で委員の過半数を確保し、かつ各委員会で委員長を独占するのに必要な絶対安定多

数269議席、そして秘密会の開催、国会議員の除名（出席議員の3分の2以上）や憲法改正の発議（総議員の3分の2以上）、参議院で否決された場合の衆議院での法案再可決に必要な圧倒的多数320議席を目指す。定数242議席の参議院の場合も同様に、過半数122議席では不十分であり、安定多数の129議席、絶対安定多数の140議席を目指すことになる。

　加えて、委員長が法案の採決のタイミングを設定することができるために、委員長がコア・エグゼキュティヴの影響下にない場合、法案が「たな晒し」になってしまい、法案の成立が見込めなくなる。実際に、1991年9月、海部俊樹内閣のときに衆議院の政治改革特別委員長だった小此木彦三郎が首相の知らない間に内閣がシンボリックに推進していた政治改革関連法案を廃案にしてしまい、海部首相の退陣を招いてしまった（海部 2010：147-156）。委員長ポストを握ることは法案だけでなく内閣の命運すら左右する重大事なのである。

　政府与党幹部が安定的な政権運営のために越えなければならない高い政治的ハードルは、国会審議の際に野党が与党攻撃の手段として用いられるだけでなく、コア・エグゼキュティヴ以外の与党議員にとっても党内抗争の手段として用いられる。与党でありながらも役職に就いていない議員たちは、勝敗のハードルを高めに設定する傾向がある（村松・北村 2010）。

　衆議院総選挙であっても参議院議員選挙であっても、国政選挙である以上、政策決定者は過半数の議席を獲得するだけでは不十分であり、委員長ポストを獲得できるぐらいに、参議院で過半数の議席を有しない場合は再可決できるぐらいの大勝を収めなければ安定した政権運営は実現しない。

　しかも、二院制である以上、参議院議員選挙が必ず3年に1度行われ、衆議院総選挙も任期満了で行われることは例外的であり、通常約3年に1度の割合で行われている。いかなる政党であっても安定的な政権運営を求めるのであれば、頻繁に実施される国政選挙で大勝し続けなければならない。政策決定者が少しでも政治的ハードルを越すことに失敗した場合、即座に政治的不安定性に苛まれてしまう。

表3-1　国政選挙のタイミングと地方分権改革の政治環境

	2007	2008	2009	2010	2011	2012	2013	2014	2015
参議院	◎			◎			◎		
衆議院			◎			◎			

出典：筆者作成。
注：2012年12月末衆議院総選挙が行われたため、2013年前半には衆議院総選挙のために地方擁護的な政策を打ち出す必要はなかった。ただ、2013年7月に参議院議員選挙があるため、結果としては地方擁護的な政策を打ち出さざるを得ない。
◎は実際に選挙が行われた時期。
　　参議院選挙のために地方擁護的な政策を打ち出す期間。
　　衆議院総選挙のために地方擁護的な政策を打ち出す期間。

(2) 2000年代後半以降の「政治的不安定性」

　国政選挙のタイミングを加味して政治的不安定性、そして地方分権政策の方向性を考える。国政選挙の1年前になると有力な選挙キャンペーンの基盤となる地方政治家（首長や議員）を政治的に意識して地方自治体に不利な政策を打ち出せない政治環境となる。定数の半数が3年ごとに改選される参議院とは異なり、衆議院は首相が解散権を行使したり内閣不信任決議案が可決されたりすることで4年の任期満了の後に総選挙に突入することはまれである。衆議院の任期最後の4年目に入ると、追い込まれ解散になる可能性が高まるため、首相や政府与党幹部は遅くとも3年目の後半あたりから総選挙のタイミングを意識した政策選択を行うことになる[6]。

　2009年の政権交代前から国政選挙のタイミングを考えると、中央政府の財政的関与を減らし地方自治体に自律性を求める改革を推進できる期間は限られていることがわかる（表3-1参照）。国政選挙が近づいてくると現行制度を前提とした地方擁護的な政策を打ち出すことになり、抜本的な地方分権改革に打ち込めない。加えて、せっかく国政選挙の間隔が開いたとしても、「ねじれ国会」となっている場合も思うにまかせない。

　衆議院の場合、2005年に総選挙があったことを考えると、2009年までには次の総選挙が実施されることになる。このことから、遅くとも2008年後半からは

政府与党幹部は、地方擁護的な政策を打ち出さざるをえなくなる。総選挙の時期がもっと早くに予定されていれば、さらに早い時期から地方を意識した政策を打ち出さざるを得ない。また、2009年の総選挙のあとは、2013年後半までにはさらにその次の総選挙が予想されることから、計算上、遅くとも2012年後半からは地方擁護的な政策を打ち出す必要が出てくる。

　参議院の場合、定期的に3年おきの改選であるから上記の衆議院の総選挙日程に重ねて2007年後半、2010年後半、2013年後半（いずれも7月）に定数の半数改選が行われることになる。一般法や人事案件での参議院の影響力の強さを考えると、政府与党幹部も参議院議員選挙を無視することはできない。

　そこで、衆議院と参議院の選挙日程を重ねて考えると、実は民主党内閣の中でも鳩山内閣期は2010年の参議院議員選挙を控えて実は大胆な改革を打ち出すことは困難な状況にあり、菅内閣期と野田内閣期の初期は比較的自由に地方分権改革を推進できる状況であったことがわかる。もちろん、2010年の参議院議員選挙以降の連立与党全体として参議院の議決を再可決で覆すのに十分な圧倒的多数の議席を衆議院で有してないことから、改革の推進は簡単なことではない。しかし、与野党で激しくぶつかることの少ない領域であることが幸いして、国政選挙のタイミングで相当程度は説明が可能である。

　民主党内閣になってからの法案の成立率を見ると、東日本大震災への対応のため与野党が協力して法案を成立させたという事情はあったが、政府提出法案（閣法）の成立率は高い（図3-1参照）。国政選挙が当面想定されていないという環境の下では、与党も政治的基盤への配慮の程度は薄まり、自らの政策を追求できる可能性が高まる。野党も政治的基盤を意識した抵抗を示す必要性は低くなる。とくにどのように行政サービスを供給するのかという議論が多くなる地方分権改革では与野党での大きな対立は一層生じにくくなる。

(3) 地域主権改革の展開：1丁目1番地の改革の遅々とした進展

　地方分権改革は、税制や再分配などの個別的な政策領域とは異なり、その根底となる政治制度のあり方に関する領域であるため、党派性が出にくいだけで

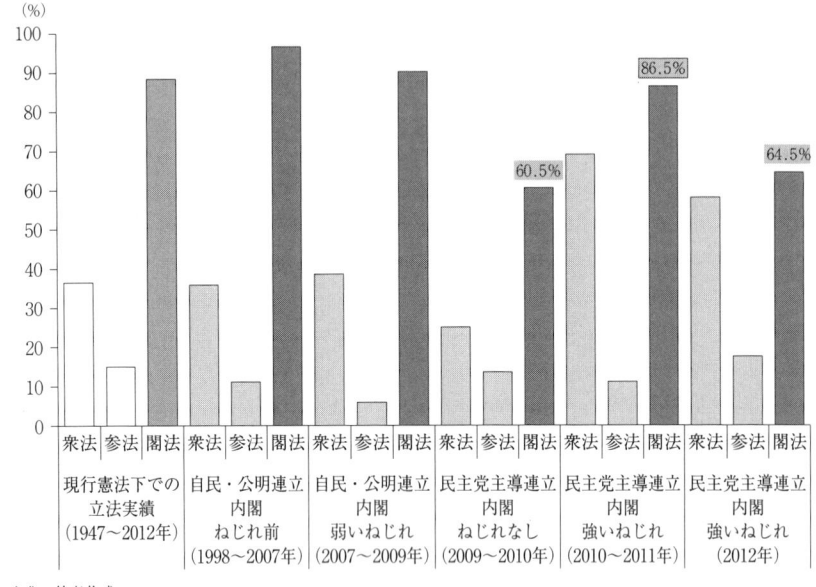

図 3-1 法案の成立率 (2007～12年)

出典：筆者作成。

　なく、同じ党派の内閣でも異なる対応がありうる。

　まず、民主党の地域主権改革を考える際に、内閣を率いた鳩山由紀夫、菅直人、野田佳彦の3人の首相の地域主権改革に対する熱意を見たとき、実は、熱意は首相が交代するごとに下がっていることがわかる。組閣直後の首相の所信表明演説に着目し、見出し抜きの全体文字数の中で占める地方分権（地域主権）改革該当カ所の割合を調べてみたところ、鳩山由紀夫首相の演説（2009年10月26日）は、1万2,905字中、657文字であった（5.1％）。他方、菅直人首相の演説（2010年6月11日）は、1万731字中、202文字（1.9％）であり、野田佳彦首相の演説（2011年9月13日）に至っては、9,580字中わずかに20文字（0.2％）となる。東日本大震災の発災とその対応があったとはいえ、鳩山内閣のときの地域主権改革の勢いは急速に低下していることがわかる。

　しかし、興味深いことに、地域主権改革に対する民主党の3首相の熱意は低

下していくにもかかわらず、改革は熱意の低下とは無関係に菅内閣以降着々と進んでいく。やはり国政選挙のタイミングが重要だということを意味している。それでは、民主党の地域主権改革がどのように進展したのか、工程表に沿って考えていく（図3-2参照）。

2009年8月の衆議院総選挙では民主党が大勝し、9月には社民党と国民新党と連立の上で鳩山由紀夫内閣が発足する。鳩山民主党内閣の下で、総選挙マニフェストで掲げた「地域主権」を実現するべく地方分権改革も推進していく。

民主党は1998年4月の結党以来「地方分権」を掲げ、市民を中心とした基本理念を有していた[7]。1998年の党の基本理念（のちに「1998年綱領」と呼ばれる）の「めざすもの」の3番目でも「中央集権的な政府を「市民へ、市場へ、地方へ」との視点で分権社会を構築し、共同参画社会を目指します」と訴えている。しかし、抽象的な理念を現実的な制度構想に落とし込む段階での意見集約は概して困難である。現実的な制度構想を打ち出すことの難しさは野党時代には実感がなかっただろう。しかし、抽象的な理念と現実的な制度構想との間の乖離は、政権が近づくにつれて露呈していき、党内でも歪みが生じる。2009年9月の政権奪取後は、改革の方向性が二転三転する。

衆議院総選挙直前の7月に発表された民主党の『2009年マニフェスト』は、「地域主権の確立」を掲げている。同マニフェストの「政策各論」によれば、地域主権改革の目的は、地方政府が地域の実情にあった行政サービスを提供できるようにすることだという。そのために、中央政府は国レベルの仕事に専念し、「国と地方自治体の関係を、上下・主従の関係から対等・協力の関係へ改める」とし、「明治維新以来続いた中央集権体制」から「地域主権国家」への転換を目指していた。2009年マニフェストで掲げられた地域主権改革の具体的な制度改革のターゲットをよく見ると、「国と地方の協議の場」の法制化と、国庫補助負担金の中での国直轄事業への地方の負担金の廃止や一括交付金化の2点に絞られる。

鳩山首相の「地域主権改革」にかける政治的熱意は随所で表明される。内閣発足直後の基本方針で首相は「本当の国民主権の実現」とともに「内容のとも

図 3−2　地域主権改革の主要課題の具体化に向けた工程表

(平成23.1.25　第11回地域主権戦略会議後)

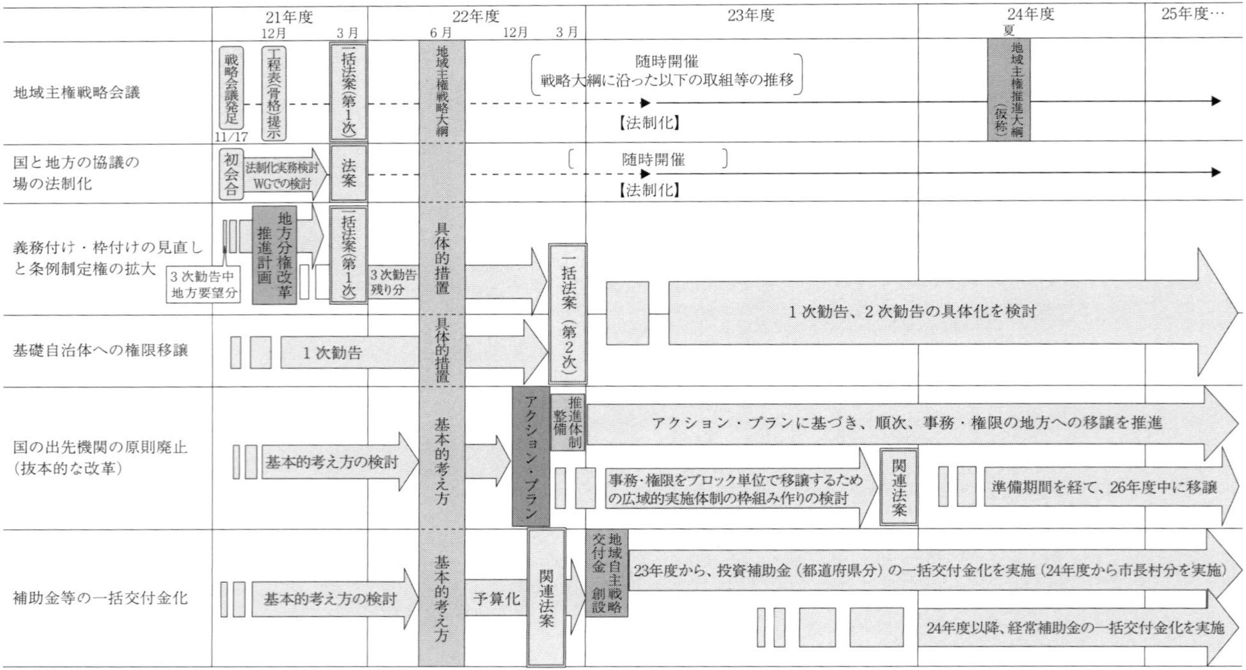

※地方税財源の充実確保、直轄事業負担金の廃止、地方政府基本法の制定（地方自治法の抜本見直し）、自治体間連携・道州制、緑の分権改革の推進の各課題について、地域主権戦略大綱に沿って取り組みを推進。
出典：内閣府提供資料。

なった地域主権」を政策の2つの大きな柱として掲げると高らかに宣言している（9月16日）。また、ほぼ1カ月後の10月下旬の第173回国会における所信表明演説では「私は、地域のことは地域に住む住民が決める、活気に満ちた地域社会をつくるための「地域主権」改革を断行します」とも述べていた。しばしば首相自身も地域主権改革を「最重要課題」を意味する霞が関用語の「1丁目1番地」と呼んでいた。

ただ、問題は、どの要素を「地域主権」改革に大きく盛り込むかということである。鳩山内閣は衆議院総選挙での大勝の余韻が冷めやらぬ時期、自民党3内閣とは全く異なる改革志向を明らかにする。それは、地方自治体の自律性を強化して、護送船団方式的に地方自治体すべてを擁護するという方向性からの訣別であった。いうなれば、小泉内閣と類似した地方分権改革を志向したのである。

2009年11月には内閣府に首相を議長として関係主要閣僚や有識者から成る「地域主権戦略会議」が設置され、12月に第1回会議が開催された[8]。ここで地域主権推進担当大臣を兼ねる原口一博総務大臣は、地域主権改革の工程表を提示する一方で、同会議で「鳩山内閣の「1丁目1番地」の改革は、単に制度の改革ではありません。民主主義そのものの改革であり、私たちの暮らしそのものの改革です。……地域主権を進めれば、地域格差はかえって広がるのではないかという方がいらっしゃいます。私はそのとおりだと思います。間違ったリーダーを選べば、そのツケは、そのリーダーを選んだ地域の人にくる。この当たり前のことが行われます。しかし、今のような状況を続けていたら、この国はもつでしょうか。今のような状況を続けていて格差を是正する財源はもつでしょうか。私はもたないと思います」と発言している。

原口総務大臣の発言は、地方自治の所管大臣としては大きく踏み込んだ大胆な発言である。国が地方自治体を護送船団方式で擁護することをやめると宣言しているに等しいからである。原口総務大臣の発言の背後にあるのは、小泉内閣時代に追求されようとした地方の自律性強化と中央の関与縮小の改革志向と言ってもよい。

しかし、政治的な状況は、小泉改革流の地方の自律性強化の改革理念を一気に吹き飛ばしてしまう。翌年7月の参議院議員選挙で再度勝利をおさめなければ今度は民主党内閣が「ねじれ国会」に陥りかねない。

　変化は、2009年末の地方財政対策の中ですでに見られる。2010年度地方財政計画で地方交付税は前年度比で1.1兆円の増加となる16.9兆円に達した。地域活性化・雇用等臨時特例費の創設によって、9,850億円の別途加算も行われた。さらに、国が償還の保証を行う臨時財政対策債も前年度比2.6兆円増加の7.7兆円とされ、実質的に地方自治体が受け取る地方交付税額は24.6兆円に達した。これは2003年度の最高額23.9兆円を上回ったことになる。使途の自由な地方交付税は、多くの地方自治体にとって重要な財源であり、財政危機にあえぐ地方自治体を少なくとも敵に回さないための措置であった[9]。

　2010年に入り、地域主権改革は重点がどこにあるのかわからない状態に陥っていく。2010年3月の第2回地域主権戦略会議で地域主権改革関連2法案の概要が明らかにされ、課題ごとに担当する主査も構成員の有識者の中から定められた。同月の第3回会議でも鳩山首相は踏み込みの不十分さを認めた上で「政治主導」への意欲を会議の場で明らかにする。しかし、義務付け・枠付けの見直しや一括交付金化に対して中央省庁が激しく抵抗する中で、具体的にどのように決断を下すのかはわからないまま、結局、同年6月には内閣は退陣し、すべての課題は菅直人内閣にそのまま引き継がれることになった。

　2010年6月、菅直人内閣が発足すると、早々に、鳩山内閣で議論されていたことを「地域主権戦略大綱」としてまとめ上げる（2010年6月22日閣議決定）。多くの政策領域と同様、地域主権改革の領域でもスタート・ダッシュをかけると思われた。

　ただ、菅内閣は発足の時点から不利な点もあった。そもそも、菅内閣は、かつての自民党内閣とは異なり、社民党の政権離脱により衆議院で3分の2以上の議席を有していないため参議院の議決を衆議院で再可決することは困難であった。さらに追い打ちをかけたのが2010年の参議院議員選挙での民主党の大敗である。

2010年7月の参議院議員選挙の結果、民主党は44議席の獲得に終わり、非改選62議席を含めても106議席に留まる大惨敗であった。国民新党の3議席を合わせても与党は109議席しかなく、野党勢力133議席が結束した場合には法案の成立が見込めない状態であった。危惧された「ねじれ国会」の再来であった。しかも、福田内閣や麻生内閣といった自民党時代の内閣とは異なり、民主党主導の連立与党は、衆議院で絶対安定多数の議席を有していても、参議院での可決を覆すために必要な圧倒的多数の議席数を衆議院で有していなかった。法案の成立や人事案件の同意に必要な参議院の議決を政府与党がコントロールできない「強いねじれ」の状態に陥った。

しかし、国政選挙のタイミングでいえば、2010年の参議院議員選挙の後、国政選挙がしばらく予定されていない時期に入った。政府与党が、地方擁護的な地方分権改革に留まらず、政府与党が描きたい形での地方分権改革を推進しうる数少ない機会といえた。右往左往しながらも、「地域主権戦略大綱」の法案化を目指していく。

2010年9月に総務大臣に就任したのは慶應義塾大学で教鞭を執る片山善博元鳥取県知事であった。彼は、近年の内閣が1年交代になっていることや参議院での与党の過半数割れと衆議院での与党の圧倒的多数の議席の喪失（「強いねじれ」）を総合的に考慮して、「勝手に任期を1年と決めて、自分のやりたいことをどう進めていくかという1年間の工程表を作って、直ちに省内に指示を出した」という（薬師寺 2012：120）。彼のやりたかったことは「自治体に対する国の義務付け、枠付けを見直すための一括法」と、そこに含まれる地方債の発行に対する国の関与の大幅緩和などの地方財政法の改正などであった（薬師寺 2012：121）。当面の国政選挙対策という発想はない。

片山総務大臣は、しつこく指示を出し、官僚が消極的な姿勢や先送り的な姿勢を見せてうやむやになる中でも「指示したことを絶対に忘れない」という官僚操縦術で、現行制度内での自治体の自律性を拡充していく方向性を目指す。他の多くの大臣たちの官僚操縦術が無用な対立と混乱を引き起こし「お粗末」であったのに対して、片山総務大臣自身の官僚操縦術は旧自治省の官僚時代の

経験が活きたのである。彼は、これまでの改革を加速させる。

まず、2010年12月に「アクション・プラン〜出先機関の原則廃止に向けて〜」を閣議決定し、方向性をしっかりと定めたあと、地域主権改革関連3法案を国会に提出する。2011年4月には、地域主権改革関連3法案は無事に成立した。「地域の自主性及び自立性を高めるための改革の推進を図るための関係法律の整備に関する法律」（平成23年法律第37号）（第1次一括法）、「国と地方の協議の場に関する法律」（平成23年法律第38号）、「地方自治法の一部を改正する法律」（平成23年法律第35号）の3法である。これらの3法によって、2009年マニフェストで謳っていた「国と地方の協議の場」の設置を法で位置付けることに成功したほか、国の法令（41本の法律）による「義務付け・枠付け」が見直され、地方自治体が児童福祉施設の設置や運営などで独自の基準を設けることが可能となった。さらに、地方自治法の改正によって、地方自治体の議員定数の法定上限の撤廃や法定受託事務の一部までの議決範囲の拡大などの地方自治体の裁量度の拡充も実現した。

さらに、東日本大震災への対応の最中であったが、2011年8月には「地域主権第2次一括法」と呼ばれる「地域の自主性及び自立性を高めるための改革の推進を図るための関係法律の整備に関する法律」（平成23年法律第105号）が成立する。47本の法律での都道府県から市町村への権限移譲が行われ、一般の市でも未熟児の訪問指導や家庭用品販売業者への立入検査が可能となった。さらに160本の法律で「義務付け・枠付け」の見直しと条例制定権を拡大し、公立高校の収容定員基準が廃止されたり、地方債発行に関する総務大臣・知事協議の見直しも行われたりした。

このように、第1次一括法、第2次一括法によって制度的に見てかなりの地域主権改革は進展したといえる。加えて、2011年度予算からの「地域自主戦略交付金」制度の創設も実現した。地域自主戦略交付金とは、既存の地方自治体への国庫補助負担金を段階的に地方自治体の自由裁量に委ねるという目的の交付金である。2011年度は第1段階として都道府県分の投資補助金を一括交付金化し、社会資本整備や農山漁村地域整備などの交付金の一部が対象とされた。

2011年度の地方向けの国庫補助負担金の総額が21兆8,152億円の中で、地域自主戦略交付金の総額は5,120億円であり、沖縄振興自主戦略交付金を除くと、わずかに4,799億円（2.2％）にしかすぎなかった。しかし、関係者のインタビューによれば、一括交付金化を推進する片山総務大臣に対して、国庫補助負担金を所管する省の官僚たちの猛反発を代弁する大臣や副大臣が多い中で、馬淵澄夫国土交通大臣は官僚たちを説得し、反対を抑えた。それを見て他の省も国土交通省並みの措置はやむを得ないということになり、合意を取りまとめることができたという（関係者インタビュー）。地域主権改革に積極的ではなかったといわれる野田佳彦内閣の下での2012年度予算では、政令指定都市まで対象を拡大し、予算額も総額して6,754億円となっている。

　なお、地域自主戦略交付金は、2013年1月の安倍晋三首相率いる自民党と公明党との連立内閣の下で「日本経済再生に向けた緊急経済対策」が閣議決定（平成25年1月11日閣議決定）された結果、2013年度には廃止され、各省庁の交付金等に移行した。こうして、地域自主戦略交付金は、2012年12月の政権交代の直後に旧来の国庫補助負担金に戻されたが、「継続事業の着実な実施に配慮するとともに、メニューの大括り化・追加、申請等書類の共通化・簡素化、記載項目や書類の削減などの各省庁の交付金等の運用改善」を目指している点で、単なる先祖返りではない（内閣府ホームページ、2013年6月27日閲覧）[10]。確かに、6月には「第3次一括法」を成立させ、国による義務付け・枠付けのさらなる緩和も行われている。7月の参議院議員選挙を控えて、政治的な支持基盤に功績を顕示しやすいから一括交付金化したものを再度補助金化した可能性も考えられるが、そもそも一括交付金化したとしても急激に使途の組み換えができるというわけでもないため、地方レベルでは実質的な変化は大きくない。

　こうして、2010年7月の参議院議員選挙のあと、「強いねじれ」状態であったが、国政選挙の空白というタイミングの中で2009年マニフェストで掲げた地域主権改革は進展したのである。地域自主戦略交付金以外の「国と地方の協議の場」の法制化などの地域主権改革の成果は、第2次安倍内閣の下でも継承され定着しつつある。

おわりに

　本章は、なぜ、地域主権改革の方向性が大きく変化したのか。また、政権交代は改革にどのような影響を及ぼしたのだろうかということを、議会制度や国政選挙のタイミングの観点から分析してきた。
　もともと、地方分権改革は、再分配などの個別的な政策領域とは異なり、その根底となる政治制度のあり方に関する領域であるため、党派性が出にくいだけでなく、同じ党派の内閣でも異なる対応がありうる。政策決定者である政府与党幹部が地方自治制度を再設計する際に、どのような制度的要因が彼らの行動を左右するのかということが重要となる。
　2009年9月に発足した鳩山内閣は、それまでの安倍、福田、麻生の自民党3内閣とは異なり、当初は小泉内閣並に地方の自律性強化と中央の財政的関与の縮小を内容とする方向性を強く押し出していた。しかし、2010年7月の参議院議員選挙が近づくにつれて、伝統的な地方擁護的政策に徐々に後退していった。
　鳩山内閣退陣後に発足した菅内閣の下では、参議院議員選挙の敗北を受けて、野党優位の参議院の議決を衆議院で再可決する術を持たない「強いねじれ」状態に陥ってしまう。しかし、次の国政選挙のタイミングを考えると、しばらくの空白期間が生じたことが幸いし、この期間に地域主権改革が進展したのである。最終的には、2009年マニフェストで掲げた制度改革は一部が実現、それ以外でも確実に着手することに成功した。少なくとも地方分権の領域において民主党は成果を上げたのである。2011年9月に発足した野田内閣の下でも、地域自主戦略交付金については拡充されており、国民健康保険制度や後期高齢者医療制度の都道府県単位化問題をめぐっても法定化された「国と地方の協議の場」は大きな役割を担っているのである。
　2009年の政権交代は日本の政治に大きな影響をもたらした。ただ、地方分権改革に関する限り、政権交代という要因以上に、国会の委員会制度などの議会諸制度や国政選挙のタイミングが、政策決定者である政府与党幹部の行動を大

きく左右し、政策的帰結を異なったものとしている。

　現行制度の下では、どの政党であっても与党として自らの政策を自由に追求できる時期は限られている。それゆえ、どの政党も政権を担ったときのために野党時代にしっかりと政策の方向性や対象を明確にしておかなければならない。地方分権改革の場合、行政サービスの供給の仕方を変えることに主眼があるので、比較的党派的対立に巻き込まれにくい。つまり、説得的な改革パッケージであれば国会内での政争の影響を受けにくいということを意味している。

　2009年9月からの民主党内閣の地域主権改革を振り返ったとき、確かに改革は進展したといえる。とくに、初めての政権運営での困惑、東日本大震災への対応での苦悩を考えると、民主党の地域主権改革には及第点が与えられてしかるべきであろう。しかし、何をどの方向で改革するのかということが党内でどこまで詰めた議論があった結果としての改革であったのかどうかというと甚だ心もとない。

　2012年12月の衆議院総選挙で野党に転落し、2013年7月の参議院議員選挙で惨敗を喫した民主党にとって、野党時代に専門的な議論にも耐えうる改革の方向性をどこまで党内で議論し、明確に打ち出す準備ができるのかが重要である。改革を追求できるタイミングが回ってきたとき、自ら主体的に改革に関与できるようにしておかなければならない。

　2013年7月の参議院議員選挙以降、しばらく大きな国政選挙は予定されていない。しかも、自民党および公明党の連立与党の勝利によって、2012年12月の衆議院総選挙以降、安倍晋三首相率いる連立内閣は、衆議院では圧倒的多数の議席を有しながらも参議院では過半数の議席すら有していない「弱いねじれ」状態から完全に脱出することに成功した。安倍内閣は地方擁護的な政策を弱めて地方自治体に自律性を求める改革を推進しうる環境にあるといえよう。

注
1)　しかし、当時の「基本政策」を見てみても、各理念間の衝突を検討して具体的な制度改革の構想が練られた形跡はない。たとえば、地方分権を進めると地域間

2） マニフェストで掲げた制度改革以外にも、マニフェストの趣旨に沿った制度改革が行われている。まず、2011年4月成立の関連3法のひとつの第1次一括法で、41法律について義務付け・枠付けの見直しや条例制定権の拡大が行われた（たとえば児童福祉施設や公営住宅の施設設置管理の基準の条例委任など）。次いで、同年8月の第2次一括法で、都道府県の権限の市町村への移譲（47法律）やさらなる義務付け・枠付けの見直しと条例制定権の拡大（160法律）が行われている。

3） 1990年代から地方分権改革に関与してきた研究者は、「自公政権であれば、おそらく党政務調査会の各部会に結集している族議員たちがすべて反対の側に回るのは確実だ」と踏み込んだ評価を下している（西尾2013a：93）。

4） なお、政党内の内容と地方組織との関係を実証的に分析したものとして、建林正彦たちの研究を挙げることができる（建林編2013）。同研究によると、民主党は、地方組織の活動量が低く、地方議員数も少ないため党本部の意向を受けやすい傾向があるというが、地域差も大きいということである（曽我2013；建林2013）。政党の違いから一義的な傾向を導出することは難しい。

5） コア・エグゼキュティヴについての包括的な研究は、伊藤編（2008）を参照のこと。ここでは、「中央政府の政策を調整し、政府機構の異なる部門間の対立の最終的な調整者として行動する政府のプレイヤー」を意味している（北村2009：118）。

6） 英国庶民院（下院）でも同様に首相は追い込まれ解散を回避するため行動し、野党もそのことを知っているため、5年の下院議員任期の中の後半1年は総選挙モードなる（McLean 2001）。

7） 現在の民主党の前身といわれる1996年9月結成の民主党（旧民主党）は、鳩山由紀夫と菅直人の2人代表制をとり、党内組織も非常に分権的であった。地方代表のネットワーク的なイメージで党の歴史がはじまったわけである。

8） 地域主権戦略会議の立ち上げの陰で、自民党内閣時代から続いていた地方分権改革推進委員会も懸命に活動を続けていた。2009年10月には『第3次勧告：自治立法権の拡大による「地方政府」の実現へ』を提出し、条例制定権の拡大や行政委員会の選択制、「国と地方の協議の場」の法制化などを具体的に勧告している。直後の11月には『第4次勧告：自治財政権の強化による「地方政府」の実現へ』では、当面の課題と中長期的な課題の列挙に留まっているが、それでも、同年12月の委員長の緊急声明では進行中の2010年度の予算編成において維持管理負担金の廃止やそのための工程表の作成を強く求めていく。こうした委員会の「最後の

活動」に対して鳩山内閣はとくに応じることはなかった。こうして委員会はまもなく事実上の休止に追い込まれ、設置根拠であった地方分権改革推進法が失効する2010年3月に静かに消えていった。ただ、その勧告は、のちの菅内閣の地域主権改革関連法で取り入れられていくことになる。
9) ただし、地方自治体が民主党内閣の政治的メッセージを真に受けて歓迎するのかどうかは別問題である。短期的には歓迎だが長期的には懸念を示す基礎自治体や、地方交付税制度を持続可能性のない制度と感じた基礎自治体もあったはずである。そのことは、2007年の基礎自治体データの中で本来恩恵を受けているはずの地方交付税制度について廃止を求める回答が、回答総数1,143自治体の中で129自治体に達していたことからも推測できる（北村2010）。
10) 内閣府 URL：http://www.cao.go.jp/bunken-suishin/jishukofukin/jishukofukin-index.html）。

〈参考文献〉

伊藤光利編（2008）『政治的エグゼクティヴの比較研究』早稲田大学出版部。
大森彌（1998）「日本官僚制の分権改革：機関委任事務制度の終焉」山脇直司他編『現代日本のパブリック・フィロソフィ』新世社。
海部俊樹（2010）『政治とカネ：海部俊樹回顧録』新潮社。
川人貞史（2005）『日本の国会制度と政党政治』東京大学出版会。
北村亘（2000）「機関委任事務制度廃止の政治過程：もう一つの解釈の可能性」『甲南法学』第40巻第3・4号。
─── （2009）『地方財政の行政学的分析』有斐閣。
─── （2010）「地方分権改革と基礎自治体の財政認識」『阪大法学』第60巻第3号。
木寺元（2012）『地方分権改革の政治学：制度・アイディア・官僚制』有斐閣。
嶋田暁文（2013）「「第2次分権改革」の総括と自治体に求められる工夫～地域の実情に合った基準の設定および運用を目指して～」、『季刊行政管理研究』第142号。
曽我謙悟（2013）「都道府県議会議員から見た県連組織の実態」建林正彦編『政党組織の政治学』東洋経済新報社。
竹中治堅（2010）『参議院とは何か 1947-2010』中央公論新社。
建林正彦編（2013）『政党組織の政治学』東洋経済新報社。
建林正彦（2013）「日本における政党組織の中央地方関係」建林正彦編『政党組織の政治学』東洋経済新報社。

西尾勝（2013a）『自治・分権再考：地方自治を志す人たちへ』ぎょうせい。
───（2013b）「地方分権改革」佐々木毅・21世紀臨調編『平成デモクラシー：政治改革25年の歴史』講談社。
増山幹高（2003）『議会制度と日本政治：議事運営の計量政治学』木鐸社。
村松岐夫・北村亘（2010）「財政赤字の政治学」内閣府経済社会総合研究所企画・寺西重郎編『構造問題と規制緩和』慶應義塾大学出版会。
薬師寺克行（2012）『証言　民主党政権』講談社。

Eaton, Kent（2004）*Politics beyond the Capital: The Design of Subnational Institutions in South America*, Stanford: Stanford University Press.
Falleti, Tulia G.（2010）*Decentralization and Subnational Politics in Latin America*, NY: Cambridge University Press.
Kitamura, Wataru（2013）"The Winding Road to Decentralization", *nippon. com: Your Doorway to Japan*, dated 13 May 2013.（URL：http://www.nippon.com/en/in-depth/a01803/）.
McLean, Iain（2001）*Rational Choice & British Politics: an analysis of rhetoric and manipulation from Peel to Blair*, Oxford: Oxford University Press.
Smith, Alastair（2004）*Election Timing*, Cambridge: Cambridge University Press.

第4章　民主党政権における予算編成・税制改正
―― 民主党の「与党化」と「自民党化」――

上川　龍之進

はじめに

　野党時代の民主党は、自民党政権の政策決定方式を「政策決定の二元化」、「官僚主導」と批判していた。自民党政権では内閣の政策決定に際して党が事前承認権を持つ、二元的な政策決定方式をとっていたため、族議員が政策決定に強い影響力を持ち、族議員・官僚・業界団体の癒着を招いた。この「鉄の三角形」を打破するため、民主党を中心とした政権（以下、民主党政権）では、政策決定を内閣に一元化すると主張したのである。一方で民主党は、自民党政権が官僚に依存しきっているとも批判し、民主党政権では政務三役を中心に政治主導で政策の立案・調整・決定を行うとも主張した。

　また、自民党政権の政策内容について民主党は、無駄な公共事業に代表される「税金の無駄遣い」や、不透明な租税特別措置に代表される「既得権益団体への利益誘導」を厳しく批判してきた。それに対し民主党政権では、既得権益団体への利益誘導をやめて国民への直接給付型の福祉政策を充実させ、家計の可処分所得を増やすと主張した。そうすることで消費を拡大させ、内需主導型の経済成長を実現するというのである。そこでマニフェストには、子ども手当や公立高校の実質無償化、農業の戸別所得補償などの野心的な政策を並べ、その財源を確保するために予算編成と税制改正の決定システムを改革すると訴えた。

実際に鳩山内閣では、民主党政策調査会は廃止され、政策決定は内閣に一元化された。その代わりに、副大臣が主催し、与党委員会所属議員が参加する、各府省政策会議が設置された。ここでは、政府側が政策案を説明して与党議員と意見交換するとともに、与党議員からの政策提案を受けるとされた。また多くの省庁では、政務三役会議から官僚を排除し、政治主導で政策決定がなされた。予算編成は、国家戦略室を中心に官邸主導で行うことで、予算を全面的に組み替えるとされた。税制改正は、民主党税制調査会が廃止され、財務大臣が会長を務める政府税制調査会でとりまとめられることになった。

　ところが現実には、予算編成・税制改正のとりまとめにおいて、官邸や国家戦略室のリーダーシップは発揮されず、小沢一郎幹事長が「党要望」を内閣に突き付けて決着をつけた。政策決定の一元化は実現されなかったのである。また政策の内容面でも、財源不足のためマニフェスト違反が相次いだ。

　菅内閣になると、提言機関という位置づけであったものの、政策調査会が復活する。また菅直人首相は、政策決定からの官僚の排除を改めさせた。予算編成では、官邸主導による予算の全面組み替えをあきらめ、概算要求基準を復活させた。税制改正でも、民主党税制改正プロジェクトチームが設置され、政府税調に提言を行うことになった。一方、政策内容でも、マニフェストに掲げた政策の一部を撤回し、消費税増税を検討するなど、「与党化」（現実主義化）が見られた。

　さらに野田内閣では、大臣との兼務を解除された政調会長に内閣提出法案への了承権限が与えられ、党税調も復活した。政策内容でも、政権交代時に中止していた大型公共事業の再開を認め、さらに消費税増税に邁進した。このように政策決定方式・政策内容の両面で「古い自民党化」が進んだように見える。

　つまり野党時代の民主党は、自民党政権の政策決定方式については、「官僚主導」、「政策決定の二元化」を、自民党政権の政策内容については、「税金の無駄遣い」、「既得権益団体への利益誘導」を、それぞれ厳しく批判してきた。ところが皮肉なことに、民主党政権も内閣を経るごとに、こうした批判が当てはまるようになってきた。このため民主党は、有権者の期待を裏切ったとして

批判を浴び、2012年の衆議院選挙で惨敗して政権を失うことになった。

　本章では、こうした民主党政権の予算編成・税制改正における政策決定方式・政策内容両面での変化を概観する[1]。そのことを通じて、民主党は自らの「理念」を実現するために、自民党一党優位体制の下で確立された「構造」を変革しようとしたものの、「戦略」が未熟であったため、そうした試みは挫折に終わったことが描写される。

1　自民党政権における予算編成・税制改正

　本節では、民主党政権が改革すべきと考えた、自民党政権における予算編成・税制改正の決定方式について、簡単にまとめる。

(1) 自民党政権における予算編成

　自民党政権下では、従来、予算編成作業は旧大蔵省（現財務省）の主導により、次のように進められていた。7月から8月にかけて各省庁の大臣官房会計課が、各局からの予算要求のとりまとめを行う。この際に、与党の政策担当組織からの予算要求も盛り込まれる。一方、大蔵省は各省庁や与党との調整を経て、7月末から8月上旬あたりに概算要求基準（シーリング）を決める。これは、各省庁が大蔵省に対して予算要求を行う際、要求できる上限を前年度比として示したものである。これを受けて各省庁は、8月末に概算要求基準に合わせた予算要求をまとめて大蔵省に提出する。9月以降、大蔵省主計局は各省庁の予算要求を査定する。主計局と各省庁との個別折衝を経て、年末には大蔵省原案がまとめられる。それを基に復活折衝を経て、最終案が閣議で決定され、1月の通常国会に政府予算案として提出されるのである（真渕 2002）[2]。

　このように予算案が、大蔵省と各省庁、そして各省庁の応援団である族議員との折衝を通じた積み上げ方式で策定されるため、予算の基本方針は不明確で、各省庁・各事業の予算シェアは前年度を踏襲したものになっていたと言われる。首相が財政再建のために歳出の削減を決めた場合も、各省庁に概算要求基準で

一律の削減比率を求める手法（マイナス・シーリング）がとられた。この結果、重要分野に予算を重点的に配分し、必要性の薄れた分野の予算は減らすという「メリハリ」のついた予算編成が妨げられ、予算の硬直化がもたらされたと考えられたのである。

　とくに予算の硬直化として問題視されたのが、公共事業費である。GDP比で見た公共事業予算は先進国の中で突出して高く、また道路整備事業費や農業農村整備事業費など、必要性が薄らいできたと思われる分野に依然として優先的に予算が配分されるなど、その配分比率も固定化していた。これは、族議員と建設業者、担当官庁との癒着によるものと見られた。

　つまり、財政全体（マクロ・レベル）の規模に関しては、首相が削減を決断することはある程度、可能であった。けれども、分野別（メゾ・レベル）の予算規模、個別項目（ミクロ・レベル）での予算支出に関しては、族議員の影響力が強く、首相のリーダーシップは機能しなかったのである。

　これに対し小泉内閣では、2001年に設置された経済財政諮問会議で決定される「骨太の方針」に基づき、官邸主導で予算編成を行うことで、公共事業費の大幅削減、社会保障費の年平均2,200億円の削減、三位一体改革による地方交付税の削減などを実現した。予算全体（マクロ・レベル）の規模の抑制だけではなく、公共事業や社会保障といった特定の政策領域（メゾ・レベル）における歳出削減という点で、改革が進んだのである。もっとも、重点分野に予算を配分するという方針はうまくいかず、予算のメリハリが十分につけられたとは言い難い。概算要求基準は、経済財政諮問会議ではなく財務省が与党と調整して決定したし、個別項目についても、省庁・与党と主計局との折衝により、積み上げ型で予算が策定されることに変わりはなかった。そのため、個別事業を見ると「無駄な公共事業」は着々と進められたし、開業医に有利な診療報酬配分が継続されるなど、ミクロ・レベルでは既得権益が排除されたわけではなく、改革はそれほど進まなかった。

　ところが2005年総選挙で抵抗勢力を追い出し、自民党を支配した小泉純一郎首相は、強力なリーダーシップを発揮するようになる。2006年の歳出・歳入一

体改革では、消費増税を先送りする一方、自民党に指示して、今後5年間の歳出削減策を決めさせた。これは、今後5年間の概算要求基準を決めてしまったようなものである。後に医療崩壊の元凶と言われることになる社会保障費の年2,200億円の削減も、このときに決められた（上川 2010：第4章、第6章）。

しかしながら小泉内閣以後の自民党政権では、官邸は与党・省庁との協調姿勢を強め、財務省が主導する旧来型の予算編成方式に戻ったように見える。これに対し民主党は、官邸主導の予算編成を実施することで、予算の無駄遣いをなくし、重点分野に予算を配分すると主張したのである。

(2) 自民党政権における税制改正

自民党政権の下では、総理大臣の諮問機関である税制調査会（政府税調）が税制改正答申をまとめ、それを基に翌年度の税制改正法案が策定されていた。もっとも政府税調の事務局は、旧大蔵省（現財務省）主税局と旧自治省税務局（現総務省自治税務局）が共管しており、事務局が委員の人選を行い、答申の原案を用意することから、政府税調は「官僚の隠れ蓑」と見られていた[3]。

しかし実のところ、1970年代以降、税制改正の内容に最も影響力を持っていたのは自民党税制調査会（党税調）であった。党税調は、「インナー」と呼ばれる少数の幹部たち（顧問、会長、小委員長）に牛耳られており、実質的な決定はインナーだけで行っていた。党税調は自律性がきわめて高く、政調会長はおろか首相ですら、その決定には介入できなかった。主税局は党税調と協力し、その意向を政府税調の審議に反映させていたのである。

官邸主導の政策決定を行った小泉内閣でも、税制改正は党税調が主導した。2002年には経済財政諮問会議が税制改革を議題に乗せ、竹中平蔵経済財政政策担当大臣や民間議員たちが、歳出削減や国有財産の売却収入を財源として法人税率を引き下げようとした。だが、主税局と党税調の反対に遭い、研究開発減税と設備投資減税が創設・拡充されるに留まった（上川 2010：第5章）。

このように政策決定が二元化されていたことで、特定業界向けの租税特別措置など、不透明な利益誘導が行われてきたと民主党は批判し、政策決定の一元

化を主張したのである。

2　鳩山内閣における予算編成・税制改正

本節では、鳩山内閣における予算編成・税制改正の決定過程についてまとめる。

(1) マニフェスト2009

民主党は2009年総選挙のマニフェストで、「国民の生活が第一」というキャッチフレーズを掲げ、税金の無駄遣いを徹底的になくし、国民生活の立て直しに使うと訴えた。具体的な政策としては、子ども手当・出産支援、公立高校の実質無償化、年金制度の改革、医療・介護の再生、農業の戸別所得補償、暫定税率の廃止、高速道路の無料化、雇用対策を挙げた。マニフェストには工程表が記され、マニフェストの実現のためには2010年度で7.1兆円、2013年度には16.8兆円が必要と明記された。民主党は、この財源を確保するために、「埋蔵金」の活用や政府資産の計画的売却に加え、歳出面と歳入面の改革（予算の組み替えと税制改革）を打ち出した。

歳出面では、特別会計も含めた国の総予算207兆円を全面的に組み替え、税金の無駄遣いを根絶すると主張した。具体的には、天下りや「渡り」の斡旋を全面禁止し、特別会計・独立行政法人・公益法人をゼロベースで見直す、官製談合と不透明な随意契約は一掃する、川辺川ダム・八ッ場ダムなど「無駄な公共事業」は中止する、地方分権推進による地方移管や公務員制度改革などにより国家公務員の総人件費を2割削減する、補助金改革で関連の事務費・人件費を削減する、といったことを挙げた。

このことを実現するために、総理大臣直属の国家戦略局（法律制定までは国家戦略室）を設置し、官民の優秀な人材を結集して、官邸主導で予算編成を行うとした。また、行政刷新会議を設置して政府のすべての政策・支出を検証し、無駄遣いを撲滅するとした。

歳入面では、税制の既得権益である租税特別措置について、その効果を検証し、効果の不明なもの、役割を終えたものを廃止すること、また格差是正のため、低所得者には恩恵が行き渡りにくい「控除」から、広く配分される「手当」へと転換すること、具体的には、所得税の配偶者控除・扶養控除を廃止して子ども手当を創設することを挙げた[4]。

このことを実現するために、民主党税制調査会を廃止して政府税制調査会に政策決定を一元化した。政府税調は、財務相が会長、国家戦略相と総務相が会長代行に就き、各省副大臣らで構成された。政策決定を透明化するため、政府税調の全体会合は公開することにし、業界の要望は各府省政策会議の場で受け付けることにした（朝日新聞政権取材センター編 2010：63-64）。政府税調には、納税環境整備、雇用促進税制、租税特別措置、市民公益減税の4つのテーマについて、与党議員からなるプロジェクトチームが置かれた。また、学識者・専門家による専門家委員会が税調に助言・報告を行うこととされた（山口 2012：107-109）。

(2) 2009年度第1次補正予算見直しと第2次補正予算編成

鳩山内閣は発足直後に、マニフェストで掲げた政策を実現するため、麻生内閣が策定した2009年度第1次補正予算の執行を見直し、3兆円を捻出しようとした。この際、省庁ごとの削減額（率）を決めずに、各大臣に削減を競わせることにした。

ところが見直し額は、なかなか目標額に達しなかった。そこで行政刷新会議と財務省が共同して削減額の上乗せを省庁に迫り、何とか2兆9,259億円を確保した。

だが、円高・株安が急激に進行したため、緊急経済対策として2009年度第2次補正予算が編成されることになった。この財源として1次補正の見直しで確保した2.9兆円が使われることになり、2010年度予算に回せなくなった。さらにこの際、閣内・連立与党間の足並みの乱れが明瞭となった。2次補正は、総額7.1兆円とすることでまとまりかけたものの、国民新党代表の亀井静香金

融・郵政担当大臣が総額8兆円を強硬に主張し、予定されていた臨時閣議が中止に追い込まれたのである。

そこで菅直人副総理・国家戦略担当大臣が亀井と激しく口論して、どうにかまとめた。だが、地方の公共事業上積み分として建設国債約1,000億円が増発されることになり、総額は7兆2,013億円となった。

(3) 2010年度予算編成・税制改正

麻生内閣は7月1日に、2010年度概算要求基準を閣議了解していた。しかし民主党政権の誕生により、各省庁は新たな概算要求を提出し直すことになった。この際、概算要求基準は廃止され、藤井裕久財務大臣は「各大臣は要求大臣ではなく、査定大臣のつもりでやってほしい」と、各大臣に予算の全面組み替えを委任した。ところが、10月15日に新たに提出された概算要求は、麻生内閣での概算要求額92兆1,000億円を大幅に上回る95兆380億円に達し、しかも金額が明示されなかった「事項要求」を含むと、97兆円程度になると見られた。予算の削減は思いどおりには進まなかったのである。

鳩山由紀夫首相は2010年度予算での国債発行額を、2009年度の本予算・1次補正予算での発行額である44兆円に抑えると明言していた。そこで行政刷新会議は「事業仕分け」を行い、類似事業の見直しにも応用することで、3兆円の歳出削減を目論んだ。だが現実には、仕分け効果は1兆6,000億円、実際の予算での削減額は6,919億円に留まった。

2010年度予算編成および2009年度第1次補正予算の見直しの際に、鳩山が概算要求基準や補正予算の見直し額などの数値目標を設定しなかったのは、予算の一律削減という従来の手法を排し、必要な分野には予算を重点配分し、不要となった分野には予算配分をやめることで、予算を全面的に組み替えるという考えに基づく。ところが鳩山や国家戦略室は、予算編成の基本方針を明確に打ち出すことなしに、政務三役に概算要求や補正予算の見直しを一任してしまったため、省庁ごとで歳出削減の度合いに差が出ることになった。担当する政策や事業の種類により、予算を削りやすい省庁（たとえば公共事業を担当する国

土交通省）とそうでない省庁（たとえば社会保障を担当する厚生労働省）があるし、政務三役の予算削減への熱意やそれを実現する能力も、省庁ごとで差があったからである。

　2010年度予算編成では、国債発行額を44兆円以内に抑えるために、菅国家戦略担当相が、公立高校実質無償化への所得制限の導入や、子ども手当への国の負担の減額、農家への戸別所得補償の規模縮小などを担当大臣に求めた。けれども、なかなか調整はつかなかった。

　そこで12月16日に小沢一郎幹事長が首相官邸に乗り込み、予算と税制に関する党の要望書を鳩山に提出した。「党要望」では、公立高校実質無償化、高速道路無料化、農家への戸別所得補償については公約どおりの実施を求める一方、暫定税率の維持と子ども手当への所得制限導入は認めるとした。この場で小沢は、予算編成が政治主導になっていないと大臣たちを叱責した。さらに小沢は、官邸が行うべき各省間の調整も行った（朝日新聞政権取材センター編 2010：249-251）。

　小沢の「鶴の一声」には、閣僚も党の議員も従わざるを得なかった。小沢の介入により最終調整は一挙に進み、年内の予算編成が可能になった。首相・国家戦略室の指導力の欠如は、豪腕幹事長の指導力によって補われたのである（高田 2012：16, 54）。

　この結果、1年目からマニフェスト違反が続出することになった。子ども手当は公約どおり、2010年度から月1万3,000円の支給を行うものの、全額国費による支給とはならず、暫定措置として地方自治体・企業に児童手当分の負担を引き続き要請することになった。暫定税率については、自動車重量税の国税分の暫定税率を半減するに留まった（減収額は1,660億円）。揮発油税と軽油引取税の暫定税率は2010年4月から廃止されたものの、同じ幅の特別な税率の上乗せ措置が「当分の間」導入された。ただし原油価格高騰が続けば、本来の税率部分（本則部分）だけに課税する減税措置をとることにした。扶養控除は、15歳以下については廃止されたものの、23〜69歳は存続されることになり、配偶者控除も存続された。中小企業の法人税率引き下げも先送りされた（朝日新

聞政権取材センター編 2010：266-267）。結局、マニフェスト関連の予算額は、概算要求における4.4兆円から2.9兆円に削減され、暫定税率廃止を含めて7.1兆円とされていた初年度の所要額は3.1兆円となった（大石 2010：14）。

　このようにマニフェスト違反が続出した理由は、財源が足りなかったからである。歳出削減は想定どおりには進まなかった。また、そもそも民主党のマニフェストは、社会保障費の毎年の自然増（約1兆円）や基礎年金の国庫負担率を36.5％から50％に引き上げるための追加財源（約2.5兆円）などについて考慮していないなど、詰めがあまいものであった（田中 2013：97）。加えて不況により、景気対策のための財政出動が必要になる一方で、税収は大幅に減ってしまったからでもあった。1次補正予算の見直しで確保した2.9兆円は2次補正予算で使ってしまったし、当初46.1兆円を見込んでいた2009年度の税収は36.9兆円にまで減る見込みとなり、2010年度予算では税収は37.4兆円と見積もられることになった。このため、当初は緩い目標と考えられていた国債発行上限44兆円が、かなり厳しい目標となってしまったのである。

　さらに、マニフェストに明記されていた租税特別措置の見直しによる財源の確保も、想定どおりにはいかなかった。租税特別措置法による特例措置は、310項目、減収見込額約7兆3,510億円に及んでおり、野党時代の民主党は、同様の機能を持つ補助金に比べて透明性が欠けていることを問題視していた。そこで租特の適用実態を明らかにし、整理合理化を推進するため、「租特透明化法案」を国会に提出した。これは2010年3月に成立した[5]。一方で民主党政権は、租特透明化法の成立を待たずに、2009年度末までに期限を迎える措置を中心に租特の見直しを行った。マニフェストには、所得税の配偶者控除・扶養者控除の廃止（約1.4兆円）とともに、租特の全面見直しにより、4年間で計2.7兆円の財源を確保することが掲げられていた。つまり、租特見直しで約1.3兆円を確保するつもりだったのである。けれども、ドバイ・ショックの発生を機に「租特不況」が懸念されるようになり、当初の予定よりも切り込みが不足することになった[6]。結局、租特の見直しによる増収見込額は、約996億円（初年度は約744億円）に留まった（伊田 2010：24-25；朝日新聞政権取材センター

編2010：266)。

　そのうえ、選挙の責任者である幹事長が影響力を行使したことから、予算編成・税制改正ともに選挙対策の色合いが強まった[7]。陳情は党幹事長室で一括管理され、公共事業の「個所付け」は、民主党県連から幹事長室への陳情で判断された。政府税調の全体会合はすべて公開され、租税特別措置の存廃論議はインターネットで中継されたものの、「党要望」は小沢幹事長、輿石東幹事長代行、高嶋良充副幹事長、細野豪志副幹事長により非公開でまとめられた。小沢は、「政府税調はもっと与党と連携しろ」と一喝し、決定済みの租税特別措置の扱いまで覆した。マニフェストに明記されていた配偶者控除・扶養控除の全廃には踏み切れず、15歳以下の扶養控除廃止のみに留まったのも、2010年参院選を控えての判断であった（朝日新聞政権取材センター編2010：266-268；『日本経済新聞』2011年11月10日付夕刊）。税制改正については、すでにこの時点で党の影響力が政府を圧倒していたのである。

(4) 政権交代の成果

　このようにマニフェスト違反と官邸の指導力の欠如、政策決定の二元化といった問題はあったものの、鳩山内閣の予算編成・税制改正には一定の成果もあった。

　予算編成では、第一に、メゾ・レベルで一定程度、予算配分のメリハリがつけられた。「コンクリートから人へ」の理念が強く反映され、公共事業関係費は、マニフェストで掲げた4年間で1兆3,000億円という削減目標を1年で達成し、前年度当初予算比18.3％減となる一方、社会保障関係費は同9.8％増、公立高校実質無償化のため、文教および科学振興費も同5.2％増となった。

　第二に、ミクロ・レベルでも事業仕分けが行われたことで、個別事業での無駄遣いの削減が一定程度進んだ。確かに事業仕分けによる歳出削減額は6,919億円に留まった。けれども、公共事業の仕分けの結果は予算にそのまま反映されたし、これまで「聖域」であった科学技術振興費も削減された（同3.3％減）（朝日新聞政権取材センター編2010：269-271）。

加えて、各省の局レベルの予算配分でも「メリハリ」がつけられた。たとえば国土交通大臣を務めた前原誠司によると、国土交通省では、それまで各局間で予算配分の増減を競い合っており、通常は前年度と同じ配分だったのだが、「一％しか減らされなかった局もあれば、一気に二〇％減らされた局もあるというように、政策にあわせて予算配分にもかなりメリハリを付けた」（前原2012：256)[8]。

一方、税制改正でも一定の成果が見られた。第一に、租税特別措置の見直しが行われ、国税41項目、地方税57項目の廃止・縮減が実施された。確かに財源はそれほど確保できなかったものの、自民党政権では既得権益化していた租特の見直しが進んだことは、政権交代の成果と言って良いだろう。

第二に、マニフェストには明記されていなかったものの、たばこ税1本あたり3.5円という大幅増税も実現された。これも、たばこ農家への配慮が強かった自民党政権では考えられないことであった。

3　菅内閣における予算編成・税制改正

本節では、菅内閣における予算編成・税制改正の決定過程についてまとめる。

(1) 菅首相就任と政策転換

6月4日に首相に就任した菅直人は、まず政官関係の修復に乗り出した。初閣議では、政務三役と官僚の関係について「相互に緊密な情報共有、意思疎通を図り、一体となって取り組む」とする基本方針を決定し、「菅・官」融和を内閣の最重要課題に据えた（『朝日新聞』2010年6月10日付朝刊)。

一方で菅は、政府と党の関係も見直した。政策調査会を復活させたのである。とはいえ、政策調査会は「提言機関」に留められ、政調会長に国家戦略担当大臣を兼務させるなど、内閣への政策決定の一元化という原則は維持しようとした。

菅は政策面でも、大きな方針転換を行った。消費税増税である。菅は、国家

戦略相・財務相としての経験から、財源不足で予算編成が今後ますます難しくなることを認識していた。さらに、2月5・6日にカナダ・イカルウィットで開催された主要7カ国財務相・中央銀行総裁会議でギリシャの政府債務危機の深刻さを認識した。このため、消費増税による財政再建を推進するようになったのである。菅は所信表明演説で、「強い経済、強い財政、強い社会保障」を主要な政策テーマに掲げた。さらに、参院選の公約の発表に際して行われた6月17日の記者会見で、自民党が参院選の公約として掲げた消費税率を10％に引き上げる案を1つの参考にしたいと発言した（読売新聞「民主イズム」取材班 2011：163-168）。

菅は、2009年マニフェストの修正も行った。参院選のマニフェストでは、子ども手当の満額支給を断念し、保育所の定員増など、現物サービスを上積みするとした。また自動車重量税・自動車取得税についても、簡素化とグリーン化の観点から、全体として負担を軽減するとし、暫定税率の廃止は撤回した。このように政策を現実主義的なものへと修正したのである。

さらに、菅が国家戦略相のときにとりまとめに着手していた「新成長戦略」と「財政運営戦略」が、続けて閣議決定される。6月18日には「新成長戦略～「元気な日本」復活のシナリオ」が閣議決定された。ここでは7つの戦略分野として、①グリーン・イノベーション（環境）、②ライフ・イノベーション（健康）、③アジア、④観光・地域、⑤科学・技術・情報通信、⑥雇用・人材、⑦金融、が挙げられた[9]。「民主党らしさ」が見られる成長戦略ではあるものの、ここで注目すべきは、日本に立地する企業の競争力強化と外資系企業の立地促進のため、法人実効税率を主要国並みに引き下げるとしたことである。これは、家計の可処分所得を増やすことで内需拡大型の経済成長を目指すとしており、サプライ・サイドへの配慮が乏しいと見られていた民主党にとって、大きな政策転換であった。

6月22日には、「財政運営戦略」が閣議決定された。ここでは財政健全化目標として、2015年度までに国・地方の基礎的財政収支赤字の対GDP比を2010年度の水準（6.4％）から半減し、2020年度までに黒字化すること、ならびに

2021年度以降において、国・地方の公債等残高の対GDP比を安定的に低下させることが明記された。また、これを達成するために、2011～13年度の歳入・歳出の骨格を示す「中期財政フレーム」を策定し、2011年度の新規国債発行額は2010年度の約44兆円を上回らないよう全力を挙げること、ならびに2011～13年度の基礎的財政収支対象経費（国債費を除いた一般会計予算の歳出額）を、2010年度と同じ71兆円に抑えることが決定された。なお、新成長戦略と財政運営戦略の参考として、「経済財政の中長期試算」も公表された（福嶋2011：3-4）。

「新成長戦略」（野田内閣では東日本大震災を受け、「日本再生戦略」が新たにとりまとめられた）と「財政運営戦略」は、小泉内閣以降の自民党政権が経済財政諮問会議で作成していた「骨太の方針」と「構造改革と経済財政の中期展望（改革と展望）」（安倍内閣と福田内閣では「日本経済の進路と戦略」、麻生内閣では「経済財政の中長期方針と10年展望」に名称変更）とほぼ同等のものである。国家戦略室は、小泉内閣期の経済財政諮問会議とは異なり、機能していないと報道されることが多く、確かに予算編成では指導力を発揮できなかった。だが、新成長戦略や財政運営戦略のとりまとめなど、経済財政諮問会議と同じような役割をかなりの程度、果たしていたのである[10]。しかも中期財政フレームは、今後3年間の予算の総額を決めてしまうものであり、これが党の抵抗なしに決定されたということは、この時期、首相が強い指導力を発揮していたことを示している。

ところが民主党は、参議院選挙で敗北してしまう。そして菅の消費増税発言が、その原因と見なされたことから、菅も消費増税の主張をしばらく封印することになる。

しかし菅は、消費増税をあきらめたわけではなかった。9月14日に小沢との民主党代表選を制した後、10月には政府・与党社会保障改革検討本部と社会保障改革に関する有識者検討会を設置したのである。ここでの検討を踏まえて、12月には民主党・税と社会保障の抜本改革調査会中間整理と、有識者検討会報告とが提出された。その報告書は、麻生内閣の経済財政政策担当大臣であった与謝野馨によると、麻生内閣でまとめられた「安心社会実現会議」の報告書と

「瓜二つ」で、「消費税を社会保障の目的税として明確に位置づけるという、その思想は、政党・政権を超えて受け継がれた」と思ったという（伊藤 2013：57）。

　これを受けて菅内閣は、社会保障に必要とされる財源の安定的確保と財政健全化を同時に達成するための税制改革について、2011年半ばまでに成案を得ると明記した「社会保障改革の推進について」を閣議決定した。消費増税の決定に向けて、菅内閣は着々と準備を進めていたのである。

(2) 2010年度補正予算編成

　菅内閣は、10月8日に円高・デフレ対応緊急総合経済対策を、10月26日に、その柱となる2010年度補正予算案を閣議決定した。この4.8兆円規模の補正予算には、雇用・人材育成に3,199億円、新成長戦略の推進・加速に3,369億円、子育て、医療・介護・福祉等の強化による安心の確保に1兆1,239億円など、民主党らしい項目も含まれた。しかし、地域活性化2兆861億円、中小企業対策5,790億円、未着工の高速道路、港湾整備や首都圏空港の強化など社会資本整備3,776億円（これに農林業育成支援などをあわせると公共事業は約5,800億円になる）なども含まれ、さらに国民新党の要求を受け、公共事業の来年度契約の前倒し分（ゼロ国庫債務負担行為）2,388億円も加えられた。2010年度予算では公共事業費が約1兆3,000億円削減されたものの、その6割超が復活することになったのである（『朝日新聞』2010年10月27日付朝刊）。

　この経済対策は、野党との交渉の前面に立つ玄葉光一郎政調会長を中心に、政調内に設置されたプロジェクトチームが、「野党の皆さんの意見や申し入れを採り入れてつくった」（玄葉）もので、そうすることで、「ねじれ国会」における補正予算審議を円滑に進めようとしたのである。その象徴が、地方自治体が自らの裁量で公共事業費などに使うことができる「地域活性化交付金」3,500億円で、これは公明党の要望をほとんど「丸呑み」したものであった。これには、ある財務省幹部が、「みんなに愛敬を振りまいて理念も何もなくなってきた。まさに人からコンクリートだ」と嘆いていたという（『朝日新聞』2010年10月

9日付朝刊)。参議院で多数を占める野党に配慮した結果、政府ではなく野党と交渉する与党が主導して補正予算を編成することになり、政策決定の内閣への一元化は反故にされてしまったのである[11]。

こうした配慮を受けて、公明党も当初は補正予算案への賛成を検討していた。だが、尖閣諸島沖で海上保安庁の巡視船に中国の漁船が衝突してきた際の対応の不手際や、柳田稔法務大臣の失言・辞任など、政権の不始末が続き内閣支持率が急落した。そこで公明党は、自民党とともに政権への対決姿勢を強め、補正予算案に反対した。けれども予算関連法案には賛成することで、補正予算の執行に問題が生じないようにした(竹中 2011：48-49)。

(3) 2011年度予算編成

菅は2011年度予算編成に当たり、「元気な日本復活特別枠」を設け、1兆円を相当程度に超える額を新成長戦略の7分野に重点配分することで、予算にメリハリをつけようとした。この特別枠の財源と、年金・医療・介護等に関する経費の自然増(約1兆3,000億円)を捻出するため、2011年度予算編成では概算要求組替え基準が設けられた。すなわち、年金・医療・介護等に関する経費(1.3兆円の自然増を認める)、地方交付税交付金および予備費を除いた経費について、各省庁一律10％の削減を求めたのである。予算の全面組み替えが、それほど容易ではないと、前年度の予算編成から学習したためであろう。

もっとも、従来の概算要求基準枠が経費ごとに上限額を決めていたのに対し、今回の概算要求組替え基準では、マニフェスト施策である公立高校の実質無償化、農業の戸別所得補償、高速道路の無料化を除き(これらは前年度当初予算の額とされた)、人件費や義務的経費も含め、幅広い経費(約24兆円)を対象に90％の割合で要求枠を絞り込むことにした。そして各府省は「元気な日本復活特別枠」を活用して、前年度当初予算の差額10％分は「要望」を行えるほか、90％を超える要求の絞り込みを行った場合は、その深堀分の3倍に相当する額の「要望」を行えるようにした。こうすることで配分割合が固定化している予算配分を、省庁を越えて大胆に組み替えようとしたのである(端本 2010；福嶋

2011：4）。

　特別枠の予算配分にあたっては「評価会議」が、各省庁の政務三役から公開の場でそれぞれの要望について説明を聞く「政策コンテスト」を行い、事業の優先順位をつけ（予算編成の「見える化」）、それに基づいて最終的に総理大臣が決定することとされた。

　だが2011年度の予算編成では、国家戦略室ではなく、鳩山内閣で国家戦略担当相・国家戦略室長を務めた、仙谷由人官房長官・古川元久官房副長官が調整の中核を担うことになった。政策コンテストは、玄葉光一郎国家戦略担当相が評価会議の議長を務めるものの、事務方としては副長官補室が担当し、国家戦略室は関与しないことになったのである。また社会保障と税の一体改革についても、副長官補室のラインに担当室がつくられた。（高田 2012：35-36）。こうした役割分担が行われたのは、玄葉が政調会長を兼任し、あまりに忙しかったためだとも言われる。もっとも政策コンテストでは、平野達男内閣府副大臣（国家戦略等担当）も大きな役割を果たした。さらに仙谷官房長官は、11月26日に参議院で問責決議を受けたため、それ以降、表立って動きにくくなり、予算の最終調整は党幹部と閣僚を兼ねた玄葉が行った（木寺 2012：205-209；『毎日新聞』2010年12月22日付朝刊）。

　特別枠に対しては、189事業（約2.9兆円）の要望が出された。当初の目的に反して、防衛省が在日米軍駐留経費負担（思いやり予算）を特別枠で要望したり、文部科学省が概算要求で義務教育費国庫負担金を2,157億円削減する一方で、小学1・2年生の35人学級実現のためとして特別枠で2,247億円を要望したりするなど、必要な経費を概算要求から削って特別枠で要望するというケースが相次いだ。

　評価会議は12月1日に、4段階の優先順位を決定した。41事業が満額査定となるA判定、78事業が一部減額して予算化するB判定、43事業が大幅減額のC判定、27事業が予算化困難のD判定であった。A・B判定とされた事業の要望額だけで約2兆2,824億円と、全要望事業の8割弱になった。このため、予算の重点配分ができていないのではないかと疑う声が上がった。

さらに個々の判定についても、疑問の声が上がった。11月下旬の首相への中間報告でＣ判定だった小学校１・２年生の35人学級は、文科省の巻き返しでＢ判定になった。思いやり予算は、玄葉が「議論に馴染まない」と指摘していたにもかかわらず、Ａ判定となった。日米合意で、すでに予算化が決まっていたからである。判定の材料とされるパブリックコメントについても、文科省や厚労省が組織的な働きかけを行っていたことが発覚した。一方、国土交通省の高速道路無料化社会実験（750億円）は、パブリックコメントの「大半が事業実施の必要がない、優先する必要はないとの回答だった」（平野達男内閣府副大臣）ため、当初はＣ判定で調整したものの、党内の反発にあってＢ判定に引き上げた。しかも、予算編成の「見える化」を売り物としていたのに、公開されたのは、評価会議側が各府省の政務三役から事業内容を聞く政策コンテストのみで、それが、どのように判定に結びつけられたのかは非公開とされた（『朝日新聞』2010年12月２日付朝刊）。

最終的に特別枠は２兆1,000億円に膨らみ、しかし新成長戦略関連に充てられたのは9,000億円に留まった。また、政策コンテスト優先順位別の予算措置率を見ると、Ａ判定が99％、Ｂ判定が88％、Ｃ判定が77％、Ｄ判定が６％となり、評価の低い事業についても、要望額から大きく減額されたとはいえ、予算が計上された（福嶋2011：11-12）。省庁の要望の多くが通ったわけであり、特別枠により予算が重点配分されたとは言えそうにない。

一方で、財源捻出のため事業仕分けも行われたのだが、今回は自民党政権ではなく民主党政権が編成した予算を事業仕分けすることになったため、行政刷新会議に対して菅内閣の政務三役が自省の予算防衛に回ることになった（信田2013：172-173）。結果、無駄遣いの削減額は3,000億円に、独立行政法人等からの国庫返納による歳入確保額は１兆4,000億円に留まった（福嶋2011：８）。

この結果、2011年度予算案でもマニフェスト違反が相次いだ。子ども手当は１万3,000円の支給に留まり、３歳未満のみ、所得税・住民税の年少扶養控除の廃止を考慮して２万円が支給されることとされた。高速道路無料化も、区間を限っての社会実験の費用として1,200億円の計上に留まった。マニフェスト

に掲げられた政策の予算は合計3.6兆円で、マニフェストの工程表に書かれた2011年度所要額の12.6兆円には遠く及ばなかった（福嶋 2011：11）。マニフェストの破綻は明確となり、民主党執行部はマニフェストの全面見直しに着手することを表明せざるを得なくなった。

　さらに、新規国債発行額および過去の借金の利払い費を除いた歳出額を2010年度以下にする方針は守られたものの、これは菅首相のリーダーシップによるものではなく、財務省の大規模なやり繰り策によって国債の新規発行額を抑えたにすぎないという評価もなされた。というのも、特別会計の剰余金・積立金などから7兆1,866億円の「埋蔵金」をかき集めていたからである。基礎年金の国庫負担率2分の1を維持するのに必要な2兆5,000億円についても、2010年度までの2年間と同様に、単年度限りの「埋蔵金」に全額を依存した。そのうえ、「税収の持ち直し」分も活用した。地方交付税特別会計から自治体への配分額は、前年度よりも多い17兆4,000億円弱とされたものの、一般会計から地方交付税特別会計に繰り入れる地方交付税交付金は、前年度に比べて6,900億円減額された。財務省と総務省は補正予算編成の時点で、2011年度予算のやり繰りが厳しくなると見越していた。そこで2009年度決算と2010年度補正予算で国の税収が事前予測より増えたために生じた交付税、約1兆3,000億円のうち、補正予算では3,000億円だけを地方に追加配分し、1兆円を地方交付税特別会計に繰越金として残しておき、これを2011年度に回すことにしたのである（清水 2011：32-34；信田 2013：172-173）[12]。

　しかしながら、菅内閣が策定した予算案が、全く評価に値しないわけではない。社会保障費が前年度当初予算比5.3％増となる一方で、公共事業関係費は、一括交付金化した補助金分を含めて実質5.1％削減されており、「コンクリートから人へ」の理念を反映して予算のメリハリはつけられていた[13]。

　さらに、財務省の抵抗を抑え、政治主導で決定されたものもあった。第一に、減額の予定であった科学技術振興費は、菅の指示により400億円上積みされ、一転、同0.1％の増額となった（『朝日新聞』2010年12月25日付朝刊）。第二に、子ども手当を3歳未満のみ7,000円増額する案に対して、財務省は財源不足を

理由に、増額分の圧縮や所得制限の導入を強く主張した。けれども玄葉は、子どもを社会全体で支援するという普遍主義の原則を守るため、所得制限は導入せずに、3歳未満のみ7,000円増額することで決着させた（木寺 2012：206-208；『毎日新聞』2010年12月22日付朝刊）。このように菅内閣の予算編成では、民主党の理念を守ろうとする姿勢が見られたのである。

　ところが、「ねじれ国会」が政権の前に立ち塞がった。東日本大震災が発生したため、一時的に政治休戦となり、2011年度予算は年度内に成立した。だが、特例公債法案を成立させるため、子ども手当をはじめとしたマニフェスト関連支出の見直しについて民主・自民・公明の3党間で協議が行われることになり、民主党は譲歩を繰り返していく。結果、高速道路無料化については2012年度予算概算要求に計上しないこととされた。また子ども手当は、2011年9月までは、つなぎ法案で一律1万3,000円の支給が続けられ、2011年10月から2012年3月までは特別措置法により、3歳未満には1万5,000円、3歳から12歳までは1万円だが第3子以降は1万5,000円、中学生には1万円をそれぞれ支給することとされた。そして2012年度からは子ども手当を廃止し、児童手当を復活させることになった。支給額は上記の金額となり、税引き前年収960万円以上の世帯には所得制限を導入することとされた（竹中 2011：51-55）。この3党合意に基づき、8月26日に特例公債法案がようやく成立した。

(4) 2011年度税制改正

　菅は政策調査会を復活させるとともに、党内に税制改正プロジェクトチーム（PT）を発足させた。2010年度税制改正では幹事長が「党要望」を突きつけたのだが、2011年度税制改正では、党内の意見を税制改正PTでまとめて、政府税調に重点要望を提出することで、党の意見を税制改正に反映させることにした。党が制度的に税制改正に関与できるようになったのである。

　民主党税制改正PTは、玄葉国家戦略相兼政調会長とも調整しながら議論をまとめていった。ただ政府税調が財源確保を重視するのに対して、PTがそれに反対する場面も目立った。典型的だったのは、菅が国内雇用を確保するとい

う観点から推進するようになった法人税減税で、経済産業省は一律5％の減税を要望した。しかし「財政運営戦略」では、財政運営の基本ルールとして「ペイアズユーゴー原則」[14]が定められていた。そこで必要となる約1兆5,000億円の財源を確保するため、政府税調は法人税の課税ベースを拡大しようとした。これに対し党税制改正PTでは反対論が相次ぎ、結局、法人税の課税ベースは6,500億円分しか拡大されず（熊谷2011：19）、1年目からペイアズユーゴー原則に違反することになってしまった。

また、2009年マニフェストに記載されていた各種控除の見直しについても、税制改正PTが反対の声を上げた。マニフェストでは子ども手当の財源とするため、所得税の配偶者控除・扶養控除の廃止が掲げられていたものの、2010年度税制改正では年少扶養控除の廃止のみに留まり、配偶者控除と、23歳から69歳までの成年扶養控除の廃止は先送りされていた。そこで政府税調は、両控除に所得制限を入れる案を提示した。これに対し税制改正PTは、成年扶養控除については、経済的に余裕のある世帯の控除縮小は認めるものの、配偶者控除については見直しに否定的な立場をとった。党内には「統一地方選挙前に主婦層を敵に回すのか」と反発する声が強かったからである（木寺2012：206-208；『読売新聞』2010年12月2日付朝刊）。結局、成年扶養控除には所得制限が導入されたものの、配偶者控除は存続されることになった。

このように党の反対により、ペイアズユーゴー原則違反やマニフェスト違反がなされた。政策決定の一元化は実現されなかったのである。

さらにこの時期になると、民主党議員の変節・族議員化が明瞭に観察されるようになる。最も象徴的だったのは、肉用牛の租税特別措置である。これは、国産の肉用牛を売る際に市場での売値が1頭100万円未満であれば所得税や法人税を免除するという措置である。こうした免税措置は鶏や豚の生産者にはなく、明らかに肉牛農家を特別扱いしていた。この措置は1967年に始まって以来、肉牛生産が盛んな鹿児島県選出で自民党税調のドンと呼ばれた「山中貞則さんの肝いりで、ずっと続いてきた」（元政府税調委員）（『朝日新聞』2007年2月17日付朝刊）。これについて民主党は野党時代に、なぜ肉用牛だけなのかと、

国会で追及を重ねていた。ところが政府税調では、農林水産副大臣・政務官が延長を強く主張し、税制改正PTも、制度を縮減して3年延長すると提言した[15]。この結果、これまで年間2,000頭を免税の上限としていたのを1,500頭に引き下げるなど、一部縮減したうえで、3年間の延長が決められたのである[16]。

もっとも、2011年度税制改正を全体的に見れば、菅が掲げる「経済成長と格差是正」という理念に沿って策定されていた。菅首相の指導力は一定程度、発揮されたのである。

法人税率の一律引き下げは、小泉内閣の竹中経財相ですら、財務省や党税調の抵抗に遭って実現できなかった政策である。しかもこの際、野田佳彦財務相が財源不足を理由に3％の引き下げを主張したものの、5％を主張する玄葉が首相裁定に持ち込み、最終的に菅が5％で決着させたのである（『毎日新聞』2010年12月22日付朝刊）。また雇用を重視する菅の指示に基づき、雇用促進税制も創設された。

その一方で「格差是正」の観点から、高所得者や資産家を対象とした個人増税が決められた。高額所得者の給与所得控除に上限を設けることや、相続税の基礎控除額を減らし、最高税率を引き上げること、退職金の税制上の優遇措置を見直すことなどが、政府税制改正大綱に盛り込まれたのである。

また、マニフェストに沿った政策も部分的に盛り込まれた。18％から11％に引き下げるとされていた中小企業の法人税については、15％に引き下げることにした。さらに、石油石炭税を2011年10月から増税し、その増税分を、マニフェストで導入を検討するとしていた地球温暖化対策税と位置付けることにした。加えて、鳩山前首相が熱心であった寄附金税制の拡充も盛り込まれた。

一方で、租税特別措置についても、50項目の廃止・縮減が実現された。もっとも、増収見込額は約1,916億円（初年度約1,424億円）に留まった。加えて、国税通則法を見直し、納税者権利憲章を策定するとともに、更正の請求期間を延長することや、処分を行う際の理由を附記することなどが決められた[17]。

しかし、ここでも「ねじれ国会」が政権に立ちはだかる。予算関連法案・税制改正法案の成立は大幅に遅れた。とりわけ税制改正法案については、一部し

か成立しなかった。雇用促進税制・環境関連投資促進税制の創設、寄附金税制の拡充などについては6月22日に成立した。一方、法人実効税率引き下げ・課税ベースの拡大や、退職所得にかかる個人所得税の10％税額控除の廃止は、11月30日に成立したものの、前者の実施は2012年度、後者の実施は2013年度まで先送りされてしまった。また法人税については、復興財源捻出のため税額の10％の付加税が、2012年度から3年間、課されることになった。納税環境整備に関する国税通則法の改正案は、納税者権利憲章が削除されたうえで、11月30日に成立した。それ以外のものについては、2012年度税制改正に先送りされた（松浦2012：1；金子2012：18-19）。

(5) 消費増税への道

2011年度予算編成で財源不足がますます明瞭となったため、また12月14日に「社会保障改革の推進について」を閣議決定したことから、菅は再び消費税増税に積極的な姿勢を見せるようになる。2011年1月4日の年頭記者会見では、社会保障に必要な財源を確保するため、消費税を含む税制改革について超党派協議を開始し、6月頃を目途にして方向性を示したいと発言した。さらに1月14日の内閣改造では、消費増税論者として知られる与謝野馨を経済財政政策担当大臣兼社会保障・税一体改革担当大臣に起用した。

与謝野は、麻生内閣のときに経財相として「中期プログラム」を策定し、2011年度から消費税率を段階的に引き上げる方針を打ち出していた。さらに与謝野は、「ばらまき公約を掲げた民主党政権になっても、消費増税の芽を残す」ねらいを込めて、2009年度の「所得税法等の一部を改正する法律」（平成21年度税制改正法）附則104条1項に、「政府は、基礎年金の国庫負担割合の2分の1への引き上げのための財源措置並びに年金、医療及び介護の社会保障給付並びに少子化に対処するための施策に要する費用の見通しを踏まえつつ、平成20年度を含む3年以内の景気回復に向けた集中的な取組により経済状況を好転させることを前提として、遅滞なく、かつ、段階的に消費税を含む税制の抜本的な改革を行うため、平成23年度までに必要な法制上の措置を講ずるものとす

る」という文言を盛り込んでいた（『朝日新聞』2011年１月19日付朝刊）。この文言を錦の御旗に、与謝野は2011年度中に消費増税法案を成立させる必要があると主張し、菅もこれに同調した。

　民主党は平成21年度税制改正法には国会で反対票を投じており、政権奪取後に、この附則を廃止することもできた。だが、この条項を残そうとする財務省の方針に対し、鳩山内閣の藤井裕久財務大臣、税制担当の峰崎直樹副大臣はともに異論を唱えず、この条項は生き残ることになった。2011年度までは時間的余裕があったからであり、また附則104条１項を実行しなくても罰則などなかったからである（伊藤 2013：190-192；清水 2013：139）。

　この条項は、すでに2011年度予算編成の際に重みを増していた。2009年度から基礎年金の国庫負担率は36.5％から50％に引き上げられたものの、自民党政権は2009年度、2010年度の２年間に限り、その差額分２兆5,000億円を財政投融資特別会計の積立金で賄うことにしていた。菅内閣は2011年度予算でも「埋蔵金」依存を続けることにし、鉄道建設・運輸施設整備支援機構の利益剰余金（１兆2,000億円）、財政投融資特別会計の積立金・剰余金（１兆1,000億円）、外国為替資金特別会計の2011年度の見込み剰余金（2,000億円）をこれに充てることにした。だが、財務省は当初、安定財源がない以上、基礎年金の国庫負担率を２分の１に維持することはできず、36.5％に戻すと主張していた。これには厚生労働省が強く反発した。最終的には野田佳彦財務相、細川律夫厚労相、玄葉光一郎国家戦略相が、年金財源をめぐる合意文書を取り交わして決着した。その文書では、「埋蔵金」頼みは2011年度限りと明記された。さらに附則104条１項を意識して、2012年度以降の年金財源は「税制抜本改革により確保される財源を活用して対応する」とも記された（清水 2013：175-176；伊藤 2013：48-50）。この時点で税制抜本改革が、民主党政権にとって喫緊の政治課題となったのである。

　２月からは、少数の関係閣僚および与党幹部と民間有識者からなる「社会保障改革に関する集中検討会議」が開かれた。この会議には、自公政権で政策づくりに携わった有識者が集まり、６月２日に「社会保障改革案」をまとめた。

これを受け、政府・与党社会保障改革検討本部の下、関係閣僚と与党責任者とで構成される「成案決定会合」が開かれ、6月30日に「社会保障・税一体改革成案」がまとめられた。両会議とも与謝野が主導し、議論をまとめた。けれども、消費増税への民主党内の反発は強く、7月1日の閣議では「社会保障・税一体改革成案」は、閣議決定ではなく閣議報告に留められた。

(6) 民主党の「与党化」

菅内閣では、政策決定方式・政策内容における「与党化」(現実主義化)が進行した。ここで「与党化」とは、民主党が野党時代に行ってきた非現実的な主張を改め、政権運営に責任を持つ与党として現実主義化したことを指している。

具体的に説明しよう。まず政策決定方式における「与党化」としては、第一に、官僚排除を改め、官僚との協調を打ち出すようになったことが挙げられる。第二に、政策決定に関与できない党の議員たちの不満を抑えるため、提言機関という位置付けではあるものの、政調会を復活させ、税制改正PTを設置したことが挙げられる。選挙区で地盤を築き、一国一城の主という意識で国会にやって来る政治家を、政府に入っていないからといって政策決定に全く関与させないということは、なかなか難しかったのである。しかしこの結果、族議員化した民主党議員の意向が税制改正に反映されることになった。税制改正については、後述する「自民党化」が、すでに進行していたのである。結局のところ菅内閣でも、政策決定の一元化は実現されなかった。第三に、予算編成においては予算の全面組み替えが放棄され、概算要求基準が復活したことが挙げられる。ゼロベースから予算を策定することが現実には困難であることは、行政学の教科書で昔から語られてきたことであった。

次に政策内容における「与党化」としては、第一に、財源不足によりマニフェストの遵守が困難であることが明白になったため、その見直しに着手したことが挙げられる。第二に、成長戦略がないという経済界の批判を受けて、成長戦略をまとめ、法人税減税を推進したことが挙げられる。民主党は野党時代、

自民党と関係が深かった経済界とは疎遠であったこともあり、産業界を活性化して景気を良くするのではなく、家計に直接給付を行い、消費を増やすことで景気回復を目指すとしていた。これは長期的には望ましい政策であるのかもしれないのだが、即効性に欠ける。このため、新たな成長戦略を打ち出さなければならなかったのである。第三に、2010年度補正予算で野党の要望を受け入れ、公共事業を積み増したことが挙げられる。これは「コンクリートから人へ」という民主党の理念に反するものの、「ねじれ国会」において野党の協力を引き出すためには、やむを得ない選択であったのかもしれない。第四に、予算編成を行うことで財政規律を意識せざるを得なくなり、マクロの財政規模を抑えるために中期財政フレームを策定するとともに、消費増税を推進するようになったことが挙げられる。

ただし菅内閣では、2011年度予算では公共事業費を削減し、2011年度税制改正では富裕層への課税を強化するなど、民主党の理念を守ろうとする姿勢も見せていた。けれども「ねじれ国会」のため、民主党らしい政策の一部は野党によって阻止されることになった。

「与党化」は、鳩山内閣でうまくいかなかったことを修正するものであり、野党時代の非現実主義的な考え方を改めるという必然の変化であった。もっとも消費増税のように、政権の最重要課題として推進すべきものであったのか、しかもわざわざ参議院選挙前に唐突に打ち出す必要があったのか、というものもある。一方、こうした「与党化」に党内で抵抗したのは、鳩山内閣では主流派であった小沢グループであった。小沢グループはマニフェストの遵守、予算の全面組み替え、消費増税への反対を強硬に主張し、菅内閣を官僚主導と批判し続けた。2009年総選挙で民主党はマニフェストを掲げて勝利したのであり、それがいくら非現実的な内容であったとはいえ、この主張には一定の説得力があった。この党内対立が、最終的には菅内閣を崩壊に至らしめることになった。

4　野田内閣における予算編成・税制改正

　本節では、野田内閣における予算編成・税制改正の決定過程についてまとめる。

(1)　野田首相就任と震災復興予算

　8月29日に民主党代表選挙が行われ、菅内閣主流派が推す野田佳彦が首相に就任した。野田は政権交代以降、財務副大臣・財務大臣を務めてきた。代表選挙では、復興予算を賄う復興増税の必要性を強調し、消費増税についても、「来年の通常国会に法律を提出することは決まっている。出さない議論はありえない」と、代表戦候補者の中で最も積極的な姿勢を見せていた（『朝日新聞』2011年8月28日付朝刊）。野田が通常国会で消費税増税法案を提出することにこだわったのは、平成21年度税制改正法の附則104条1項を守るため、2011年度内、すなわち2012年3月31日までに法案を国会に提出しなければならないと考えたからであった。政権が交代したにもかかわらず、消費増税の流れは引き継がれたのである。

　野田は代表に選出されると民主党の議員たちに「ノーサイドにしましょう」と呼びかけ、党内融和に努めた。政策決定においては、政調会長と閣僚の兼務をやめ、政府の政策決定を了承する権限を政調会長に与えた。もっとも民主党は、内閣への政策決定一元化の旗を降ろしたわけではなかった。党議の最高意思決定機関として、首相・官房長官・幹事長・政調会長・国対委員長・幹事長代理で構成される「政府・民主三役会議」を設置したのである。また政策調査会に付されるのは、すべての案件ではなく重要案件のみとされた。このことについて民主党は、「政府と党の両方で構成する「政府・民主三役会議」で決することになりますから、旧政権における「事前審査」とは異なります」、「「ねじれ国会」の現実において政党間協議を促進させるため、党議の決定とその手続きに関して分かりやすく明快にさせました。閣僚との兼務ではなく政調会長

を党の政策責任者としたことも含め、政党間の協議を促進させることが大きな目的の一つです」と説明していた[18]。

　ここで震災復興のための補正予算について、簡単に説明しておこう。2011年度補正予算は、4度にわたり編成された。第1次補正予算は5月2日に、第2次補正予算は7月25日に成立していた。ともに当面の震災復旧対応に限られており、財源は歳出見直しおよび決算剰余金により捻出された。本格的な復興予算を含めた第3次補正予算は、11月21日に成立した。復興財源は増税により賄われることになり、①所得税に10年間、4％の付加税を創設する、②法人税に3年間、10％の付加税を創設する、③10年間、たばこ臨時特別税を創設する、などといった内容の「復興財源確保法案」が閣議決定された。けれども、自民党・公明党との交渉の結果、たばこ増税をとりやめ、所得税の臨時増税期間を25年に延長し、付加税を2.1％とすることなどで合意し、11月30日に修正法案が成立した。

　政府は復興事業の費用を10年間で総額23兆円、当初5年間で総額19兆円と見積もっていた。ところが、すでに第1次補正予算で4兆円、第2次補正予算で2兆円が計上されており、それに加えて第3次補正予算では復旧・復興費として9.2兆円が計上された。さらに、震災の二重ローン対策やエコカー補助金などを盛り込んだ第4次補正予算が2月8日に成立した。財源は、想定より多かった税収と公債費の余剰が充てられた。

　この補正予算に対しては、震災復興を名目にして計上し過ぎという批判もある。実際のところ、巨額の復興予算を使い切ることはできなかった。2011年度の決算見通しでは、復興予算14.9兆円のうち、使われたのは6割の約9兆円で、残った予算のうち約4.7兆円は2012年度に繰り越して使われ、約1.1兆円は国庫に返納されることになった（『朝日新聞』2012年7月3日付朝刊）。

(2) 2012年度予算編成

　2012年度予算でも、概算要求組替え基準が設定された。年金・医療・介護等に関する経費は自然増（1兆1,600億円）を容認し、地方交付税交付金等は地

方税収等とあわせて実質的に前年度と同水準、予備費は前年度と同額、経済危機対応・地域活性化予備費（前年度当初予算8,100億円）は9,600億円、人件費等の義務的経費は前年度と同額、公立高校の実質無償化・農業の戸別所得補償は所要額を要求することとされ、これらを除いた経費について各省庁に一律10％の削減を求めたのである。

削減分は、年金・医療・介護等に関する経費の自然増のほか、①新たなフロンティアおよび新成長戦略、②教育・雇用などの人材育成、③地域活性化、④安心・安全社会の実現、の各分野に予算を重点配分するための「日本再生重点化措置」（7,000億円規模）に充てることになった。各省庁はこの特別枠に、削減額の1.5倍までを要望できることになった（﨑山 2012：3-4）。

ここで注目されるのは、前年度の予算編成での概算要求組替え基準とは異なり、人件費等の義務的経費が組替え対象から外されたことである。前年度は、これも10％削減の対象とされたことから、人件費の比率の高い省庁から不満の声が上がり、防衛省が思いやり予算を特別枠で要求するといった混乱が生じた。このことから学習して、より現実的な対応がとられたのである。

また各省庁の概算要求については、各省に対応した党の部会で議論し、部門会議の了承をとることになった。党の関与が強化されたのである（田中 2013：101）。

予算編成に際し、11月には「提言型政策仕分け」が行われた。ここでの提言に従う形で、過去の物価下落時に年金の物価スライドを行わなかったため、本来水準より2.5％高くなっている年金特例水準は、3年間で解消されることになった。また、もんじゅを含む高速増殖炉サイクル研究開発の予算が25％削減されることになった。

「日本再生重点化措置」に対する要望額は126事業（1兆9,788億円）となり、この中から、関係閣僚と与党の政調会長で構成される「予算編成に関する政府・与党会議」が優先・重点事業を選定し、それに沿って配分額が決定された。このため、野田肝いりの宇宙関連事業に重点的に予算が配分されるなどした。しかし一方で、大都市圏環状道路など幹線道路ネットワークの整備や、アフガ

ニスタン支援、自衛隊の艦艇・航空機への燃料費等、重点化措置の趣旨に合致していない事業にも予算が配分され、重点化措置の規模は1兆578億円に膨らんだ。このため2012年度予算についても、特別枠によって予算の大胆な組み替えが実現されたとは言えないという評価がなされた（﨑山 2012：4, 9）。

　こうした経緯を経て作成された2012年度予算では、中期財政フレームに従い、国債発行額が44.2兆円に抑えられた。ところが、これには前年度と同様のからくりがあった。第一に、基礎年金の国庫負担率2分の1を維持するのに必要な約2.5兆円について、2012年度からは特別会計などの「埋蔵金」を充てないこととされていた。しかし、税制抜本改革による新しい財源は、まだ確保されていなかった。そこで年金積立金を管理する独立行政法人に、受け取った側が現金に換えるまで政府が支払いを免れる「年金交付国債」を発行することにし、この償還財源としては、将来の消費増税分を充てる方針が示された[19]。第二に、2011年度第4次補正予算に、2012年度予算の概算要求に盛り込まれていた事業を前倒しで計上するなど、本来なら2012年度予算に盛り込むべき項目を入れた（﨑山 2012：4-5, 10-11）。こうした手法で、国債発行額を抑えたのである。

　もっとも一般会計では、公共事業費は8.1％減（一括交付金の影響を除くと3.2％減）、中小企業対策費8.5％減など、支出を大幅に削減したように見える。けれども、震災復興特別会計に計上された3兆7,754億円を含めると、公共事業費は6.6％増（一括交付金の影響を除くと11.4％増）、中小企業対策費70.5％増など、実のところ多くの経費が増額されていた。

　そのうえ2012年度予算で目立ったのは、民主党政権で中止や見直しとされた大型公共事業が復活したことであった。八ッ場ダム、整備新幹線の未着工3区間、東京外郭環状道路、スーパー堤防などの事業再開である。震災により公共インフラの重要性が再確認されたとして、災害時の代替ルートの確保や防災対策強化が、その理由とされた。

　八ッ場ダムの建設再開については、国交相のときに中止を宣言した前原誠司政調会長が強く反対するものの、旧建設省出身の前田武志国土交通相は折れず、最後は野田首相の決定で予算が計上されることになった。政調会長の意見が覆

されたのであり、政策決定の内閣への一元化が維持されていることが示された。しかし、このことで民主党は「コンクリートから人へ」の看板を外したと評された。このようなマニフェスト違反の不人気な政策で首相が指導力を発揮しても、内閣や党への支持が減るだけであった。

　しかも、こうした大型公共事業の再開は、実のところ首相が指導力を発揮したというよりは国土交通省の要望を受け入れたに過ぎず、また衆議院選挙を控えた民主党議員の意向にも沿うものであった。ある国土交通官僚は、「大臣には自由にやらせてもらえている。いまは震災という有事。現時点でやりたいことを全部出している」と語っており、民主党の議員からも、「消費増税では選挙を戦えない。地元に少しでもカネが落ちる公共事業をやる方がいい」という声が上がっていた（『朝日新聞』2011年12月25日付朝刊）。民主党の「自民党化」は、ここまで進んでいたのである。

　予算の内容のみならず、予算編成方式も自民党型に回帰したように思われる。というのも、2012年度予算編成においては国家戦略室の存在感は薄く、主として財務省が調整を行ったからである。この時期、国家戦略室は国家戦略会議を運営し、「日本再生の基本戦略」のとりまとめに従事していた。これは2011年12月に閣議決定され、これを具体化した「日本再生戦略」が2012年7月に閣議決定される。

(3) 2012年度税制改正

　党内融和を掲げた野田は、民主党税制調査会も復活させた。野田は、鳩山内閣で財務副大臣を務めたときに財務大臣であった藤井裕久に税調会長への就任を依頼し、税制について事実上の決定権限を与えると約束した（『日本経済新聞』2011年11月10日付夕刊）。消費増税を実現するために「強い税調」を復活させ、党を抑えようと考えたのである。

　ところが党の権限を強めた結果、政府税制改正大綱の策定に際しては、政府が「族議員化した主張に押されている」（中堅議員）事態に陥った（『日本経済新聞』2011年11月25日付朝刊）[20]。党税調が強く要求したのは、自動車重量税

（国税、一部を地方に譲渡）と自動車取得税（地方税）の来年度からの廃止、抜本的な見直しであった。民主党は2009年マニフェストに、「自動車取得税は消費税との二重課税回避の観点から廃止する」と明記していたからであり、党税調の中野寛成会長代理と古本伸一郎事務局長が、全日本自動車産業労働組合総連合会（自動車総連）と親密だったからでもあった。しかし両税は、全廃すれば総額1兆円の減税となるため、財務省と総務省は「見合いの財源がない」と反対した。

議論はもつれ、最後は野田自ら藤井と電話で協議し、自動車重量税の軽減幅を当初の政府案より拡大するなど、政府が譲歩して党税調と合意した。具体的に説明すると、自動車重量税については、車検証の交付の時点で燃費などの環境性能に関する一定の基準を満たしている自動車には本則税率を適用し、それ以外の自動車に適用される「当分の間税率」は、13年超の自動車を除いて引き下げることにして、1,500億円の減税を行うことにした。また、2012年春に期限が切れる「エコカー減税」については、燃費基準などの切り替えを行い、3年間延長することにした。自動車取得税については、消費税増税時に廃止を検討することにした。さらに、第4次補正予算案で「エコカー補助金」を復活させることにした。政府と党税調の協議は12月9日深夜に決着し、10日未明に閣議決定がなされるという異例の事態となった（『日本経済新聞』2011年12月10日付朝刊、同11日付朝刊、『朝日新聞』2011年12月10日付朝刊、同11日付朝刊）。

2012年度税制改正法案は、消費増税を控えていたため党税調が減税を要求し、政府はそれを抑えられず、小幅な減税項目が並ぶものになった。これについては、自民党・公明党も強く反対することなく成立した。

(4) 社会保障と税の一体改革

野田は、小沢グループを中心に、党内の反対が強かったにもかかわらず、消費増税の実現に邁進する。野田は2011年度中に消費増税法案を国会に提出するため、2011年内に、その素案を策定することにこだわった。

けれども、党内の議論はなかなかまとまらず、12月29日には野田自ら、税制

調査会・社会保障と税の一体改革調査会合同会議総会に出席し、説得に及んだ。最終的には、消費税率引き上げの時期を当初案から半年遅らせて、2014年4月に8％、2015年10月に10％に引き上げることにし、さらに「公務員人件費や議員定数の削減を実施したうえで、消費増税を実施する」、「経済状況を総合的に勘案したうえで、引き上げの停止を含める」などの文言も盛り込むことで、午前０時近くになって、ようやく慎重派の了承を取り付けた。これを受け１月６日に、「社会保障・税一体改革素案」が閣議報告された。

野田は野党に協力を求めるものの、自民党は解散の確約を求め、協議は進まなかった。そこで野田は野党の協力を得られる見通しのないまま、「社会保障と税の一体改革大綱」を閣議決定し、消費増税法案を年度内に国会に提出することにした。しかし、党内手続きは再び混乱した。税制調査会・社会保障と税の一体改革調査会合同会議で、歩み寄りのない議論が50時間近く行われた末、３月28日未明に前原政調会長が議論を打ち切った。前原は、怒号が飛び交う中、政調会長一任を取り付け、28日午後には政調会役員会でも、多数決で一任を取り付けた。ただ、この際には、野田や岡田克也副総理が反対したにもかかわらず、前原、輿石東幹事長らが、「名目３％、実質２％」の景気弾力条項をつけた。

野田内閣は、附則104条１項に書かれた期限ぎりぎりの３月30日に消費増税法案を国会に提出した。この後、野田は小沢と会談し、消費増税に賛成するよう求めた。けれども小沢は、反対の姿勢を崩さなかった。そこで野田は小沢切りを決断し、自民党・公明党の協力を求めることにした。修正協議の末、６月15日に、政府提出の消費増税法案と自民党の社会保障制度改革基本法案を修正することで、民主・自民・公明の３党合意が成立する。

修正協議では民主党の譲歩が目立った。具体的には以下のとおりである。①所得増税・相続増税は、2013年度税制改正に先送りする。②最低保障年金などの導入は棚上げにする。③低所得者への年金支給加算は、給付金に変更する。④高所得者への年金支給減額は見送る。⑤パートなどの厚生年金適用拡大は、時期を遅らせ、加入対象者も縮小する。⑥後期高齢者医療制度の廃止は棚上げにする。⑦「総合こども園」の創設は撤回し、現在の「認定こども園」を拡充

する。これはつまり、民主党の社会保障政策のほとんどを撤回したわけであり、野田にとっては消費増税こそが何より重要であったことがわかる。

　もっとも、最低保障年金など民主党の社会保障政策は、財源不足により行き詰まっており、しかも「ねじれ国会」の下では、いずれにせよ実現は無理であった。

　そのうえ、3党合意により消費増税法案には、「税制の抜本的な改革の実施等により、財政による機動的対応が可能となる中で、我が国経済の需要と供給の状況、消費税率の引き上げによる経済への影響等を踏まえ、成長戦略並びに事前防災及び減災等に資する分野に資金を重点的に配分することなど、我が国経済の成長等に向けた施策を検討する」と記した「附則18条2項」が追加された。これにより、社会保障の財源確保という名目で引き上げられた消費税の増税分を、公共事業に流用することが可能になった(『朝日新聞』2012年7月12日付朝刊、同14日付朝刊)。

　3党合意案について、民主党の党内手続きは三度、混乱する。6月19日の合同会議で前原が一任取り付けを宣言するものの、これには反対派だけではなく党内中間派からも、「打ち切り方が正常ではない」という反発の声が上がった。そこで20日の政府・民主三役会議では、「反対意見はあるが、政府民主に（議題として）上げることを任された」と一任の解釈を修正したうえで、3党合意案が正式決定された。これには自民党や公明党から、「政権与党の体をなしていない」とあきれる声も出た(『毎日新聞』2012年6月21日付朝刊)。野田は同日、民主党両院議員懇談会に出席して3党合意案を了承するよう求め、最終的に野田代表・輿石幹事長に一任することで決着した。

　6月26日に社会保障・税一体改革関連法案は衆議院で可決された。だが、民主党議員57人が反対票を投じ、16人が欠席・棄権した。このうち小沢を中心とした49名の議員が離党して「国民の生活が第一」を結党し、民主党は分裂した。

(5) 復興予算流用問題

　秋には復興予算の流用問題が発覚した。防災の名目で被災地以外の官庁施設

の耐震化や道路建設などに使われていたこと、国内に工場などを立地した企業に一定の条件で配分する「国内立地推進事業費補助金」のうち、被災地向けの配分額は全体の6％程度に留まっていたこと、さらに被災地支援の名目で反捕鯨団体の対策費など、ほとんど関係のない事業に復興予算が流用されていたことが発覚し、政府への批判が高まったのである。

ところが実のところ、復興予算については復興構想会議や国会での与野党論議のときから、防災目的であれば被災地以外でも使えることにするとの議論がなされていた。被災地以外で復興予算が使われる根拠とされた東日本大震災復興基本法は、民主・自民・公明3党の協議を経て成立した。こうした経緯から民主党は、自民党や公明党に予算の流用問題を責める資格はないし、その過程を取材していたはずのマスコミが、今頃になってそのことを批判するのもおかしいと考えていた。

しかしながら、民主党にとって復興予算の流用問題、とくに震災とは全く関係のない事業に予算が流用されていたことは、かなり深刻な問題であった。というのも政権発足当初は、政務三役が自ら電卓をたたくなど、官僚に任せるべき細かいことにまで関与し過ぎだとして、民主党政権の政務三役は批判されていた。ところが、この頃になると民主党政権の政務三役は、各省庁がどのように予算を使っているのかを十分に監視できていなかったことになる。つまり、かつては政治主導を唱え、官僚に任せるべきことまで自分たちで決めていたのに、この頃には自民党政権と同様に、官僚に多くを委任するようになり、官僚の逸脱行動を見過ごしてしまっていたのである。

もっとも、復興予算の流用問題がすぐに明らかになったのは、行政刷新会議が行政事業レビューの実施を決定したからであった。行政事業レビューとは、無駄遣いの削減と効率的・効果的な事業の実現を目指し、各府省が自らの事業を点検するというもので、国が実施している5,000以上の事業すべてについて、各事業の目的や概要、資金の流れや使い途を記した「レビューシート」を作成し、公開することにした。この資料から、震災復興とはほとんど関係のない事業に震災復興予算が使われていることが判明したのである。つまり、流用問題

が早期に発覚したのは、民主党政権が積極的に情報公開を進めたことの成果であった。

(6) 民主党の「自民党化」

野田内閣では、政策決定方式・政策内容ともに「自民党化」が進んだ。ここで「自民党化」とは、民主党が自民党政権の問題点として批判した「政策決定の二元化」、「官僚主導」、「税金の無駄遣い」、「既得権益団体への利益誘導」を、民主党政権自らが実行するようになってしまったことを指す（正確に言えば「古い自民党化」）。政策決定方式における「自民党化」は、菅内閣で政策決定が停滞したことへの対応と見ることができる。政策内容における「自民党化」は、民主党政権への支持が低迷する中、次の選挙を控えた議員たちが、選挙対策として業界団体の歓心を買おうとしたためだと考えられる。

具体的に説明しよう。まず政策決定方式における「自民党化」としては、第一に、政策決定に際して政調会長の事前承認を必要とするなど、党の影響力を強めたことが挙げられる。これは民主党内のまとまりのなさを克服するための方策、すなわち、政権に入れなかった議員の不満を抑えるために、党を政策決定に関与させ、そこで行われた決定には従うよう議員を拘束するための方策であったと考えられる。しかし、このことにより、党の政策決定への関与は制度化された。税制改正では党税調が強い影響力を発揮し、政策決定の二元化がますます進んだ。

その一方で消費増税については、首相が党内の強い反対に抗して、これを実現した。官邸主導の政策決定がなされたわけである。しかし、党内決定では毎回、なかなか執行部一任を取り付けられず、党のまとまりのなさを国民にアピールすることになった。しかも最終的には、党を分裂させてしまった。

第二に、復興予算流用問題に典型的に見られるように、官僚依存が強まったことが挙げられる。予算編成においても、内閣を経るごとに財務省の影響力が強まった。

次に政策内容における「自民党化」としては、第一に、「コンクリートから

人へ」という民主党の政策理念が放棄されてしまったことが挙げられる。もっとも震災復興予算での公共事業費の大盤振る舞いは、「ねじれ国会」で自民党・公明党の協力を得るため、政策内容で妥協せざるを得なかったのであり、これは「自民党化」というよりは「与党化」と解釈することもできる。けれども、2012年度予算で大型公共事業の再開が決定されたことは、次の選挙を見据えた民主党議員（および地元）の公共事業待望論に沿ったものであり、民主党の「自民党化」と考えざるを得ない。また、この決定は国土交通省の要望を受け入れたものでもあり、政策決定における官僚依存が強まったものと見ることもできる。

　第二に、税制改正でも「族議員化」した民主党議員の要求が通り、業界団体への利益誘導と思われる政策が決められたことが挙げられる。これはすでに菅内閣のときから見られていたことである。

　こうした「自民党化」は、党内からの抵抗があまりないままに進行した。内閣に入れなかった議員たちは、党が政策決定への影響力を強めることで政策決定に関与する機会を得られるため、政策決定の二元化を支持していた。また、民主党政権への支持率が低下の一途を辿る中、選挙を目前に控えた民主党議員の多くは、業界団体からの支援を得るため、大型公共事業の再開や業界向けの減税に賛成していた。菅内閣の「与党化」には強く抵抗した小沢グループの議員たちも、こうした「自民党化」については賛成する者が多かった[21]。そこで野田は、消費増税の実現に向け、党内の反対派を懐柔するために大型公共事業の再開を認めたのだと考えられる。もちろん党内には、大型公共事業の再開、とくに八ッ場ダムの事業再開には批判的な議員も少なからずいた。けれども、そうした民主党らしい議員の大半は、野田内閣の主流派として野田を支える立場であった。それゆえ、野田の決定に強く反対することはできなかった。

　なお、民主党が主張していた社会保障政策を放棄したことについては、財源不足により実現の見込みがなかったこと、さらに「ねじれ国会」の下、自民党・公明党の協力を得るためにはやむを得なかったことであり、「自民党化」というよりは「与党化」に分類すべきなのかもしれない。とはいえ、社会保障より

も財政規律・消費増税を重視するというのでは、まるで自民党のようであり、有権者への裏切りと思われても仕方のないことであった。小沢グループは、この「与党化」には強く反発し、民主党から離党することを決断した。

それでは最後に、前任の菅首相は党の分裂を回避するために退陣を受け入れたにもかかわらず、なぜ野田首相は党の理念を放棄し、党を分裂させてまで消費増税に邁進したのであろうか。その理由について検討しておこう。

社会保障政策を充実させようとする民主党政権が、その財源を確保するために消費増税を決断したことは、それほどおかしなことではない。菅内閣・野田内閣で執行部を構成していた、岡田、仙谷、前原、野田、枝野幸男、玄葉らは、もともと財政再建志向が強く、消費増税はやむなしと考えていた。小沢代表、鳩山代表の下でまとめられた予算ばらまき、消費増税反対の2009年マニフェストは、彼らの本来の政策選好とは異なっていたのである。つまり民主党が菅内閣以降、消費増税に邁進したのは、菅や野田が財務省に取り込まれたという面もあるものの、両内閣で主流派となった政治家たちが、もともと消費増税論者であったため、財務省の方針をすんなり受け入れたからだと考えられる（上川2013a）。

また菅にしても野田にしても、実際に予算を編成することで、財政の危機的状況を深く認識することになった。さらに、ヨーロッパにおいて政府債務危機が深刻化していたことで、彼らは危機感を募らせた[22]。責任感の強い政治家であればあるほど、予算編成を実際に担当する地位に就くと、財政再建を真剣に考えざるを得なくなるのである。

こう考えると、野田の政治決断についても好意的に解釈できなくはない。財務副大臣・財務大臣を歴任し、財政の危機的状況を目の当たりにして、野田は現時点では不人気であっても将来において必要とされる政策を果断に実行することが、国のため、将来世代のためであると思い詰めた。こうした強い使命感から、世論が強く反対し、党の分裂を招くような消費増税を、次の選挙での勝敗を度外視し、自らの政治生命のみならず、党の存亡を懸けてまで実現しようとしたのである。

けれども民主党政権での消費増税の決定は、麻生内閣で決められた日程に沿って進められたため、民主党が主体的に取り組んだというよりは、財務省の振り付けに従ったように見えた。そもそも民主党が反対した平成21年度税制改正法の附則104条1項を、民主党の代表が党の存亡を賭けてまで守ろうとするとは、甚だ奇妙な話である[23]。しかも野田は、消費増税を実現させるため、民主党の分裂を許容し、さらに民主党の社会保障政策の大半を放棄してまで、政敵である自民党・公明党の協力を得ようとした。くわえて野田は、消費増税への党内の理解を得るために大型公共事業を再開させ、自民党・公明党の協力を得るために消費増税による歳入増を公共事業の財源に流用できるようにし、挙句の果てには「国土強靱化基本法案」に理解を示す発言まで行った[24]。これは財政再建に強い使命感を持ったstatesmanの言動としては腑に落ちない。それゆえ、野田にとっては消費増税の実現だけが重要であり、それは野田が消費増税を悲願とする財務官僚の言いなりになっているにすぎないからだという批判が、説得力を持って展開されることになったのである[25]。

野田は、財政再建に政治生命を賭けた責任感の強い「国家指導者」として、歴史に名を残すことになるのかもしれない。しかし、その結果、衆院選で民主党は壊滅的大敗を喫し、自民党一党優位体制が再構築され、「国土強靱化」という名の下の「土建国家」復活に道を開くことになった。まさに地獄への道は善意で舗装されたのであり、自民党一党優位の政治構造の変革を目指した「民主党の指導者」としては、大きな過ちを犯したと言わざるを得ない。

5　民主党の「与党化」と「自民党化」：まとめと教訓

民主党は政権奪取のために理想主義的なマニフェストを掲げたものの、現実の壁に阻まれ、徐々に「与党化」していった。さらに、稚拙な政権運営や「ねじれ国会」のため政策決定が停滞し、世論の支持を失っていくと、当初の理念をも失い「自民党化」していった。

ここでは、民主党の「与党化」・「自民党化」の進展を4つのレベルに分けて

説明し、そこから得られる教訓を記す。

(1) 党と有権者・業界団体との関係

　小沢代表が、茨城県医師会や日本歯科医師会など自民党を支持してきた業界団体の一部を切り崩したとはいえ、2009年総選挙での民主党の勝利は、主として政権交代を求めた無党派層の力によるものであった。ところが、マニフェスト違反や、普天間基地移設・尖閣諸島をめぐる稚拙な外交、政治とカネの問題、閣僚の度重なる不適切な言動などで、民主党政権は無党派層の支持を失っていった。

　一方で与党になると、業界団体が利益配分を求めて接近してくる。一部の民主党議員たちは、こうした業界団体に取り込まれ、族議員化していった。このことが典型的に見られたのが、税制改正である。こうなると既得権益の打破を訴えていた民主党が既得権益を擁護する側に回っているとして、無党派層からの支持が減っていく。

　このようにして無党派層の支持を失っていった民主党の議員たちは、次の選挙のことを考えて業界団体への依存を強めていく。そうなると民主党も自民党と同じだということで、ますます無党派層の支持を失う。すると民主党の議員たちは、次の選挙がますます不安になり、業界団体への依存をますます強めていく。民主党の議員たちは、こうした悪循環に陥った。

　ところが業界団体は、民主党が与党だから擦り寄ってくるにすぎない。2012年総選挙で民主党の敗北が必至と見られると、業界団体は再び自民党の支援に回った。民主党が「自民党化」して業界団体の支持を集めようとしても、業界団体は勝ち馬に乗るのであり、民主党の支持基盤となるわけはなかった。さらに、業界団体の集票力は低下の一途を辿っており、無党派層の支持を集めなければ選挙での勝利はおぼつかない。

　要するに民主党は、戦略を誤った。2009年総選挙で民主党を支持した層からの支持を繋ぎ止めるため、地道な努力を続けるべきだったのである。

(2) 連立与党・野党との関係

　もっとも民主党にとって不幸だったのは、常に他の政党の協力を得なければ、国会運営を円滑に進められなかったことである。政権発足に際して、民主党だけでは参議院で過半数を占めてはおらず、政治理念・政策選好が大きく異なる社民党・国民新党と連立政権を組まなければならなかった。その結果、本章で論じてきたように予算編成では「古い自民党」とも言うべき国民新党の意向を、かなりの程度尊重せざるを得なかった。

　さらに、2010年参院選で敗北したため「ねじれ国会」となり、しかも与党は衆議院でも3分の2以上の議席を占めてはいなかったため、それ以降、野党の協力なしでは法案を全く通せなくなってしまった。これ以降、民主党政権は常に自民党・公明党と政策協議を行って妥協を強いられることになり、自らの理念に基づいた政策を実現することは、ほとんど不可能になった。

　このため民主党は、自らの政策理念の実現に固執することはできず、2010年度補正予算や震災復興予算を編成する際には、野党の協力を得るために公共事業費の大幅増額を認めざるを得なかった。それゆえ、これは民主党が「自民党化」したというよりは国会運営のために現実主義化（すなわち「与党化」）したと言うべきであり、これを「自民党化」として批判するのは、民主党にとっては酷であるのかもしれない[26]。

　そのうえ、いくら政策内容で譲歩しようとも、自民党の民主党への攻撃は止むことはなかった。自民党の究極の目的は、自らが望む政策の実現ではなく、政権の奪回だったからである。衆議院で小選挙区制中心の選挙制度がとられているため、与野党協調はきわめて困難であった。民主党は何度か自民党に大連立を呼びかけたのだが、自民党が、その呼びかけに応じることはなかった。さらに自民党の議員たち、とりわけ政治資金に不足をきたしていた落選議員たちが、1日も早く民主党政権を衆議院解散に追い込むよう執行部に圧力をかけ続けた。谷垣禎一自民党総裁は、かねてより消費増税を主張しており、本心では民主党政権と協力して消費増税を早く実現したかったと思われる。しかし党内

の突き上げを受け、野党党首のリーダーシップは強く制約されていた。それゆえ、民主党が自民党の協力を得るために「与党化」・「自民党化」しても、自民党は民主党への対決姿勢を崩さず、早期解散を強硬に求め続けたのである。

　もっとも参院選の敗北は、民主党が自ら招いたものである[27]。民主党が自らの政策理念を実現するためには、何が何でも参議院で過半数の議席を獲得しなければならなかったのであり、選挙直前に消費増税を唐突に提案したり、党内で権力争いを行ったりしている場合ではなかったのである。第2次安倍内閣は2013年の参議院選挙を前にして、景気回復を最優先とし、痛みの伴う改革を先送りすることで、何が何でも「ねじれ国会」を解消しようとした（上川2013b）。そうした姿勢には批判もあろうが、それに引き換え民主党には、「ねじれ国会」がいかに厳しいものであるかの認識、さらには権力への飽くなき執念が不足していたと言わざるを得ない。

(3) 政と官の関係

　民主党は「政治主導」を掲げ、鳩山内閣では多くの省庁で、官僚を政策決定から排除した。自民党政権が長期にわたり継続した結果、自民党と官僚が非常に密接な関係を築いていたため、民主党は官僚を自民党の協力者と見なしていたからである（上川2013a）。また野党時代、不人気な官僚機構をバッシングすることで、有権者の支持を集めてきたからでもあった。そうした民主党の「政治主導」が、予算編成におけるメゾ・レベルでの改革（公共事業費の削減と社会保障費の増額といった分野別での予算のメリハリ）およびミクロ・レベルでの改革（必要性の低い個別事業での歳出削減）を進展させたのは確かである。だが、複雑な現代社会において、官僚を使わずに政治家だけで政権を運営するのは無理であり、このような政権運営は早晩、行き詰まった。

　そこで菅内閣になると、現実主義的な立場から官僚との協調を模索するようになった。さらに野田内閣になると、官僚依存の度合いを格段に強めた。とりわけ財務省への依存が強まり、財務省の言いなりとまで評されるようになってしまった。民主党はここでも「自民党化」してしまったのである。

確かに官僚と協力することは必要である。だが、現実主義化は必然であったとしても、自民党政権時代に設定された日程どおりに消費増税を実現することに専心して、自らの政策理念を放棄したり、財政再建を唱える一方で、国土交通省の要望どおりに大型公共事業を再開したりするようでは、国民の支持を失っても当然である。政権の維持ではなく、民主党の理念に基づいた政策の実現を最優先の目的とし、そのための手段として官僚の能力をどのように活用すればよかったのかを、今一度、省みる必要があるだろう。

(4) 内閣と党の関係

民主党は政策決定の内閣への一元化を主張していたものの、それはほとんど実現されなかった。鳩山内閣では、予算編成の最終段階で官邸や国家戦略室は指導力を発揮できず、小沢幹事長が最終調整を行った。このときは小沢のパワーにより、与党議員たちは抑え込まれた。けれども、政策決定に関与できない与党議員たちの不満は強く、菅内閣以降、その声に押されて、党が政策決定に関与するための制度化が進んだ。一方で、執行部の影響力も低下したことから、与党議員が政策内容に強く影響を及ぼすようになっていった。その結果、減税や大型公共事業の再開など、次の選挙を見据えた業界団体への利益誘導が増えていった。このように政策決定方式・政策内容の両面で、民主党の「自民党化」が進んだのである。

ただ興味深いことに、民主党は議員の考えがばらばらの政党であり、そのうえ、常に党が内閣の政策決定に介入しようとし、実際に党の意向が政策に一定程度反映されてきたのだが、予算編成にしても税制改正にしても、最終的には内閣が決定する形で期限内に決着がつけられた。またマクロの財政規模については、国債発行額約44兆円という枠は守られた[28]。もっとも菅内閣や野田内閣では、「埋蔵金」や復興予算、補正予算などを活用して、国債発行額を約44兆円に収めたように粉飾したという見方もある。とはいえ菅内閣、野田内閣は財政再建のため、与党内に強い反対があったにもかかわらず消費増税に踏み切ることを決断し、決定に漕ぎ着けた。少なくとも財政規律という点では、政府が

党を抑え込んだと見ることもできる。

　これは民主党が「政策決定の一元化」を実現できなかったとはいえ、最終決定はあくまで内閣が行うという形式を崩さなかったからである。鳩山内閣では、最終的には小沢幹事長が予算編成・税制改正をとりまとめ、個々の議員の反発も抑え込むなど、実質的に政策決定が小沢幹事長に一元化された。そのうえで、最終決定は内閣が行うという形式は守られた。菅内閣では、政調会が復活したものの、あくまで提言機関とされ、最終決定は内閣が行うとされたし、税制改正についても税制改正PTが設置され、その提言を尊重するとされたものの、最終決定は政府税調が行うとされた。野田内閣では、政調会長に事前承認権が認められ、党税調にも強い権限が与えられたものの、最終決定は政府・民主三役会議が行うとされ、野田首相の決定が尊重された。つまり、「政策決定の二元化」が完全に制度化されたわけでもなく、首相が最終決定を行うという建前は守られた。この結果、多くの場合、内閣は与党の意向に配慮して政策を決めざるを得なかったものの、首相が覚悟さえ決めれば、一定の指導力を発揮して、期限内に政策を決めることは可能であった。

　しかしそのことで、政府に入らなかった議員たちの不満は高まり、党内の結束は乱れてしまった。さらに、政調会長や総務会長が首相の弾除けとしての役割を果たした自民党とは異なり、首相が直接、反対派の矢面に立たされることになった。このため党内で議論が紛糾すると、首相が平場の会議に出席して説得にあたるという場面が繰り返され、反対派の批判は首相に直接向けられることになった。

　しかも最終的には、消費増税に反対した議員は集団離党し、党は分裂してしまった。結局のところ、内閣は党を抑えられなかった。民主党は、自民党の政策決定が二元化していると批判していたものの、自らもその問題を克服することはできなかったのである。しかも、政調会・総務会での事前審査を通じて党内の不満を吸収しつつ、最終的には党をまとめるという自民党の「伝統芸能」を習得するには時間が足りなかった。それどころか、党の政策決定の仕組みが首相の交代ごとに変更される始末であった。

党の意思決定のシステムを確立し、党として決めたことに所属議員は従うという、当たり前のルールを定着させる。そのための党内ガバナンスのあり方について、もう一度、検討し直す必要があるだろう。

おわりに

　以上、本章では予算編成・税制改正に着目し、民主党政権の政策決定方式・政策内容における変化を概観してきた。本章では、民主党のマニフェストが非現実的であったことが鳩山内閣において明らかになったため、菅内閣では民主党政権の「与党化」が進行し、さらに野田内閣では、民主党への支持が低迷する中、民主党政権は本来の理念を失い「自民党化」してしまったと論じてきた。

　最後に、民主党の「与党化」・「自民党化」をもたらした根本原因について検討しておこう。本章の分析では、菅内閣で「与党化」が、野田内閣で「自民党化」が進んだと論じてきた。このため、こうした変化は首相の個性によるところが大きいようにも見える。だが、より根本的な理由としては、民主党に政権運営の能力や経験が不足していたことが挙げられる（上川 2013a）。

　民主党の議員の大半は政権運営の経験がなかったため、マニフェストで非現実的な政策を掲げ、しかも官僚を排除して政務三役だけで政策決定を行うという、これまた非現実的な方針を掲げてしまった。このため、公約した政策を実現できず、政権運営もうまくいかなかった。そこで政策内容も政策決定方式も「与党化」せざるを得なかったのであり、この変化は必然であった。

　ところが「与党化」は、党内の亀裂を決定的なものにした。マニフェストの作成を主導し、政権交代を実現させた小沢グループから、2009年マニフェストに批判的であった反小沢グループへと執行部が替わったときに「与党化」が進められたからである。このため、選挙で負託を受けたわけではない反小沢グループの政策転換には正当性がなく、一方で小沢グループは、「官僚に取り込まれた」執行部に対して政策論争を行うという名目で権力闘争を仕掛けることができ、以後、党内紛争が収まることはなかった。この背景には、そもそも民

主党は小選挙区制を中心とした選挙制度の下、自民党から政権を奪うことだけを目的とした寄せ集め集団であったという事情があった。さらに執行部には、与党経験が不足していたため、党をまとめる技能が身についてはいなかった。そこで党内の反発を抑えるために、党の政策決定への関与を認めるようになり、政策決定方式の「自民党化」が進行することになった。

マニフェスト違反と党内紛争によって、民主党政権は世論の支持を失うことになった。再選が危うくなった議員たちは、執行部批判を繰り返し、さらに「族議員化」して業界団体への利益誘導に活路を見出すようになり、ますます世論の支持を失うことになった。経験不足ゆえに政権運営もうまくいかなかったため、民主党政権は政権運営に長けた財務省への依存を強めるなど、官僚に委任する部分が増えていった。さらに、与党としての国会対策の経験も不足していたため、「ねじれ国会」の運営は困難を極めた。自民党・公明党との政策協議では、海千山千の相手に為す術もなく、民主党は妥協を余儀なくされ続けた。そうした結果、政策内容の「自民党化」が進んでいったのである。

このように民主党のほとんどの議員に政権運営の経験がなく、政権運営の能力が身についていなかったことが、民主党政権が「与党化」・「自民党化」してしまった原因だと考えられるのである。

注
1） 本章での事実関係の記述に際しては、当時の新聞記事を参照している。煩雑になるため、単なる事実関係については出典を明記しなかった。なお、長期にわたる自民党の一党優位体制が、民主党の戦略に大きな制約を課し、政権交代後の政権運営を困難なものにしたことについては、上川（2013a）にて検討を行った。そちらも参照されたい。
2） 麻生内閣のときに復活折衝は廃止された。
3） 安倍内閣のときに政府税調の事務局は内閣府に移された。もっとも実質的には、財務省主税局と総務省自治税務局が事務局機能を果たしていた。
4） 「民主党の政権政策 Manifesto 2009」（http://www.dpj.or.jp/policies/manifesto2009：2013年7月20日取得）。
5） これに基づき、「租税特別措置の適用実態調査結果等」が2012年11月に初めて公

開された。しかし、これを用いて租税特別措置の抜本的見直しが行われる前に、民主党は政権を失うことになる。
6) 財務副大臣を務めた峰崎直樹によると、租特の切り込みが不足したのは、政府税調のメンバーである各省副大臣が、業界や省庁の利益を重視する「要求副大臣」になったからだという（峰崎・古川・三木 2010：122）。政務三役が、早くも省庁に取り込まれたというのである。
7) 典型例として、土地改良予算が挙げられる。小沢は、野中広務が会長を務め、2010年夏の参院選比例区に自民党から元九州農政局長の擁立を決定していた全国土地改良事業団体連合会（全土連）を、「政治的態度が悪い」と批判し、2010年度予算編成で土地改良予算を、概算要求段階の4,889億円から2,129億円へと大幅に削減し、これを戸別所得補償制度の財源とした（『朝日新聞』2010年10月21日付朝刊）。
8) 国土交通省の2010年度予算案が政務三役主導で編成されたことについては、黒須（2012）を参照。
9) 「新成長戦略〜『元気な日本』復活のシナリオ〜」（http://www.kantei.go.jp/jp/sinseichousenryaku/sinseichou01.pdf：2013年7月20日取得）。
10) 鳩山内閣・菅内閣での国家戦略室の活動については、高田（2012）を参照。
11) この補正予算では、小沢の主導により大幅に削減された土地改良予算についても、約725億円が復活することになった。野中広務・全土連会長が鹿野道彦農林水産相と会談して「政治的中立」を宣言したためである。実のところ全土連は参院選で、自民党からの候補者擁立を撤回し、政治団体の活動も休眠させた。森喜朗と青木幹雄も、全土連の理事を退任した。これを受けて民主党は、土地改良のワーキングチームを設置し、8月には全土連幹部から予算要望を聞いて、来年度予算案の概算要求に2,508億円を盛り込んでいた（『朝日新聞』2010年10月21日付朝刊）。これも政治的思惑から、「コンクリートから人へ」の理念が曖昧になった例である。
12) もっとも、こうした財務省による数字の操作は、小泉内閣を含め、自民党政権でも頻繁に観察されたことであり、民主党政権に限ったことではない。
13) ただ公共事業費の削減についても、2011年度予算に先立つ2010年度補正予算で、「税収の持ち直し」分を用いて公共事業費を上積みしていたため、可能になったという見方もある（清水 2011：33-34）。
14) これは、「歳出増又は歳入減を伴う施策の新たな導入・拡充を行う際は、原則として、恒久的な歳出削減又は恒久的な歳入確保措置により、それに見合う安定的な財源を確保するものとする」とした財源確保ルールのことである。「財政運営戦略」（http://www.kantei.go.jp/jp/kakugikettei/2010/100622_zaiseiunei-kakugik-

ettei.pdf：2013年7月20日取得）。

15)「平成22年度第5回税制調査会議事録（2010年10月28日開催）」(http://www.cao.go.jp/zei-cho/gijiroku/zeicho/2010/__icsFiles/afieldfile/2010/11/24/22zen5kaia.pdf：2013年7月20日取得）および「平成22年度第16回税制調査会議事録（2010年12月3日開催）」(http://www.cao.go.jp/zei-cho/gijiroku/zeicho/2010/__icsFiles/afieldfile/2010/12/10/22zen16kaia.pdf：2013年7月20日取得）を参照。

16)「平成23年度政府税制改正大綱」）(http://www.cao.go.jp/zei-cho/history/2009-2012/etc/2010/__icsFiles/afieldfile/2010/12/20/221216taikou.pdf：2013年7月20日取得）。

17) 納税者権利憲章および国税通則法改正案など、納税環境整備の具体的な改正内容については、月刊「税理」編集局編集（2011）を参照。

18) 民主党「政策に係る党議の決定について（2011年9月12日党役員会確認）」(http://www.dpj.or.jp/download/4861.pdf：2013年7月20日取得）。民主党の政策決定システムの変遷については、濱本（2013）が詳しい。

19)「年金交付国債」の発行については、野党が粉飾予算だと強く批判した。結局、赤字国債の一種で、将来の消費税増税を財源として償還する「つなぎ国債」（「年金特例公債」）を発行することで、民主・自民・公明の3党は合意した。

20) ある税調幹部は、「政策決定は2年前とは様変わりした」と述べ、政府側を牽制した。税調総会では出席議員が財務省幹部に、「与党議員を何だと思っているのか」と凄んだ（『日本経済新聞』2011年11月29日付朝刊）。

21) 2012年総選挙の際の「朝日・東大谷口研究室共同調査」によると、小沢グループの多くの議員が加わった「日本未来の党」の候補者たちの「公共事業による雇用確保は必要だ」という質問に対する回答は、平均すると、自民党・公明党ほどではないものの、賛成寄りになっている。一方、同じ質問に対する民主党の候補者たちの回答は、平均して「どちらとも言えない」になっている。『朝日新聞デジタル』「第46回総選挙　朝日・東大谷口研究室共同調査　政策課題　候補者の考えは」(http://www.asahi.com/senkyo/sousenkyo46/asahitodai/：2013年7月20日取得）。

22) たとえば野田は、首相官邸の執務室のボードに表示される国債流通利回りの動きを、いつも気にしており、「欧州のように、財政規律を考えない国と市場からみられたとき、日本も危ない」と感じていたという（伊藤2013：243）。

23) たとえば、2007年に自民党・公明党の賛成によって成立した国民投票法の附則3条では、法の施行（2010年）までに成人年齢や国政選挙年齢を18歳に引き下げるよう、必要な法制上の措置を講ずることが定められている。しかし、こうした

法制上の措置は講じられなかった。しかも自民党と公明党は2014年の通常国会に、改正案施行後4年間は、国民投票年齢は20歳以上にするとした、国民投票法改正案を提出することにした（『朝日新聞』2014年1月24日付朝刊）。このことからしても、野田は自ら認めるとおり、あまりにも「馬鹿正直」であったように思われる。

24) 野田は、2012年5月23日に自民党議員から「国土強靭化基本法案」への所感を聞かれ、大震災の教訓を活かして国土を強靭化しないといけないという認識は同じだと答弁し、それ以後も、同様の答弁を繰り返した（伊藤2013：84；『朝日新聞』2013年7月12日付朝刊）。

25) 野田は2009年総選挙の際の選挙演説で、税金の無駄遣いをなくさずに消費増税を行おうとしていると自民党を批判し、マニフェストに書いていないことはしないと発言していた。この演説の様子が動画配信サイトに掲載され、野田は財務省の言いなりだという批判がますます強まった（週刊朝日編集部2012；伊藤2013：254）。

26) もっとも先述のとおり、衆議院選挙が近づくと民主党は進んで「自民党化」してしまった。

27) とはいえ得票数では、選挙区・比例代表区ともに民主党が第1党であり、非大都市圏の1人区での敗北が民主党の敗北をもたらした（山口2012：14）。この時点では民主党は国民から見捨てられていたわけではなく、非大都市圏での勝敗が選挙全体の結果に決定的な影響をもたらす参議院の選挙制度が、民主党にとって不利に作用したと考えられる。

28) これは緩い目標だという批判もある。だが、民主党が下野した後、第2次安倍内閣は「機動的な財政政策」と称して総額13兆1,054億円の補正予算を編成し、建設国債5兆2,210億円を発行した。このことからして、第2次安倍内閣と比べると民主党政権は、財政規律をそれなりに守ろうとしていたと考えられる。

〈参考文献〉

朝日新聞政権取材センター編（2010）『民主党政権100日の真相』朝日新聞出版。
伊田賢司（2010）「鳩山政権の税制改革の行方——マニフェスト実現に向けた理想と現実」『立法と調査』301号（平成22年2月1日）、19〜33頁。
伊藤裕香子（2013）『消費税日記——検証 増税786日の攻防』プレジデント社。
大石夏樹（2010）「政権公約の実現と財源確保が課題となった平成22年度予算——新政権による初の予算編成」『立法と調査』301号（平成22年2月1日）、3〜18頁。

金子隆昭（2012）「税制抜本改革の実現を目指す税制改正──平成24年度における税制改正案の概要」『立法と調査』325号（2012年2月1日）、17～30頁。

上川龍之進（2010）『小泉改革の政治学──小泉純一郎は本当に「強い首相」だったのか』東洋経済新報社。

上川龍之進（2013a）「民主党政権の失敗と一党優位政党制の弊害」『レヴァイアサン』53号、2013年秋、9～34頁。

上川龍之進（2013b）「アベノミクスの政治学──第2次安倍内閣の経済政策決定過程」『問題と研究』2013年7・8・9月号（第42巻3号）、1～48頁。

木寺元（2012）「「脱官僚依存」と「内閣一元化」の隘路──「前の調整」・「後ろの調整」・「横の調整」」御厨貴編『「政治主導」の教訓──政権交代は何をもたらしたのか』勁草書房、189～213頁。

熊谷克宏（2011）「税制抜本改革に向けた平成23年度税制改正──経済成長、格差是正を重視した税制改正」『立法と調査』313号（平成23年2月1日）、18～30頁。

黒須卓（2012）「国土交通省の内外で起こったこと──「脱官僚」の現場から」御厨貴編『「政治主導」の教訓──政権交代は何をもたらしたのか』勁草書房、133～156頁。

月刊「税理」編集局編集（2011）『納税者権利憲章で税制が変わる！』ぎょうせい。

﨑山建樹（2012）「実質的な歳出抑制が進まなかった24年度予算──税制抜本改革の実現を見込んだ予算編成」『立法と調査』325号（2012年2月1日）、3～16頁。

信田智人（2013）『政治主導vs官僚支配──自民政権、民主政権、政官20年闘争の内幕』朝日新聞出版。

清水真人（2011）「政権交代の600日」佐々木毅・清水真人編著『ゼミナール　現代日本政治』日本経済新聞出版社、1～222頁。

清水真人（2013）『消費税　政と官の「十年戦争」』新潮社。

週刊朝日編集部（2012）「野田「二枚舌」首相がもくろむ、消費税解散三つの「腹案」街頭演説動画で永田町騒然」『週刊朝日』2012年2月3日号。

高田英樹（2012）「国家戦略室の挑戦──政権交代の成果と課題」（http://www.geocities.jp/weathercock8926/nationalpolicyunit.html：2013年7月20日取得）。

竹中治堅（2011）「2010年参院選挙後の政治過程──参議院の影響力は予算にも及ぶのか」『選挙研究』27巻2号、45～59頁。

田中秀明（2013）「経済と財政──変革への挑戦と挫折」日本再建イニシアティブ『民主党政権　失敗の検証』中央公論新社、87～124頁。

端本秀夫（2010）「23年度概算要求組替え基準の概要」『ファイナンス』2010年9月、10～15頁。

濱本真輔（2013）「民主党政策調査会の研究」2013年度日本選挙学会分科会H（国政部会）

報告ペーパー（2013年 5 月19日、於・京都大学）。
福嶋博之（2011）「抜本的財政改革の必要性が浮き彫りとなった23年度予算——限界に達した非恒久財源依存財政」『立法と調査』313号（平成23年 2 月 1 日）、3 〜17頁。
前原誠司（2012）『政権交代の試練——ポピュリズム政治を超えて』新潮社。
松浦茂（2012）「平成24年度税制改正案の概要」『調査と情報』第734号（国立国会図書館 ISSUE BRIEF NUMBER 734（2012.1.31））。
真渕勝（2002）「予算編成過程」福田耕治・真渕勝・縣公一郎編『行政の新展開』法律文化社、231〜256頁。
峰崎直樹・古川元久・三木義一（2010）「座談会 民主党は税制をどう変えようとしているのか」『世界』2010年 4 月号、119〜129頁。
山口二郎（2012）『政権交代とは何だったのか』岩波書店。
読売新聞「民主イズム」取材班（2011）『背信政権』中央公論新社。

第5章　民主党政権下における連合
―― 政策活動と社会的労働運動の分断を乗り越えて ――

三浦 まり

はじめに

　2009年9月の民主党政権の誕生は日本労働組合総連合会（以下、連合）の活動をどのように変え、また連合の民主党政権への要求はどの程度の影響を持ったのだろうか。本章は民主党の最大の支持組織である連合に焦点を当て、民主党政権が連合に与えた影響を明らかにする。第2章で論じたように、日本型の雇用・福祉レジームは男性の雇用保障を軸に組み立てられたものであった。それに対応するように、労働組合運動は雇用が保障されてきた、あるいは少なくとも保障の対象とされてきた男性正規労働者を中心に展開してきた。民主党がレジーム転換を企図するのであれば、連合には必ずしも包摂されていない非正規労働者や女性を支持基盤に見据えて戦略を描く必要がある。連合としても、労働者を代表する団体としての正統性を高めるために、また組織率低下への対抗戦略として、非正規労働者や女性に関する政策の形成に影響力を確保する必要に迫られる。民主党政権下において連合はいかなる利益の実現を図ろうとし、それはどの程度成功したのだろうか。そして、連合の政策活動の変容は民主党政権にいかなる教訓を残したのであろうか。

　要求事項を政策に反映させるための政策活動には、政権との直接的な政策協議を通じて政策実現を図る活動（インサイダー戦略）と、世論喚起や大衆行動を通じて外側から政権に対してプレッシャーをかけ政策実現を図る活動（アウ

トサイダー戦略）とがある（安 2013；McIlroy 2000）。連合は創立以来、インサイダー戦略を重視してきたが、アウトサイダー戦略の重要性を否定していたわけではない。ところが、支持政党である民主党が政権に就いたことで、連合はインサイダー戦略に特化する方針を採った。民主党政権下ではインサイダー戦略とアウトサイダー戦略はトレード・オフの関係になると捉え、前者を有効に進めるためには後者を抑制するべきであるという認識に立ったのである。この連合の政策活動の転換に対しては、2つの戦略は必ずしも対立するものではなく、むしろ外側からの働きかけがあったほうが政策協議を有利に展開することができるという批判もでている。本章も、内側での政策活動と外側での大衆運動が矛盾するものではなく、むしろ有機的な連携を模索するべきであることを指摘するものである。なぜなら、外側での大衆活動は短期的な政策実現のために必要であるというだけではなく、社会的連帯の基盤をつくることが長期的な政策実現のためには不可欠だからである。

　なぜ社会的連帯の基盤を強調するのかというと、民主党政権下における連合の政策活動とその成果を概観すると、連合は非正規労働者を含めた労働者全体の利益を増進させることに取り組んだと評価できるにもかかわらず、社会的存在意義をむしろ後退させているようにみえるからである。労働組合は組合員だけの利益を優先し、非正規労働者をはじめとする非組合員の利益と相反する行動をとるとする見方がある。これは「インサイダー・アウトサイダー理論」（Rueda 2007；Saint-Paul 2000, 1996）と呼ばれており、日本社会一般もそのような見方に同調しているように思われる。しかしながら、本章が検証するように、民主党政権下での連合の政策活動はかなりの程度非正規労働者へのセーフティネットの拡充に力を注いでおり、非正規労働者を犠牲にして正社員の利益増進に努めたとは必ずしも言えないのである。非正規労働者の低い組織率を勘案すると、意外なほどまでに連合は真面目に非正規雇用問題に取り組んでいると評価してよいであろう。しかしながら、そのような社会的評価は得ていないと筆者は考える。この政策実現の成果と社会的評価の乖離の一因は連合の政策活動のあり方に求められるのではないだろうか。連合は政策実現の面で一定の

成果を上げたかもしれないが、その成果を実感しさらなる政策要求に繋げていくような受け皿と回路が整備されていないのである。それゆえに連合の社会的評価は上がらず、また連合のアカウンタビリティに疑問符が付けられる状況を生み出し、長期的には連合の政治力を弱めかねない事態となっていると考える。

　以下では、まず連合の政策要求のスタイルが民主党政権誕生により要求から協議へ大きく変容したことを確認する。次に、民主党政権下で連合の政策要求のうち実現した主要案件と実現しなかった主要案件について概観し、3年3カ月という短い時間と頻繁な首相交代、ねじれ国会という与件の下では一定程度の成果を上げた点、また、連合が労働者全体の連帯の観点から政策要求を行っていた点を論じる。最後に、連合が政策活動と大衆行動をトレード・オフと捉えたために、政策実現力の限界をもたらしただけではなく、長期的に政策を実現させるために不可欠である社会的な連帯基盤の構築の点で見るべき成果が出せなかった点を社会運動ユニオニズム論を手がかりに論じる。

1　要求から協議へ

　連合の政策活動は民主党が野党から与党に転じたことで大きく変化した。民主党が野党であったときには、連合は審議会等への参加を通じて意見を表明し政府提出法案（閣法）の形成に対して影響を及ぼすことを試みるとともに、国会での修正を勝ち取るために院内外での大衆行動を通じて民主党議員を応援してきた。民主党が与党になると、国会での修正は基本的にはかけられないことから、政府提出法案が閣議決定されるまでのあいだにどれだけ影響を及ぼすことができるかが重要になってくる。閣法に連合の意向を反映させるために、政策決定に携わる政治家および官僚に対するロビー活動を活発化させたのである。では具体的には連合と民主党政権のあいだでどのような回路が形成され、連合の政策活動はどのように変化したのだろうか。

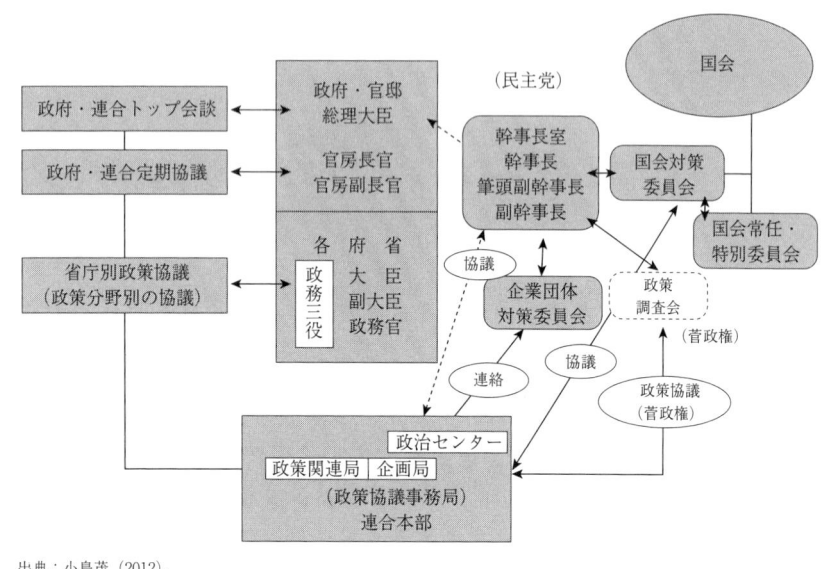

図 5-1　政府・与党と連合の政策協議体制（鳩山政権時代）

出典：小島茂（2012）。

(1) 重層的枠組みへ

　民主党政権と連合がどのような連携を取るかに関しては、政権発足直後に松井孝治官房副長官と連合幹部とのあいだで全体像が取り決められた。それはすなわち重層的な枠組みをつくるというものであり、トップ会談、定期協議、省庁別協議の3つを基本とするものである（図5-1参照）。

　トップ会談は首相と連合会長の意見交換の場である。民主党政権誕生以前は政労会見として制度化されていたが、出席者は首相、官房長官、厚生労働大臣、官房副長官の4人であることが多く、時には首相だけが対応する半ば形式的なものであった。頻度は5～6月のサミット前・骨太の方針策定時および12月の予算編成時の年2回程度、時間は20分程度であった。それに対してトップ会談では首相、官房長官に限らず関係する閣僚は必要に応じて出席することとし、時間も1時間程度、頻度も年3～4回程度開催することとした。通常は政府・

民主党からは総理大臣、財務大臣、経産大臣、厚労大臣、国会戦略担当大臣、内閣官房長官、民主党幹事長代理、連合からは会長、会長代行、事務局長、政策委員長（副委員長）が同席した。

　政府・連合定期協議は民主党政権になってつくられた新しい枠組みで、官房長官と連合事務局のあいだの協議の場である。概ね月1回程度開催され、具体的な政策に関する意思疎通を目的とした。政府・民主党からは内閣官房長官、官房副長官、財務副大臣、厚労副大臣、内閣府副大臣（公務員制度担当等）、民主党政調会長代理、企業団体委員長、連合からは事務局長、副事務局長、関係総合局長が出席した[1]。政府・連合定期協議は公式な意見交換の場であるが、開催に先立ち官房副長官と連合と非公式な接触が数多く行われた。連合が官邸に直接パイプを持ったという意味で大きな変化であったといえよう。

　省庁別協議はトップ会談および定期協議と関連づける形で必要に応じて関係省庁と協議を持つ場である。出席者は政務三役（大臣、副大臣、政務官）と連合事務局（担当総合局）であるが、案件によっては関連する局長クラスを入れる形が定着した。

　このような重層的な枠組みは連合が官房副長官とのパイプを持っていたことにより実現した。重要な点は、単に連合幹部と政権幹部が顔合わせをする機会が増えたということだけではなく、「政策要求型」から「政策協議型」へと連合がスタイルを変化させたことである（小島 2012）。「要求」というのは、大衆行動や世論喚起の取り組みを背景に、政府や与野党への政策要請、国会での法案対策、地方議会での意見書採択・条例制定などの活動を指す。それに対して「協議」というのは、第一に閣法が決定される前の段階で連合の要求を反映させる活動であり、第二に一方的な陳情ではなく双方向の意見交換議論を意味する。政府を構成するのが支持政党である民主党であるため、政府提出法案が閣議決定される前の段階で連合の意向が反映される可能性が高まり、また反映させることの重要性が高まったことから、政府への働きかけが最重要の活動となり、結果的に大衆行動や国会対策の比重が下がったのである。

　政策協議という概念自体は民主党政権誕生を機として生まれたものではなく、

連合の運動方針にもともと組み込まれていた政策活動のあり方である。連合第10回定期大会（2007年10月）で採択された運動方針には「政府とは定期的に、あるいは必要に応じて、政策協議を行う」と明記されている。政権交代直後に採択された第11回定期大会（2009年10月）の運動方針でも「連合は、新政権の安定した政権運営を期待して、その定着、発展に協力する。また、定期的かつ必要に応じて政策協議を行う」とある。政策協議を行うこと自体に変化は見られない。

大きな違いは、第10回定期大会の運動方針では「政策実現の取り組み」という項目が立てられ、「連合は、国会運営や法案審議に関わる各種情報の収集に努めるとともに、民主党国会対策委員会等との連携により、国会対策、法案対策を進める。また院内外で行動を展開し、世論喚起を行う」とあったのが、第11回定期大会の運動方針では抜け落ちている点である。民主党が野党であったときには国会での法案修正を勝ち取るべく国会対策が重要であり、そのためには大衆行動や世論喚起が重要な戦略であったのが、民主党が与党になると政府提出法案が閣議決定されるまでが勝負となり、運動スタイルに大きな変化が生じたのである。それまでも行ってきた政策協議が実質的な意味合いを持つようになり、大衆行動が抑制されるようになったのである。

では与党・民主党とはどのような連携を持ったのであろうか。民主党が政権に就き政府への働きかけが重要になったとはいえ、民主党との政策協議がなくなったわけではない。鳩山内閣時には政策調査会（以下、政調）が廃止され、各種団体からの陳情は民主党の地方組織および本部（企業団体委員会）を通じて幹事長室に一元化された。したがって連合の働きかけも基本的にはそこを通じて行うこととなった。菅内閣で政調が復活すると民主党へのルートは政調と企業団体対策委員会（幹事長室）の二本立てとなる。政調との政策協議は政調会長と連合事務局長が出席し、政調会長代理、政調副会長、連合副事務局長、総合局長も参加するなか、予算、法案、政策について定期的に意見交換を持つこととなった。国会会期中は2～3週間に1回程度の頻度で開催された。とりわけ2010年7月の参院選で民主党が敗北したことにより「ねじれ国会」が誕生

したため、菅内閣以降は国会対策の比重が上がった。政調の他にも、国会対策委員会との協議もあり、また民主党内の調査会や部門会議とも政策案件に応じて意見交換の場が設けられた。

幹事長室を通じて要求を挙げる方法は菅内閣以降、活発化した。幹事長室には民主党の都道府県連を通じて地方からの陳情が集約されるが、都道府県連を通じた要求活動は票を背景にしていることから聞き入れられやすいことが判明し、一部産別は民主党政権の2年目以降は地方連合や産別の地方組織を通じて都道府県連に要求を持っていくようになった[2]。都道府県連は選挙で応援してくれる組織の声に耳を傾けやすい傾向があるため、連合の組織力は有力な資源であったと思われる。とりわけ地方経済へ影響を与えるような経済政策、税制などに関しては、地方の声として訴えることで政治力を発揮できたという[3]。

(2) 政策決定過程への参加

民主党政権と連合のあいだで重層的な協議の枠組みができ上がり、そのなかで意見交換が深められていったことは、政策過程にどのような影響を与えたのだろうか。

前述の重層的な政策協議の枠組みのなかでさらに重要な展開があったのは2009年10月19日のトップ会談の際に労使が入る雇用対策会議をつくるべきだと連合が提案し、雇用戦略対話という形で実現したことである。鳩山政権の誕生時はリーマン・ショックの影響がまだ色濃く、連合は緊急雇用対策を強く求めていた時期である。政府は10月23日に緊急雇用対策を決定するが、それに基づき雇用戦略対話が設置されたことで、連合要求はさらに政府案に盛り込まれることになるのである。

雇用戦略対話は首相、経済財政担当大臣、国家戦略担当大臣、内閣官房長官および厚生労働大臣に加えて、労働界・産業界のリーダーと有識者で構成された。労使と有識者はそれぞれ3名ずつが参加し、労働代表は連合会長と2名の副事務局長が選ばれた。自公政権下では経済財政諮問会議において4名の民間代表が産業界代表と有識者(経済学者)で占められていたのに対して(三浦

2007)、労使のバランスが取れた構成となっている。雇用戦略対話は3年3カ月のあいだに8回の会合を開き、第1回（2009年11月25日）から第4回（2010年6月3日）までは新成長戦略に関して、第5回（2010年9月8日）から第8回（2012年6月12日）までは若者雇用戦略を中心に議論が行われた。それぞれの戦略策定対して連合が要求次項を反映させる重要な舞台となったのである。

連合会長が参加する重要会議はこれ以外にも菅政権期には新成長戦略実現会議、社会保障改革に関する集中検討会議、野田政権期には国家戦略会議がある。新成長戦略実現会議および国家戦略会議は経済財政諮問会議に半ば対応するような位置づけの重要会議であったことを考えると、連合の参加は前政権との違いが際立つ点である。

各省庁のレベルではどのような変化が生じたであろうか。連合が政務三役と接触する回数が増えたということは、それだけに留まらず官僚との接触を増加させることになった。連合が民主党政権に対して一定程度の影響があるとなれば、その意向を早めに察知すべく、公式・非公式に官僚と連合の接触頻度が高まったのである[4]。

また連合と省庁との公的な関係の深まりは連合が新規参加する審議会が増えたことにも見出される。もともと連合は審議会への参加を重要な政策活動として位置づけていたが、民主党政権下では参加する審議会が増えている。審議会やその下に位置づけられる分科会、部会およびアドホックな検討会やワーキング・グループへの連合の参加を2007年時点と2009年時点で比べると89から150に増えている[5]。もっとも、民主党政権が多くの会議体をつくったこともあって連合の参加件数が増えているため、両者を単純に比較することできない。重要な変化としては、連合が法制審議会の会社法制部会に参加することが認められたことがある。会社法制部会はコーポレート・ガバナンスを審議する場であり、当審議会に参加したいという連合の要求は民主党政権になって実現した。連合は株主中心に偏らないように従業員を含むステーク・ホルダーの利益を擁護すべきであるという姿勢をとった。連合の意向は法案に組み込まれるには至らず継続検討となったが、それまでの株主中心的発想とは異なる路線を反映さ

せる足がかりをつかんだといえよう[6]。また金融庁管轄の企業会計審議会への参加も果たし、国際財務報告基準（IFRS）を日本に強制適用するかどうかが議論される際に、連合としての慎重な姿勢を表明する機会を得ている[7]。会社法制や企業会計という資本主義のルール変更は従業員への影響も大きいが、それまで審議会にさえ入れなかったのが参加できるようになったという点では大きな進展を見ている。実際の成果としては、双方とも継続検討であり結論は出ていないが、議論に一定程度のブレーキをかけることには寄与しているといえるだろう[8]。

　最後に、連合事務局から政府に3人ほど人員を送り出した点も指摘されるべきであろう。内閣府において公務員制度、日本再生戦略（雇用担当）、税と社会保障の一体改革を扱う事務局に配置された。民主党政権が樹立したとき連合内でどのような関わり方をするかが模索された際、直接的に補佐官や参与等の資格で正式に政権に人を送り込むことも検討されたが、政権とは一定の距離を保ち是々非々の関係を維持する方針であることが確認された。結果的に、事務局レベルにおいて人を派遣することに留まったのである。

（3）　連合の変化

　では連合が政策要求型から政策協議型へと活動スタイルを転換させたことは、連合にはどのような変化をもたらしたであろうか。

　政策実現活動の重心が政策協議にあるということ、またそれを大衆行動との連携なしに進めるというインサイダー戦略への純化は、ロビー活動のスタイルにも微妙な変化をもたらした。ロビー活動とは政策形成者（官僚、政治家）を相手に説得作業を行い、自らの意向を意思決定に反映させることである。票や献金を背景にした活動ももちろんあるが、必ずしも物的な資源のみがロビー活動を成功させるとは限らないであろう。政策形成者の関心を引き、問題意識を共有し、当方の主張にも理があること納得してもらう説得も重要である。そのためには、問題の所在を示すデータを示し、人々の声を伝え、実現可能性の高い解決策を提示することが効果的である。つまり、要求だけを一方的に突きつ

けるのはむしろ効果がなく、政策形成者の思考枠組みのなかで処理できる形で説得活動を展開する必要性が高まるのである。実際、ロビー活動に当たった連合幹部の聞き取り調査でも、「責任ある形」での政策要求を行うようになったと証言している[9]。財源や全体の整合性に目配りしながら、実現性の高いものをより確実に実現できるよう要求内容も絞り込んでいったのである。

このように政策協議型へのシフトは、単に政府・民主党への働きかけの活動量を大幅に増加させただけでなく、要求内容の比重の付け方、説得スタイルにも変化をもたらしたのである。また、政策協議型へのシフトに伴い、連合は世論喚起型の運動や大衆行動を抑制させた。政策形成者と不断に折衝し詰めの交渉をしている際に、連合として大々的な政権批判をしたり、要求のハードルを上げた大衆運動を指揮したりすることは、政策形成者からの不信を買い、かえってロビー活動を阻害するという判断があったものと思われる。もっとも、ねじれ国会となり重要法案が国会で吊るされた(未審議)状況が生じると、法案の審議を進めるためには大衆行動が有効なことから、民主党政権の2年目以降は部分的には大衆行動を復活させている。

2 政策実現

連合が政府・民主党に対して重層的な政策協議の場を持ちロビー活用を活発化させたことは、具体的にどのような成果に繋がったのであろうか。

(1) 連合の政策活動による成果

連合は2012年2月に「2009年8月の政権交代によって実現・前進した連合の政策・制度」という題名のリーフレットを製作している。このリーフレットは連合が民主党政権の成果をどのように評価しているかを見ることのできる興味深い資料である。それによると、政権交代から2年で実現したものとして、保育サービスの量的拡大(安心こども基金への積み増し)、高等学校授業料実質無償化など子育て世帯の経済的負担の軽減、雇用促進税制の創設、セーフティ

ネットの拡充と非正規労働者への適用拡大、求職者支援制度の創設、少人数学級の推進・教員定数の改善、診療明細書の原則無料発行の実現、ディーセント・ワークの実現に向けたワークルールの整備、東日本大震災の復旧・復興への対応が掲げられている。最後の頁には引き続き実現を目指す政策・法案が15本並べられているが、そのうち2012年の総選挙までに実現したものは労働者派遣法改正、労働者契約法改正、高齢者雇用安定法改正、労働安全衛生法改正（受動喫煙の防止策）、雇用保険法等改正（加入要件緩和による非正規労働者への適用拡大）、短時間労働者向けの社会保険適用拡大、子ども・子育て支援制度の7本である。

　このリーフレットで強調されている実現した政策課題は、子育て世帯、非正規労働者、高齢者を主たる対象者としている。このうち子育て世帯に関わる案件は民主党自身が強い関心を抱いていた政策であるが、それ以外の雇用に関する政策は連合の意向が強く反映されていると見てよいだろう[10]。以下、主要な雇用政策の達成具合を見てみよう。

　まず新成長戦略の雇用・人材戦略に対しては連合は一定の影響力を発揮することができたといえる。2009年12月に閣議決定された新成長戦略のなかに、「雇用の安定・質の向上と生活不安の払拭が、内需主導型経済成長の基盤であり、雇用の質の向上が、企業の競争力強化・成長へと繋がり、その果実の適正な分配が国内消費の拡大、次の経済成長へと繋がる。そこで、「ディーセント・ワーク（人間らしい働きがいのある仕事）」の実現に向けて、「同一価値労働同一賃金」に向けた均等・均衡待遇の推進、給付付き税制控除の検討、最低賃金の引き上げ、ワーク・ライフ・バランスの実現（年次有給休暇の取得促進、労働時間短縮、育児休業等の取得促進）に取り組む」と明記された[11]。ここに出てくるディーセント・ワークや同一価値労働同一賃金は連合が強く働きかけた結果、盛り込まれたのである。

　閣議決定された政府の基本方針のなかにこれらの文言が書き込まれたこと自体が画期的であるが、具体的にはどのような政策に結実したのであろうか。非正規労働者に関しては前述のように雇用保険と社会保険の適用拡大が一定程度

進んだことは大きな前進といえる。非正規労働者は雇用が不安定であるにもかかわらず、雇用保険や社会保険といったセーフティネットから排除されていることは大きな矛盾であることから、適用拡大はきわめて重要な案件であった。雇用保険の適用は週所定労働時間が20時間以上40時間未満の短時間労働者の場合、雇用見込み期間が6カ月以上から31日以上へと大幅に短縮された。この規定は先進国と比べてかなり緩いものである。結果的に220万人の適用拡大が実現した。また給付の最低保障額の引き上げおよび再就職手当の給付率引き上げも実現している。社会保険の適用拡大に関しては、民主党は当初約400万人への適用拡大を目指していたが、使用者からの抵抗が大きく政府案は約45万人の規模に範囲を縮小し、さらに国会における民主党・自民党・公明党の修正により約25万人まで縮小された。400万人と25万人では落差が激しいが、それでも自公政権と比べれば成果を出せたと言えるだろう。

非正規労働者を対象とする政策としては求職者支援制度の恒久化も重要である。これは雇用保険と生活保護のあいだの第二のセーフティネットと呼ばれるものであり、雇用保険の対象にならない非正規労働者が職業訓練と生活給付金（約月10万円）を受け取ることができる制度である。麻生太郎政権時代に3年間の時限措置として創設されていたが、民主党政権が恒久化した。そもそも連合は第二のセーフティネットの創設をかねてより提唱してきており、連合の考え方が反映される形で制度が創設されたという経緯がある。無拠出給付の制度である以上、連合としては全額国庫負担を求めていたが、国庫負担は2分の1、残りは労使折半の雇用保険料から充当することになり、連合は3年後の見直しの際には雇用保険制度から独立した制度とするよう要求をしている[12]。もっとも、求職者支援制度は労働者の連帯として捉えることが可能である。求職者支援制度の修了者の約7割が就職し雇用保険の被保険者となっていることから先行投資という理解が成り立ち、また雇用保険料を納めている労働者が雇用保険の枠組みに入れない労働者を支援するという意味あいもあることから、内部では雇用保険料からの拠出を労働者の連帯として捉えようという議論もあったようである[13]。

非正規労働者に関する雇用法制としては、労働者派遣法の改正と労働契約法改正が実現した。これらは派遣労働者や有期労働者の労働条件の改善に繋がることを意図しているものであり、自公政権下で進められた規制緩和路線を巻き戻すものではあった。ただし、連合案や民主党案よりも踏み込んだ法案改正を望む声もあり、社会運動のなかでの評価はやや割れるものである。労働者派遣法の改正は鳩山政権期には民主党・社民党・国民新党の３党合意によって重要課題と位置づけられ、労働政策審議会での取りまとめを経て2010年３月に国会に提出された。ところが衆議院の厚生労働委員会での可決を目前に鳩山首相が辞任したことから継続審議となり、２年間吊るされることになってしまった。2011年末に民主党・自民党・公明党の３党合意により修正が加わり、登録派遣と製造派遣の禁止が削除される等、政府案より後退する形で可決されている。国会提出がもう少し早かったり、あるいは鳩山政権がもう少し長く続いたりしていれば、政府案が成立し民主党も連合も成果をアピールできたであろうが、実際の政治情勢に翻弄される結果となった。

　最低賃金の引き上げに関しても改善が見られた。2010年度の中央最低賃金審議会は地域別最低賃金の引き上げ額の目安として全国加重平均15円を示した。2009年度が７〜９円、2011年度が６円、2012年度が７円と比較すると大幅の引き上げであったことがわかる[14]。これは細川律夫厚生労働副大臣の働きかけが大きく寄与しているものと思われる[15]。結果的に民主党政権の３年間で最低賃金の全国平均は713円（2009年）から749円（2012年）に引き上げられた。

　最後に、正社員に関する案件として高齢者雇用安定法の改正が挙げられる。2013年４月より年金支給開始年齢が引き上げられるのに対応して希望者全員の65歳までの雇用確保措置を義務付けるものである。使用者にとっては大きな負担増となることから激しく抵抗したが、実現に至ったのは民主党政権の政治主導が奏効した結果だと考えられる。

　このように個別の案件を一つひとつ検証していくと、総じてディーセント・ワークの実現に向けた方向での取り組みが進んだことは間違いない。高齢者継続雇用を除けば、案件のほとんどは非正規労働者や低賃金労働者の待遇改善や

セーフティネット拡充に関するものである。民主党政権下で非正規労働者の待遇に改善があったとは言えないが、連合の政策活動に関して言えば、正規労働者の利益増進しか考えていないという批判はあたらないものであることがわかる。

(2) 積み残し課題

連合が実現を強く望みながら先送りされたものとしては、公務員制度改革（基本権）、公契約基本法、雇用憲章がある。

労働基本権回復は連合の悲願である。民主党政権は2011年6月に国家公務員の協約締結権付与を含む国会公務員制度改革関連4法案を国会に提出した。締結権の付与は東日本大震災の復興財源として2年間給与を7.8％削除する国家公務員給与の臨時特例法案と抱き合わせて提出されたが、実際には国家公務員給与の臨時特例法案のみが成立し、協約締結権を付与する国会公務員制度改革関連法は継続審議となった。協約締結権が法制化され国会提出にまで至ったというのは大きな前進ともいえるが、政権の枠組みが変化してしまった以上、国会公務員制度改革関連法の成立は担保されておらず、結果的には給与引き下げだけを飲まされた事態となっている。

公契約基本法と雇用憲章はどの程度強く連合が働きかけたのかはわからないが、少なくとも定期協議のなかでは繰り返し連合が提唱していた案件である。連合幹部の言葉を借りると「刷り込み」を図る戦術を意識的にとっており、繰り返し案件に言及することでアジェンダ設定を試みたといえる。ディーセント・ワークの実現のためにはこうした基本ルールの策定は重要であるが、民主党政権のなかでは優先順位が上がることはなく、成立に向けての機運が高まることはなかった。

このほかの積み残し課題としては、社会保障・税の共通番号の制度導入法案（マイナンバー法案）が国会提出されたものの継続審議となったこと、高所得者の年金調整措置の先送り、給付付き税額控除の導入、所得税の最高税率引き上げ、相続税の強化も先送りとなったこと、高齢者医療制度改革、交通基本法

案、水循環基本法案が成立しなかったことが挙げられる。

(3) 分析

　労働基本権の回復や社会保障・税の基本枠組みの変更といった大きな制度改正が実現しなかったことは、民主党政権が3年3カ月と短かったこと、また2年目を待たずして参議院での与野党逆転によりねじれ国会が出現したことを考慮すると、それほど不思議なことではない。雇用政策に絞るのであれば、連合要求は相当程度達成されたといってよいであろう。

　雇用の安定と質の向上に関する政策に対しては経済団体が強く反対しており、とりわけ社会保険の適用拡大や高齢者の雇用継続に関しては激しく抵抗した。これらは民主党政権でなければ実現が難しかったと思われる。

　雇用政策で進展が見られた要因としては、政権交代直後に雇用戦略対話の枠組みをつくり、使用者団体も納得する形で数値目標化に成功したことが指摘できる。緊急経済対策は合意を形成しやすいものであり、また、政権交代直後の正統性の高い時期には経済団体も抵抗しにくいというタイミングも連合には有利に働いた。

　さらには、女性の政治代表に関する研究分野でしばしば指摘される「クリティカル・アクター説」の妥当性が高いことも指摘できる。クリティカル・アクターとは政策成形にあたって決定的に重要な (critical) アクターを意味し、クリティカル・マスという政策形成に影響を与える決定的多数 (critical mass) との対比で用いられる。女性政策は一般的に女性議員が多いほうが進展すると考えられており、規模としてはおおよそ3割程度の女性議員比率が必要であるというのがクリティカル・マス説である。それに対して、数よりも質が重要であり、女性政策にコミットした女性議員が要職に就くこと等を通じて大きな影響力を発揮することがあるとするのがクリティカル・アクター説である (Childs and Krook 2009)。クリティカル・マスにしてもクリティカル・アクターにしても、どのような政治条件とどのように絡み合うことが重要かに関して議論の蓄積があるが、ここでは精緻な議論に入らずとも、クリティカル・アクターが

重要である点のみ確認するだけで十分であろう。民主党が与党になったということは連合にとっては連合方針に理解の深い議員が多数派になったことを意味するが、政策実現のためには数の多さだけではなく、本当に雇用政策にコミットしてくれる政治家が要職に就くことが重要になる。

この点では細川律夫は雇用政策にとってのクリティカル・アクターであったと言えよう。野党時代は国会で雇用法制に修正を加えることに尽力してきた雇用問題のエキスパートであるからである。そのような人物が厚生労働副大臣（鳩山内閣期）および厚生労働大臣（菅内閣期）に就任したことは、政策形成に大きな影響を与えることになった。細川の貢献がとりわけ高かったのは、本人の自己認識では、高齢者雇用安定法改正と最低賃金引き上げである[16]。雇用法制の場合は三者構成の審議会にて合意形成が図られるため政治主導の余地は少ないが、それでも政治家の役割として経営者への説得は大きいものがある。

最後に残る疑問として、民主党政権下で実現した案件は、民主党政権でなければ実現しなかったのか、それとも自公政権下でも実現することが可能であったのかという点である。労働法制は2007年に大きな見直しがあり、労働契約法、パート労働法、時間外割り増し賃金（労働基準法）の改正が行われた。このときはねじれ国会であったことから、野党であった民主党は国会にて大きな修正を勝ち取ることに成功している[17]。このことを考えると、アジェンダ設定の時点で労働者保護が既定路線となれば、民主党が野党第一党であるときのねじれ国会という政治状況は雇用法制の実現にとっては決して不利な政治状況ではないことがわかる。他方、民主党政権下でもねじれ国会の下では社会保険の適用拡大や労働者派遣法に端的に見られるように、3党修正によって大きな譲歩を余儀なくされている。この3党合意の水準であれば、自公政権でも実現した可能性もある。

ここで注意しなければならないのは、アジェンダ設定の重要性である。アジェンダというのは政府が政策課題であると認識し、公的な政策決定過程に議案として取り上げる案件のことを言う。アジェンダ設定はある程度は政権党がコントロールできるものであり、政権党の政策志向や問題意識が反映して決めら

れる[18]）。しかし、突発的な事件や経済社会情勢の変化をうけて形成される世論の動向もきわめて重要である。自民党政権であっても世論が労働法制の規制緩和に否定的であったり、格差問題への批判が強かったりするときには、大きな規制緩和は進められずむしろ規制強化に乗り出さざるを得ない。逆に世論の追い風がないときには、たとえ民主党政権であっても雇用政策の優先順位は低いということはありえるのである。

そのように考えると、2006年以降に格差が社会問題化したこと、また2008年末に年越し派遣村がつくられ派遣労働者問題が可視化したことは、アジェンダ設定に大きな影響を与えたと言えるだろう。これらは政権党がコントロールできることではなく、メディアでの報道や社会運動の高まりによって、労働法制強化やセーフティネット拡充というアジェンダが設定されたのである。その意味では2009年に政権交代が実現していなくとも、自公政権はそれらの課題に取り組んだであろう。しかし、そのようなアジェンダが設定されなければ、取り組む必要はなかったと言えるだろう。

連合は格差を社会問題化する立役者のひとりであった。その意味でアジェンダ設定に連合は寄与をしており、そうした政治状況をもたらすことができたことが、政策実現力を高めている。アジェンダ設定で主導権を奪われていれば、いくら民主党政権下であっても政策実現はもっと限られてものになっていたはずである[19]）。

3 社会的連帯基盤の形成に向けて

民主党政権下において、連合は政策過程により深くまた重層的に入り組むことが可能となり、その結果政策実現力を向上させたといえるが、他方で連合の運動が民主党の政権運営上の支障とならないよう配慮し、政権批判や大衆運動を意識的に抑制した。インサイダー戦略とアウトサイダー戦略を組み合わせるのではなく、前者に特化したのである。労働組合が支援する政党が政権に就いたとき、労働組合はインサイダー戦略の有効性が高まることからアウトサイダー

戦略を控えることは、イギリスでも観察された現象である（McIlroy 2000）。友好政党が野党のときはインサイダー戦略とアウトサイダー戦略を組み合わせることは矛盾を生じさせるものではないが、政権党のときは両者のバランスは確かに困難である。政権批判を強めて政権の権力基盤を弱め政権交代を早めてしまうようでは元も子もないからである。その意味で、連合がインサイダー戦略に特化するという選択をとったことは不思議なことではない。

ただし、もう少し長期的な社会変動を視野に入れて考えると、別の評価が可能である。脱工業化とグローバル化の進展は国内産業を基盤とする労働組合運動を世界的に弱体化させたが、その一方で深刻な社会矛盾を生み出すがゆえに社会正義を求める社会運動を活発化させてきた。労働組合運動のなかにはそうした社会運動との連携を深める社会運動的労働運動または社会運動ユニオニズム（social movement unionism, social unionism）に活路を見出し、実際に労働運動を活性化させた事例もある（篠田2005)[20]。社会運動ユニオニズムの定義は鈴木（2007）によれば（1）既存の労使関係制度の制約の克服と（それに伴う）労働運動の目的の見直し、(2) 労働組合と社会運動団体との協力・同盟関係の形成、(3) 官僚的な労働組合組織の改革、(4) 労働者の草の根の国際連帯である。

連合も2001年より企業別組合主義から脱する方策を模索し、社会運動ユニオニズムの要素を取り入れてきた。2001年の定期大会で鷲尾悦也会長は、「(連合には) 企業別組合の弊害が目立つ、この考え方から脱却しなくてはいけない」と挨拶に立った。また、2003年には連合評価委員会最終報告を受け、定期大会の大会宣言は連合評価委員会の提言——働くことという原点から労働運動の本質を問い直し、働く者すべてのよりどころになれ——を引用し、「私たちは自らの内なる壁を突き破り、より弱い立場にある人々とともに闘うという運動の原点に立ち」と述べた。さらには、2005年に連合は地域に根ざした顔の見える運動を労働運動再生へと繋げる取り組みを強化し、2007年には非正規労働センターを立ち上げた。

また、民主党が政権交代を果たした前段階として、連合は社会的関心のきわ

めて高い案件に関してキャンペーン活動を行ってきた実績がある。2004年の年金制度改正法案に対する「年金改悪阻止」活動、2005〜06年の「サラリーマン増税阻止」キャンペーン、2007年の消えた年金問題に対する「消えた年金記録回復」キャンペーン、2006年以降の「ストップ・ザ・格差社会」キャンペーン、2008年末からの年越し派遣村への支援活動がある（小島2012）。こうした社会運動的労働運動は連合の存在意義を社会的にアピールする重要な取り組みであり、アジェンダ設定に一定程度の影響を与える活動であったといえよう。とりわけ年越し派遣村の場合は、それまで敵対的であった異なる労働運動が結集し、市民団体やNPOなども加わった点でも画期的なものであった。社会的な連帯基盤の萌芽をここに見ることができよう。しかしながら、その後の連合はこうした動きを取り込むことに成功していない。社会的関心の高い問題に関するキャンペーン活動の取り組みも、民主党政権下におけるアウトサイダー戦略の抑制によって、それまでの流れを止めてしまったようである。2012年以降は日本社会において脱原発デモや官邸前行動が広がり、また貧困に関わるさまざまなイシューで直接行動が以前よりも増えている。こうした社会の変化は個々人の不安や不満を受け止める中間団体が痩せ細り、労働組合もまたそうした受け皿になり得てないことを示唆する。

　連合のインサイダー戦略純化路線は、短期的にはいくつかの政策実現をもたらしたものではあったが、政策実現での連合の実績が社会的に認知されないという結果をもたらすものでもあった。本章でみてきたように、連合が非正規雇用問題に取り組んでいるという事実は一般にはほとんど知られておらず、むしろインサイダー・アウトサイダー理論のような言説が蔓延している。実際に、インサイダー戦略とは「票」と「政策実現」の交換である以上、インサイダー戦略によってアウトサイダーの利益を追求するという政治手法をアウトサイダーに対して理解を求めることには無理があるのである。

　また、アジェンダ設定の観点から考えると、連合がインサイダー戦略に特化したことは、アジェンダ設定への連合の影響力を削ぐものであった。短期的な政策課題と中長期課題を切り分け、短期的課題ではインサイダー戦略を用いて

も、中長期課題に関してはアウトサイダー戦略を保持し、労働問題に対する社会の関心を引き上げたほうが、むしろ短期的課題においても成果を上げられたとさえ言えるのかもしれない。

連合の社会的な認知の低さは、決して軽んじるべきではない深刻な問題である。なぜなら、連合が「より弱い立場にある人々とともに闘うという運動の原点に立ち」、「働くことを軸とする安心社会」を目指すのであれば、連合にとっての交渉力の源泉は社会からの支持にあるからである。実際に、社会運動ユニオニズムを研究する鈴木は、「労働組合の経済的交渉力が労働力の供給のコントロールという構造的な基盤を持つのに対し、社会運動ユニオニズムが行使する影響力は労働組合が地域社会・市民社会から連帯や支持を得られる程度に依拠している」(鈴木 2012：197) と指摘する。

連合が社会運動ユニオニズムの要素を取り入れ、組合員だけのためだけではなく、働く者すべてのよりどころになる運動を展開するのであれば、短期的な政策実現だけではなく、社会的な連帯基盤の構築も同時に追求する必要があるであろう。より大きな政策変更やレジーム転換を実現させるためにはそれを支持する社会的連帯基盤の存在が不可欠であるからだ。求めている政策が実現した結果として社会の連帯基盤が築かれるのではなく、社会の連帯基盤があってこそ、それを強固にする政策を求める声が高まり政策が実現されるのである[21]。

では、社会の連帯基盤とはどのように構築されるものなのであろうか。ここで参考になるのは連帯への動機づけを論じる齋藤純一の議論である。齋藤 (2011) はハーバーマスの議論を敷衍しつつ、連帯への動機づけは、法的な制度がすべての市民に諸権利を保障し、すべての市民が諸権利の「使用価値」を実感できることによってもたらされると論じる。つまり、諸権利を保障する制度へのアクセスに誰もが閉め出されず (非排除性)、その制度が一部の市民だけではなく、自ら自身の生を支えるためのものであるとすべての市民が感じること (普遍性) によって醸成されると主張する。この議論を本章の関心に引きつけると、労働法により保障されている諸権利の「使用価値」をすべての労働者が実感できなくては、労働者間の連帯は生まれないということになる。相当数の若者が

就職活動の際に「ブラック企業」かどうかを気にせざるを得ない現状や、サービス残業や過労死、ハラスメントが発生し続ける現実を前に、労働法という諸権利の「使用価値」は著しく毀損している。既存の諸権利が確実に保障されるためには、諸権利が侵害されているそれぞれの場における労働組合の監視力・規制力が最も有効であろう。つまり、国政レベルにおける連合の政策活動と職場レベルにおける労働組合の監視活動とが相互に連携することによって初めて、連合の政策活動の成果は「使用価値」をもたらすものだと実感されることになるのである。

おわりに

　民主党の雇用・社会保障政策を論じた第2章で、民主党は政策活動と支持基盤・利益媒介の構築とを切り離しており、そのことがメッセージの発信能力の低さにも繋がっている点を指摘した。実は同様のことが連合にも当てはまる。発信能力の低さは技術的な問題ではなく、より根源的な活動姿勢に由来するものである。政策を一歩でも二歩でも前に進めるための現実的な——つまりは妥協を余儀なくされる——政策活動と、その政策活動を担う連合の社会的支持調達活動とが有機的に結合することで、発信能力は高まる。換言すると、政策活動が労働者全体に対してアカウンタビリティを確保することが必要なのである。発信能力が低ければ社会的連帯基盤は構築できず、連合が描いている「働くことを軸とする安心社会」の実現も困難なものになろう。つまりは、政策実現力の向上のためにも、一見遠回りに見える社会的連帯基盤の形成に運動の比重を置き、組織化やネットワーク形成と政策活動のあいだの回路をつないで、それを可視化することが連合にとっての課題といえる。

　連合がその社会的認知を低下させたり、アジェンダ設定への影響力を減少させたりしたことは、民主党に対しても打撃となる。連合はインサイダー利益だけを考える組織であるとの批判は、その連合に選挙で依存する民主党への批判へと転化するからである。連合は民主党の重要な支持団体であるが、その票だ

けでは政権には就けない以上、連合が社会的基盤を拡大することは民主党にとっても支持層の開拓に繋がるものである。民主党が支持基盤・利益媒介の構築を見据えて政策課題の決定と政策過程の刷新を行うのであれば、連合はインサイダー戦略かアウトサイダー戦略かで引き裂かれることもなく、社会的連帯基盤の構築に繋がる政策活動の展開が可能になるのではないだろうか。

注
1) 連合には総合組織局、総合政策局、総合労働局、総合男女平等局、総合国際局、総合企画局、総合総務財政局があり、総合政策局の下に経済政策局、社会政策局、政策福祉局が置かれている。政策活動には総合政策局のほか総合労働局および総合男女平等局が中心となって従事している。
2) 連合幹部インタビュー。
3) 連合幹部インタビュー。
4) 連合幹部インタビュー。
5) 連合資料。
6) 民主党は「民主党政策INDEX 2009」の中で公開会社法の制定を謳っており、監査役に従業員代表を含めること等が盛り込まれていた。
7) 連合の参加は2011年6月からのため、2009年時点の参加審議会には含まれていない。
8) IFRSの強制適用に関しては自見金融庁担当大臣(国民新党)が慎重姿勢を取った影響も大きい。IFRSが適用されると企業年金制度や退職金制度が廃止され、長期雇用安定へ悪影響を与える可能性があると連合は懸念を表明している。結局、2013年6月に金融庁は強制適用を見送った。
9) 連合幹部インタビュー。
10) 第2章で検証されているように、子ども・子育て支援策の制度設計に関して連合の意向はかなり反映されている。
11) 「新成長戦略(基本方針)」(http://www.kantei.go.jp/jp/kakugikettei/2009/1230sinseichousenryaku.pdf:2009年12月30日)。
12) 連合事務局長談話「求職支援法および改正雇用保険法の成立についての談話」(http://www.jtuc-rengo.or.jp/news/danwa/2011/20110513_1305263104.html:2011年5月13日)。
13) 連合幹部インタビュー。
14) 中央最低賃金審議会議資料参照(http://www.mhlw.go.jp/stf/shingi/2r9852

0000008few.html)。2012年度は中央最低審議会が示した目安は7円であったが、実際には各県の審議会で上乗せが相次ぎ12円の引き上げとなった。その結果、全国加重平均額は749円となった。
15) 細川律夫氏インタビュー。
16) 細川律夫氏インタビュー。
17) 細川は「参議院選挙前には想像もしなかった大幅な修正を与党から引き出すことができた」と発言している（ハーバーマイヤー 2008：66)。
18) Kingdon (2003) によれば、社会のなかでアジェンダとして認識される社会的アジェンダ（public agenda）と政府が取り組む公的アジェンダ（government agenda）は異なる。ここで問題にしているのは社会的アジェンダである。
19) たとえば、生活保護基準の切り下げや生活保護申請の厳格化に関しては自民党の不正受給追求がアジェンダを設定し、連合も民主党もセーフティネットを拡充すべであるというアジェンダを設定できていない。
20) よく知られる社会的労働運動の成功例は1990年の米国ロサンゼルスの「ジャニター（清掃業務請負人）に正義を！（Justice for Janitors!）」キャンペーンである。Hauptmeier and Turner (2007) はニューヨークの労働運動が政治的連携（political coalitions、political insider coalitions）を深め多くの要求を勝ち取るものの労働運動としては衰退しつつある点を、社会的連携（social coalitions）による労働運動を再生したロサンゼルスの事例と対比させている。
21) たとえば、高齢者雇用安定法の成立は民主党政権にとっては大きな成果であるが、他方で高齢者の雇用確保は若年者雇用に悪影響を与えかねないという意味では社会的連帯基盤の醸成には繋がらないものである。実際、東京都の調査によると20代の4割以上が高年齢者の雇用確保は若年者の雇用に悪影響を与えると答えており、その割合は60代では25％にすぎない。世代間の認識ギャップは深刻である（東京都産業労働局「平成24年度中小企業等労働条件実態調査：高齢者の雇用継続に関する実態調査」http://www.sangyo-rodo.metro.tokyo.jp/monthly/koyou/roudou_jouken_24/index.html)。

〈参考文献〉

安周永 (2013)『日韓企業的雇用政策の分岐：権力資源動員論からみた労働組合の戦略』ミネルヴァ書房。
小島茂 (2012)「労働組合（連合）の政策実現の取り組みと政府・与党との政策協議の

在り方について——政権交代と労働組合（労働運動）の役割——」第17回「ソーシャル・アジア・フォーラム（中国・桂林）」——日本の「労働組合活動報告」。

齋藤純一（2011）「制度化された連帯とその動機づけ」齋藤純一編『支える：連帯と再分配の政治学』風行社。

篠田徹（2005）「市民社会の社会運動へ：労働運動の古くて新しいパースペクティブ」山口二郎・宮本太郎・坪郷實編『ポスト福祉国家とソーシャル・ガバナンス』ミネルヴァ書房。

鈴木玲（2010）「社会運動ユニオニズムの可能性と限界：形成要因、影響の継続性、制度の関係についての批判的考察」法政大学大原社会問題研究所・鈴木玲編『新自由主義と労働』御茶の水書房。

ハーバマイヤー乃里子（2008）「労働契約法の修正と成立の過程をふりかえる」『季刊労働法』221：66〜77頁。

三浦まり（2007）「小泉政権と労働政治の変容」『年報行政研究』42号。

Childs, Sarah and Mona Lena Krook (2009) "Analyzing Women's Substantive Representation: From Critical Mass to Critical Actors", *Government and Opposition*, 44 (2): 125-145.

Hauptmeier, Marco and Lowell Turner (2007) "Political Insiders and Social Activists: Coalition Building in New York and Low Angels", In *Labor in the new Urban Battlegrounds: Local Solidarity in a Global Economy*, edited by Lowell Turner and D. Cornfield. Ithaca: Cornell University Press.

Kingdon, John W. Agenda (2003) *Alternatives, and Public Policies*, 2nd edition, New York: Longman.

McIlroy, John (2000) "The new politics of pressure – the Trades Union Congress and new Labour in government", *Industrial Relations Journal*, 31 (1): 2-16.

Rueda, David (2007) *Social Democracy Inside Out: Government Partnership, Insiders, and Outsiders in Industrialized Democracies*, Oxford: Oxford University Press.

Saint-Paul, Gilles (2000) *The Political Economy of Labour Market Institutions*, Oxford: Oxford University Press.

——— (1996) *Dual Labor Markets*, Cambridge: MIT Press.

第6章　対立軸の変容とリベラル政治の可能性
——福祉政治を軸に——

宮本 太郎

はじめに——消極的な一極化——

　民主党政権が倒れて自民党を中心とした政権運営が復活して以来、日本政治には一極化の傾向が見られる。二大政党制と政権交代のある政治が、日本政治の質を高めるという期待が潰えた反動もあって、今政治に求められているものは、「ねじれ」をただした実行力であるかの議論も多い。この実行力でいかなる勢力が何を実現するべきか、その点については具体的な方向性が共有されているわけではない。しかし、アベノミクスに対しての期待と民主党への支持の低下が連動して、各紙の世論調査における政党支持率を見ると、2014年春までに関するかぎり自民党の支持率はいずれの野党も大きく上回る水準を維持し続けている。

　しかし、2012年に自民党が政権に復帰してから享受している30％台の支持率というのは、かつて長期政権を保持していた時代の自民党を想起すれば、決して高い水準ではない。自民党に対する比例区での投票も増大しているわけでない。にもかかわらず今日の自民党には、憲法改正に着手できる可能性を含めて、かつてと比べて権力が集中しているように見える。その理由は単純で、自民党以外の対抗的な勢力がことごとく力を失っているのである。

　背景にあるのは、まずは政党政治そのものへの不信であろう。政党政治への不信は欧米諸国とも共通する傾向で、これは政治家の資質や政治文化（ソーシ

ャルキャピタル）の変容に起因するというより、グローバル化によるより構造的な背景からきているという指摘が増えている（ヘイ 2013；ストーカー 2013）。すなわち、市場経済のグローバル化で新自由主義的施策以外の政策的選択肢への制約が強まり、この構造的制約に対して無力で機会主義的な振る舞いに終始する政治に対して、失望が広がっているのである。

　利益誘導の能力を喪失した政治は、それに代わって上からの強力なリーダーシップを訴えて、中核的執権化あるいは大統領制化の傾向を見せる。政権交代への失望は、政党間の論戦や対抗が政治を活性化させるより「決められない政治」を招くという見方が広がり、消極的な選択として一極化が進む。本章では、政権に復帰した自民党とくに安倍内閣が、こうした条件下で、グローバル化に沿った改革とナショナリズムを使い分けることで、消極的支持をつかみ、一強多弱の政治を維持したことを示す。

　これに対して、対立軸のある政党政治を活性化させる道はあるのであろうか。本章では民主党政権の分析も踏まえつつ、リベラリズムの行方という観点から、福祉政治をめぐる新たな政治対抗の可能性を検討する。本章の内容は、本書の執筆者との討論の成果であるが、規範的な言説や問題提起に関しては、筆者一人がその責を負うものである。

1　福祉政治の新しい対立軸

(1) 政治的対立軸の変容

　日本の政党政治においては、長い間、野党第一党の社会党などが憲法擁護と平和主義を掲げて自民党に圧力をかけるなか、自民党が裁量的な利益誘導によって、再分配的な性格の強い生活保障政策を展開するかたちが続いていた。そこでは、社会経済政策に関する限り、野党はそもそも資本主義や福祉国家の経済的体制を積極的に承認していなかったが、憲法体制を守るという立場から与党に圧力をかけた。逆に憲法体制を覆すことを党是とする自民党は、野党の圧

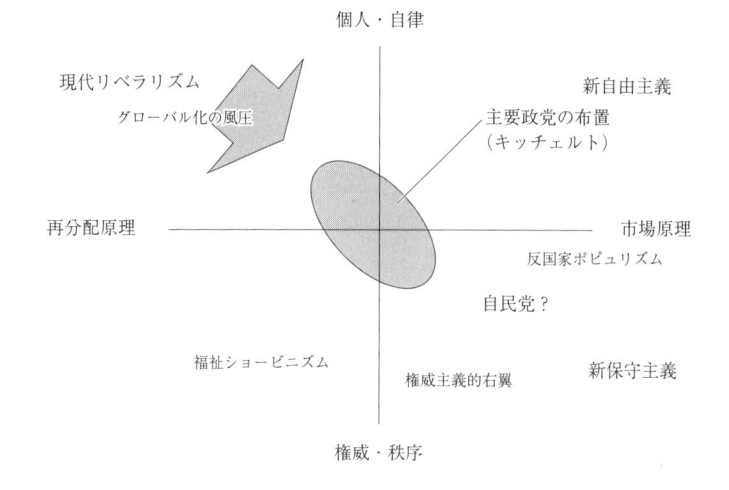

図 6-1　政党政治の対立軸と現代リベラリズム

```
                       個人・自律
                          │
   現代リベラリズム          │        新自由主義
     グローバル化の風圧      │    主要政党の布置
                          │    （キッチェルト）
                          │
  再分配原理 ──────────────┼────────────── 市場原理
                          │     反国家ポピュリズム
                          │
                          │       自民党？
                          │
    福祉ショービニズム      │        新保守主義
                   権威主義的右翼
                          │
                       権威・秩序
```

力のもとで政治的な延命のために生活保障の拡充を進めた。

　戦後日本を支えてきたのは、資本主義体制を否定するはずの野党陣営が憲法体制を擁護し、憲法体制を否定する与党が再分配の推進を担うという奇妙なズレを伴った政党政治であった。それゆえに、事実上の再分配を進めた自民党も、それゆえに再分配政策より平和主義に傾斜した社会党も、ともに個別政策を包括する積極的な価値原理や理念を打ち出すことができなかった。

　こうしたなかで冷戦が終了し、社会主義のイデオロギーが急速に説得力を失い、他方で与党の利益誘導による生活保障を支えてきた財源もまた枯渇したとき、日本の政治は一挙に流動化した。そのなかから、他の先進諸国とも重なり合うような、新しい政党対立の可能性も見えてきた。

　図 6-1 は、私がかつて『福祉政治』という本のなかで使った福祉政治の新しい対立軸についての図式をもとに、H. キッチェルトの分析モデルも踏まえて、象限を入れ替えたものである（宮本 2008：177；Kitschelt 1997：15）。

　水平軸は経済軸であって、一方における市場原理、他方における再分配原理のどこに位置するかを見るためものである。ここで再分配とは、市場原理を制

御しつつ、福祉国家的な社会的給付を通してであれ、あるいは公共事業などの配分を通してであれ、市場原理とは異なった方法で財の分配を図るものである。つまりここでは、税や社会保障給付を通しての（狭義の）再分配のみならず、一次所得の次元で所得の安定を図る施策も含めて再分配とする。

　他方で垂直軸は社会文化軸であって、一方においては、個人を単位としてその自律と自由を原理とする社会の構想がある。社会文化的な多元性を尊重する極である。これに対して他方の極には、権威と秩序の尊重を原理としてコミュニティを単位とする社会という理念が置かれる。

　キッチェルトは旧来の社会民主主義を、垂直軸では中立的に、水平軸では再分配の極に近いポジションに位置づけている。20世紀の社会民主主義と福祉国家には、ドイツやフランスのように、家族主義や行政の権威主義を組み込んだケースも多く見られ、こうしたケースは垂直軸ではニュートラルというより権威・秩序の極に近かったと見なすべきであろう。日本についても自民党の保守本流勢力のもとで進められた再分配は、福祉国家による権利としての社会的給付ではなく、官僚制をテコにした業界保護を通しての再分配であった。すなわち、政治家が票や献金の見返りとして業界を保護し、そこでの経営の持続と男性稼ぎ主の雇用を安定させ家族扶養を可能にする、という仕組みであった。このようなかたちもまた、第三象限に位置づけることができよう。

　この仕組みの揺らぎを受けて、たとえば1996年の橋本六大改革から始まり、やがて小泉構造改革として全面的に展開された改革路線は、新自由主義の流れであった。これに対して、1980年代にサッチャリズムやレーガノミクスが登場して以来、市場原理を打ち出しつつ、これを家族主義やナショナリズムと強く連結させる言説が広がっていった。第一象限の新自由主義と第四象限の新保守主義はしばしば混同されるが、両者の区別は重要である。日本でも、小泉構造改革を継いだ第1次安倍政権以来、安倍晋三氏のリーダーシップは、市場主義的改革を継承しつつも、それ以上に家族主義やナショナリズムを強調する傾向が強かった。

　小泉構造改革の司令塔となった経済財政諮問会議の骨太の方針には、「働く

女性に優しい社会」というスローガンが掲げられた。財政健全化を目指す財務省の思惑もあったが、特別配偶者控除の一部を廃止して女性の就労に中立的な制度を構築するという政策提起であった。他方で、第1次安倍内閣のもとでは、専業主婦の子育て支援を強化しようとする「新しい少子化対策」の流れを受けて、児童手当の拡充が行われた。

　市場原理主義と家族主義、ナショナリズムを連結する新保守主義は、新自由主義よりも一貫しない、矛盾した考え方であるようにも思える。にもかかわらず、民主党政権倒壊後の自民党政治は新保守主義的な性格を強めている。次にそのことの意味を考えたい。

(2)「北西」からの風圧

　市場原理は基本的に権威や秩序の基盤となる共同体を解体していく。その意味では、市場原理と個人の自律を連携させる新自由主義こそ一貫した強力な原理であるように見える。しかし、実態としては、今日の日本における政治勢力の配置において、諸アクターが集まりつつあるのは第四象限である。

　このことを説明するためには、この政治空間においてさまざまなアクターの利益と行動を方向づけているグローバル化と脱工業化とはいかなる政治的効果を伴ったものかを見ておく必要がある。

　グローバルな市場経済の形成と脱工業化が生み出す政治的効果を、ここでは図の第二象限部分に示した矢印で表そう。今日、このようなかたちで、いわば「北西」の方向から政治空間に強い風圧がかかっている。この風圧がこうした方向からかかる理由を述べよう。

　市場経済のグローバル化は、とりあえずその共通言語として市場原理の徹底を進める。先進国ではこの展開が脱工業化と一体となって進む。20世紀を特徴づけた重厚長大型の工業社会は、実際には、自立した自由な個人の選択によって成り立つというより、伝統社会の置き土産ともいうべき家族や地域の共同体に支えられ、また職業選択などについても、生まれ育った地域や家族のなかで選択の幅が絞り込まれることが普通であった。日本のみならず欧米でも大企業

の経営は一種の「企業コミュニティ」という性格を帯び、そこからの安定した収入で男性稼ぎ主が妻子を扶養することが期待された。

ところがグローバル化と脱工業化は、工業社会をかたちづくってきたこうした基盤を浸食してしまう。一方では、家族や地域あるいは「企業コミュニティ」や労働組合などに残っていた共同体的性格を解除してしまう。他方では、福祉国家的な再分配についても、北欧などのように人的資本の強化と連動していない限り、これを縮小してしまう。職場や地域など、人々の社会的帰属と被承認感を支える紐帯が次第に衰退する。サービス経済化と女性の就労拡大で家族のかたちも変わる。

人々はいわば剥き出しの個人としてこうした帰属先から析出される。個人単位の社会という近代社会の「建前」が、経済的な困難や不安を広げつつ、現実のものになっていく。かつて人々の生を拘束していた縛りが解かれると同時に、それゆえに寄る辺なき生を強いられる人々も増大する。U. ベック、C. ラッシュ、A. ギデンズはこうした事態を「再帰的近代化」と呼び、これからの政治や社会のあり方を方向づける条件とした（ベック・ラッシュ・ギデンズ1997）。こうした事態が進行するなかで、人々は新たな帰属先を模索し、失われる権威や秩序の再建を求めるようになる。政治難民や移民の増大、周辺諸国のグローバル経済における台頭なども、ナショナリズムへの志向を強める。

ここにこの「北西」からの風圧が第四象限に政治アクターを押し流していく理由がある。

市場原理と権威・秩序の関連は、本来背反するはずであるにもかかわらず、むしろ背反するからこそ、この両者の結びつきと連携が強まるのである。市場化のなかで個人の自由と自律を享受するという新自由主義的な物語を生きることができるのは、一部の恵まれた層に留まる。多くの人々にとっては、TPP（太平洋経済連携協定）や労働市場の規制緩和の推進などの施策を通して、生の寄る辺なさが強まる。そこにその受け皿として国家や家族の価値が観念的に打ち出されるわけである。新保守主義は、いわばマッチポンプとも言うべき政治的ビジネスモデルであり、ゆえにそこから構想される社会像は必ずしも明確

なフォーカスを持たない。にもかかわらず、グローバル化と脱工業化のもとでは、それはきわめて有力な政治手法なのである。

(3) 新しい右翼の諸潮流

ここでキッチェルトがこうした政治対抗のなかで「新しい右翼」の台頭を論じていることを想起したい。キッチェルトによれば、図のような政治的対立が定着していくなかで、社会民主党や穏健保守党の政治戦略と位置取りが変わり、「新しい右翼」が台頭のチャンスを得る（Kitschelt 1997）。

キッチェルトは「新しい右翼」を3つの類型に区分している。第一に、「権威主義的右翼」であり、かつてのファシズム政党とは異なり、資本主義体制への批判より資本主義的な業績原理の擁護を求め、移民などの排斥を求める。支持層としては自営業に加えてブルーカラー労働者の比率も高い。

第二に、「反国家ポピュリズム」政党であり、これは権威・秩序への接近よりも、既成政治や既得権批判に力点を置く勢力で、ホワイトカラー労働者を含めて各階層から支持を集める。

そして第三に、「福祉ショービニズム」政党であり、従来の右翼政党より政府による再分配政策の強化や福祉国家の擁護を求め、他方でその給付対象から移民層を排除することを求めるものである。支持層は自営層が少なく、ブルーカラー労働者の比重が高い。

キッチェルトは、ヨーロッパでこれまで基本的には水平軸すなわち経済社会政策をめぐって対抗してきた社会民主主義政党と穏健保守主義政党が、図6-1の中央部の楕円のように接近する傾向があるという。たしかにイギリス、ドイツ、北欧諸国などの社会保障改革においては、社会保障と就労の連携を進める点などで、主要政党の立場が接近する傾向がある。キッチェルトによると、そのような場合には第四象限と第三象限に空隙が生じ、3つのタイプの「新しい右翼」政党が支持獲得の機会を得るという。

実際にヨーロッパのいくつかの国でポピュリズム政党の台頭が進み、キッチェルトの議論はこうした現象を説明するためにかなりの程度有効である。2013

年のイタリア総選挙で第二党に躍進した「5つ星運動」などは（必ずしも右翼政党ではないが）「反国家ポピュリズム」的性格が強い勢力であり、また北欧諸国では国民党（デンマーク）、進歩党（ノルウェー）、真のフィンランド人党（フィンランド）など「福祉ショービニズム」型の政党が政治のキャスティングボートを握りつつある。フランスの「国民運動」などは、穏健化しつつあるという見方もあるが、「権威主義的右翼」の性格を持っていると言えよう。

これに対して、日本でも、「日本維新の会」のような新興政党が第四象限に位置取っていた。同党には、キッチェルトのいう「反国家ポピュリズム」の系譜と「権威主義的右翼」の系譜がともに流れ込んでいた。しかしながら日本では、政権党としての自民党が、ヨーロッパの保守政党に比べると、第一象限の市場原理主義を伴いつつも第四象限に接近する度合が高い。安倍政権のイニシアティブは、維新の会を分断するようなポジションにあるために、その分、同党が伸びにくい状況が生まれ、その分裂が引き起こされたといえよう。さらに自民党は、公共事業による再分配にも再び力を入れており、第三象限の一部も抑えている。

おそらく自民党もここまで幅広い布陣を長期的に継続することは困難で、これから財政健全化への調整を図る必要が強まり、外交や安保をめぐる政策転換で内部に亀裂を生じさせる可能性もあろう。その段階では、なんらかのかたちで布陣の縮小と再編を迫られることになろう。

2　リベラリズムの可能性

(1) リベラリズムという問題

ここで問われなければならないのは、第二象限を誰がどのように埋めるか、ということである。図では現代リベラリズムという言葉でこの象限を表現した。ここでリベラリズムという表現についてその意味を整理しておきたい（盛山 2006）。

いささか教科書的な叙述になるが、ここでリベラリズムという混乱に満ちた言葉をめぐる経緯を辿っておこう。この言葉はもともとは絶対王政を背後にしたギルド的な経済秩序に対抗した経済的自由主義を指したものにほかならなかった。A. スミスや D. リカードといった、市場原理を基礎とした社会を構想した人々がこの時期のリベラリズムを担った。

　これに対して、ヨーロッパ的な旧秩序がもともと存在せず、市場原理がプロテスタンティズムの宗教倫理や家族主義と一体化しつつデフォルトとなったアメリカにおいては、リベラリズムの意味するところは大きく変わった。市場原理と一体化した宗教倫理や家族主義を打ち出す保守派に対して、社会文化的な軸においては、個人の自由や自律を重視しつつも、経済的な軸においては、むしろ政府機能の拡大と再分配を重視する考え方がリベラリズムと呼ばれるようになったのである。イギリスにおいても、経済的自由主義の思想が定着しつつあった1880年代後半に、T. H. グリーン、L. T. ホブハウス、J. A. ホブソンらが、市民の力量を高めることを支援する自由主義を唱え、「ニュー・リベラリズム」と呼ばれたが、アメリカのリベラリズムもまた、社会経済政策に関するかぎりは、経済的自由主義とは逆の極に振れたものであった。

　このような意味でのリベラリズムは、アメリカでは1960年代に進められた民主党主導の福祉改革を支えたと見なされている。しかし、この時期のアメリカのリベラリズムが、どこまで個人の自由や自律を支える福祉国家の設計に成功していたかは疑問である。たしかにこの時期、ケネディによるニューフロンティア政策やジョンソンのグレートソサエティ政策によって、アメリカでは「福祉爆発」とも呼ばれた社会保障の拡大が起きた。だがそこで力点を置かれたのは、要保護児童家庭扶助（AFDC）など、困窮層への現金給付に力点をおいた福祉改革であった。

　つまり、20世紀のアメリカにおけるリベラル勢力が追求した福祉政策には、権威主義的な選別主義という面があり、これが福祉依存層を増大させたことからも、その後中間層の批判が強まっていく。20世紀型の福祉国家は、アメリカのこうした「自由主義モデル」のみならず、大陸ヨーロッパでキリスト教民主

主義勢力のイニシアティブのもとで形成された「保守主義モデル」についても、強固な家族主義など秩序志向の強さが指摘されてきた。その意味で20世紀型福祉国家は、第三象限に重なるところに位置していたと言ってよいであろう。

こうした20世紀型の福祉国家への反発が、1980年代にはネオ・リベラリズム（新自由主義）というかたちをとって出現したことで、リベラリズムという言葉をめぐる混乱は深まる。このネオ・リベラリズムは、一面では19世紀の経済的自由主義への先祖返りという側面があった。だが他方では、戦後資本主義体制が廉価な石油や資源に依存し続けることが困難になった状況を受けて、重化学工業主体の体制を規制緩和による金融サービスを軸とした体制に移し替えていくといういわゆるワシントン・コンセンサスに基づいていた。その点でネオ・リベラリズムは、20世紀終盤の状況に対応していた（ハーヴェイ 2007）。

(2) 現代リベラリズムとは何か

このような展開のなかで、それでは第二象限を埋めるリベラリズムはどこに見出すことができるのか。第一に、少なくとも理論的には、1974年にJ. ロールズの「正義論」が公刊され、多元社会のなかで個人の多様な価値（善）の追求を可能にする再分配という考え方が提示された（ロールズ 2010）。ロールズは、多様な価値の追求を可能にする体制に正義を見出したのである。

この考え方は、困窮層への価値配分を重視したアメリカ60年代のリベラリズムとは異なり、人々の異なった善を包摂するより普遍的な社会原理を提示することを目指していた。その場合ロールズは、事後的に再分配を行い、最低限度の生活保障を行う「福祉国家型資本主義」と、事前に資産と人的資本を発揮する教育などの条件を分配しておく「財産私有型民主制」とを区別して、後者の体制を望ましい制度として打ち出した（ロールズ 2004）。なぜならそれは、人々に各々の善を追求する条件を提供するからである。

第二に、比較福祉国家研究の展開によって、福祉国家の多様性が明らかにされ、スウェーデンなどの福祉国家体制は、個人の潜在能力を発揮する条件形成を目指してきたという点で、新しいリベラリズムを部分的に実現していること

が次第に理解されるようになってきた。

　このことは、ロールズが「福祉国家型資本主義」を批判し、「財産所有型民主制」に新しいリベラリズムの礎を見出したことと矛盾しているように見える。だが決して矛盾してはいない。ロールズが批判的に言及した最低保障重視の「福祉国家型資本主義」はアメリカのような自由主義レジームの特質であった。これに対して、スウェーデンなど北欧の福祉国家では、それとは大きく異なったビジョンが追求された。たとえばスウェーデン福祉国家の形成を主導したT・エルランデル首相が示した「自由選択社会」という考え方は、人々の多様な価値追求を支援するという点で、むしろロールズの「財産私有型民主制」に近いものがあったのである（宮本 2010）。

　第三に、こうした第二象限を満たすリベラリズムの考え方は、ネオ・リベラリズムの台頭のなかでこれに対抗しようとする社会民主主義的勢力の試行錯誤を通して発展してきた。すなわち、60年代型のリベラリズムあるいは社会民主主義を支えていた陣営のなかから、個人の選択や自律に力点をおいた新しい社会保障や再分配のあり方を提起する潮流が現れた。たとえばそれは、アメリカの民主党指導者協議会が掲げた「第三の選択」であり、イギリス労働党の「第三の道」の路線であった。

　たしかにこうした潮流の現実の政策展開を担ったB.クリントンやT.ブレアは、ネオ・リベラリズムに過度に接近した面がある（宮本 2013）。しかしながら、こうした流れが、アングロサクソン諸国のなかでも、20世紀型の福祉国家やアメリカの60年代リベラリズムをいかに超えていくかという問題意識を広げた意義は大きかった。そしてこの流れもまた、ロールズの「財産私有型民主制」構想や北欧の福祉レジームのビジョンと重なるものであった。

(3) 現代リベラリズムの困難

　グローバル化と脱工業化の時代に、第二象限を占めるべきリベラリズムを、とりあえず現代リベラリズムと呼ぶならば、この考え方は、20世紀型リベラリズムとの論争も経ながら、政治哲学、比較体制分析、そして各国の政党政治の

なかで、長期にわたり蓄積がされてきている。

　だがここで考えなければならないのは、先に見た「北西からの風圧」によって、この第二象限に位置するべき考え方が有効性を弱めているように見えることである。グローバルな市場経済の圧力は、再分配原理よりは市場原理へのシフトを迫るのではないか。そしてその帰結として人々の社会的帰属が揺らぎ移民問題も争点化するなかで、ナショナリズムや家族への回帰が強まるのではないか。「北西からの風圧」は、第二象限に位置する理論や政治をなぎ倒して、第四象限の新保守主義に政治アクターやその政治基盤を吹き寄せているように見えるのである。

　だが、再分配原理に基づく教育・訓練政策が、個人の能力を高め負のコストを削減することで、剥き出しの市場原理よりも経済の競争力を高めることはすでにさまざまに指摘されている。ダボスの世界経済フォーラムが毎年発表する各国の経済競争力ランキングの上位は、むしろ社会的支出のGDP比が大きな国が占める傾向がある。

　あるいは、伝統社会から引き継いだ共同体が解体した後に登場する「再帰的近代」においては、コミュニティへの帰属それ自体が個人の自律と矛盾することはなくなる。地域であれ、家族であれ、職場であれ、これからのコミュニティは、所与のものというよりは再生されたもの、あるいは新たに形成され、選択されたものという性格を強める。

　個人が自律的に多様な価値を選び取り生きることを支えるという現代リベラリズムの考え方は、コミュニティと無縁に生きていくことを決して意味しない。現代リベラリズムは、雇用であれ、地域であれ、家族であれ、なんらかのコミュニティへの帰属あるいはそこからの離脱が、どこまで個人の自覚的判断のもとに行われるか、帰属や離脱を可能にする制度条件がいかに提供されるかを重視する。

　個人の自律とは裸の個人の自由ではなく、人々が自らの意志でその自己実現を図るコミュニティを選び取るということなのである。逆に言えば、図の垂直軸で権威と秩序の極は、こうしたコミュニティへの帰属を個人の自覚的判断や

選択よりも優先させ個人を拘束するかたちを示す。

　雇用、地域、家族がグローバル化と脱工業化のなかで次第に凝集力を失い、あるいは解体していくなかで、そのようなコミュニティとの関連で個人の自律を説く現代リベラリズムは、見方によっては依って立つ前提を喪失したように見える。だが、「北西からの風圧」は、決して第二象限を無効化するものではない。比喩的に言えば、この風にしっかりした帆を立てて、そこから大きなエネルギーを取り入れていくことが重要になる。

　そのためには、前節で整理した個人の自律のための再分配という社会原理を、市場原理や権威・秩序に対する内在的な批判と対峙を経た、より深い原理として打ち出す必要がある。それは、再分配原理を市場原理に形式的に対置されるものではなく、市場競争のあり方を質的に転換するかたちで提起することであり、また個人の自律をコミュニティの外部での孤立ではなく、社会に包摂されてある個人の自律として打ち出すことである。

　つまり現代リベラリズムは、個人の自律のみならず、その前提となるコミュニティの維持、培養、形成をも併せて追求しなければならない。安定的なコミュニティが所与の前提となっていた20世紀型のリベラリズムに比べて、再帰的な近代におけるリベラリズムは、いわば再帰的なリベラリズムでなければならない。

　このように言うと、現代リベラリズムの課題は、きわめて複雑に見えるかもしれないが、決してそうではない。それは第一に、老若男女が就労し、家族をつくり、地域に生活の基盤を築くことを支援していくことである。就労に関しては、職業的社会的能力を高め、低生産性部門の小さな雇用でもこれを創出して就労の機会を広げ、女性については採用や昇進についての差別を撤廃していくことがその方法である。家族については、子どもを産み育てるコストを削減し、あるいは若年層の所得を安定させることなどがその方法となろう。包摂と自律を求める現代リベラリズムは、この点でアクティベーションと呼ばれる包摂戦略と重なってくる（宮本 2013）。

　ただし第二に、やみくもに就労を求めたり、一面的に結婚や家族形成を奨励

するならば、それはリベラリズムの基本原則からの逸脱となろう。そうではなく、雇用、家族、地域といった複数のコミュニティに帰属するできる条件を創出し、人々が複数の物語を生きることを可能にすることこそが現代リベラリズムの課題となる。なぜなら、個人にとってはそのことこそが、雇用、家族、地域といった個別のコミュニティに対して自律的に関わることができる条件となるからである。同時にそれは、より長い時間を学習・訓練の場で過ごすことを可能にし、就労の質と労働生産性そのものを高めようとする考え方でもある。

現代リベラリズムが雇用、家族、地域からの個の自律を説くばかりではなく、その前提として一連のコミュニティの再生と維持を課題として打ち出していくならば、すなわち再帰的なリベラリズムという性格を強めるならば、そこにはネオ・リベラリズムと距離を置こうとする第三象限の保守主義との接近も生まれてこよう（中島2013；中野2013）。

おわりに——政治対抗の再生は可能か——

議論をもう一度日本に戻して考えたい。日本の政党政治の特徴は、とくに有力政党の内部に複数の政治的潮流が同居し、図の四つの象限で言えば、各党が複数の象限にまたがる幅広で曖昧な布陣を続けながら、そのリーダーシップに関しては、四つの象限を大きく移動してきた、という点にある。

先にも示唆したように、自民党はかつて第三象限の権威的な再分配による利益誘導で政権基盤の培養を図ってきた。しかし、財政的制約からその財源が確保できなくなり、また既得権批判も高まるなかで、第一象限の新自由主義的なアプローチに転じた。そして今日にあっては、第一、第三、第四象限を横断するような広い布陣をとっているがが、今後はナショナリズムや秩序原理を前面に出した政策展開が際立ってくることも予想される。

こうした自民党の動向にも対応して、民主党のリーダーシップも四つの象限にまたがる不規則な動きを示してきた。2005年の郵政改革選挙までは、民主党のリーダーシップには市場原理に基づく構造改革を自民党と争うような傾向も

見られた。その後、構造改革の負の遺産として格差や貧困の問題が取り上げられるようになると、小沢一郎代表のもとでの民主党は2007年の参議院選挙の前後では地方の利益擁護で自民党のお株を奪うような動きも見せつつ、個別の政策では基本的に第二象限に属すると思われる提起を増やしていった。

　しかしながら、一連の政策提起は構造的な連携に欠いていた。現金給付による再分配が打ち出されたり、公共事業による権威主義的な再分配から個人支援への転換が主張されたが、今日のリベラリズムが直面するディレンマを踏まえての、再分配を通しての経済強化や家族やコミュニティの形成を支援するといった課題への取り組みは十分に行われなかった。

　またそれ以上に、こうした課題を達成するためのガバナンスの転換という課題が、自覚的に追求されたとは言えない。地域で雇用と社会保障が連携しさらにこれを経済政策が下支えするという仕組みをつくり出すことは、現代リベラリズムにとって不可欠の事柄である。たとえば、地方政府が、社会保障政策、雇用政策、経済政策、住宅政策などを地域の事情に応じて連携させ、人々の包摂を進めること、そのために政治がイニシアティブを発揮することが必須の条件となる。こうしたガバナンス転換がなければ、投入されたリソースはなかなか政策課題の達成に結びつかず、結局は投入する資源そのものを限定しようとしたり就労を強制したりするワークフェアを浮上させる。そして結果的には、新自由主義的、あるいは新保守主義的なアプローチを促進することになろう。

　他方で、「北西からの風」は第四象限に政治アクターを集めつつあるが、ここでは市場原理の打ち出しと権威的なナショナリズムや家族主義の打ち出しが、マッチポンプ式に繋がる一方で、常に相互に矛盾し分裂していく傾向がある。現代リベラリズムが政治勢力として第二象限に安定した足場を築くためには、この第四象限の新保守主義との対峙のなかで、そのような矛盾を突きながら、経済戦略とコミュニティ形成の双方で、新しい構想を示す必要がある。

　これからの日本の政党政治で、第二象限の現代リベラリズムあるいは再帰的なリベラリズムを担う勢力が現れるのか、であるとすればいかなる勢力であるかは不透明である。だが、今日の政治がダイナミックな政治対抗を回復できる

かどうかは、現代リベラリズムがこのようなかたちで第二象限に位置取りをできるか否かにかかっているということはできよう。

〈参考文献〉

盛山和夫（2006）『リベラリズムとは何か　ロールズと正義の論理』勁草書房。
ジェリー・ストーカー（山口二郎訳）（2013）『政治をあきらめない理由　民主主義で世の中を変えるいくつかの方法』岩波書店。
中島岳史（2013）『「リベラル保守」宣言』新潮社。
中野剛志（2013）『保守とは何だろうか』NHK出版新書。
デヴィッド・ハーヴェイ（2007）（渡辺治・森田成也・木下ちがや・大屋定晴・中村好孝訳）『新自由主義　その歴史的展開と現在』作品社。
コリン・ヘイ（2013）（吉田徹訳）『政治はなぜ嫌われるのか　民主主義の取り戻し方』岩波書店。
ウーリヒ・ベック、スコット・ラッシュ、アンソニー・ギデンズ（1997）（松尾精文・叶堂隆三・小幡正敏編訳）『再帰的近代化　近現代における政治、伝統、美的原理』而立書房。
宮本太郎（2008）『福祉政治　日本の生活保障とデモクラシー』有斐閣。
宮本太郎（2010）「「二つの自由」への福祉国家改革」、宮本太郎編『自由への問い　第2巻　社会保障　セキュリティの構造転換へ』岩波書店。
宮本太郎（2013）『社会的包摂の政治学　自立と承認をめぐる政治対抗』ミネルヴァ書房。
ジョン・ロールズ（2004）（エレン・ケリー編、田中成明・亀本洋・平井亮輔訳）『公正としての正義　再説』岩波書店。
ジョン・ロールズ（2010）（川本隆史・福間聡・神島裕子訳）『正義論　改訂版』紀伊國屋書店。

Kitschelt, H. (1997) *The Radical Right in Western Europe: A Comparative Analysis*, The University of Michigan Press.

索　引

【ア行】

アウトサイダー戦略 ……………………… 171
アクティベーション ……………………… 207
アジェンダ設定 …………………………… 186, 191
麻生内閣 ………………… 75, 126, 132, 141, 157, 164
新しい公共 ………………………………… 61
安倍晋三 …………………………………… 198
安倍内閣 …………………… 132, 160, 164, 167
アベノミクス ……………………………… 195
天下り ……………………………………… 23, 124
安心社会実現会議 ………………………… 75
飯尾潤 ……………………………………… 58
5つの約束 ………………………………… 10
一党優位制 ………………………………… iii
インサイダー・アウトサイダー理論 …… 172
インサイダー戦略 ………………………… 171
枝野幸男 …………………………………… 156
岡田克也 …………………………………… 64, 151, 156
輿石東 ……………………………………… 151, 152
小沢一郎 ………… 64, 120, 127, 132, 151, 152, 156, 158,
　161, 162, 165
小沢幹事長 ………………………………… 17
小沢グループ ……………………………… 44

【カ行】

概算要求基準 …………… 120, 121, 123, 126, 134, 143
概算要求組替え基準 ……………………… 134, 146, 147
各省政策会議 ……………………………… 17
学童保育 …………………………………… 74
各府省政策会議 …………………………… 120, 125
各府省連絡会議 …………………………… 31, 40
閣僚委員会 ………………………………… 21
過大なマニフェスト ……………………… 13, 14
片山総務大臣 ……………………………… 57
片山善博 …………………………………… 111
ガバナンス ………………………………… 209
亀井静香 …………………………………… 125, 126
関係閣僚懇談会 …………………………… 21
幹事長室 …………………………………… 17, 176

菅首相 ……………………………………… 27, 45, 137
官邸主導 …………………………… 15, 20, 21, 120, 123, 124
菅内閣 …………… 27, 28, 36, 120, 130, 133, 136-138, 143,
　144, 154-156, 160-162
菅直人 …………… 66, 126, 127, 130-132, 134, 138, 140-
　142, 156
官房長官 …………………………………… 22
官僚依存 …………………………………… 36, 39
官僚主導 …………………………………… 19
官僚制 ……………………………………… 7
官僚制の誘因構造 ………………………… 23
官僚内閣 …………………………………… 58
官僚モデル ………………………………… 22
企業会計審議会 …………………………… 179
企業団体対策委員会 ……………………… 176
キッチェルト，H. ………………………… 197
「義務付け・枠付け」の緩和 …………… 92
求職者支援制度 …………………………… 182
行政刷新会議 …………………… 124-126, 136, 153
行政事業レビュー ………………………… 153
「国と地方の協議の場」の法制化 ……… 92, 93
経済財政諮問会議 ………………………… 122, 132
権威主義的右翼 …………………………… 201
現金給付 …………………………………… 74
玄葉光一郎 …………… 133, 135, 138, 140, 142, 156
原発再稼働 ………………………………… 38
現物給付 …………………………………… 74
コア・エグゼキュティヴ（core executive）
　………………………………………… 98, 103
小泉純一郎 ………………………………… 122
小泉政権 …………………………………… 62
小泉内閣 …………………………… 122, 132, 140, 165
行為主体 …………………………………… 8
後期高齢者医療制度 ……………………… 151
公共事業 ………… 120, 122, 124, 126, 129, 133, 137, 144,
　148, 149, 152, 155, 157, 160, 161, 165, 166
公共事業費 ………………………………… 159
高校無償化 ………………………………… 74
控除から手当 ……………………………… 12
構造 ………………………………………… iii

構造的制約要因 …………………… 5
高速道路の無料化 ………… 10, 124, 127, 134, 136, 138
公務員制度改革 …………………… 184
公明党 …………………… 133, 134
公立高校の実質無償化 ……… 119, 124, 127, 129, 134, 147
高齢者雇用安定法 …………………… 183
コーポラティズム …………………… 59
国民新党 …………………… 125, 133, 159
子育て支援 …………………… 53
国家戦略会議 …………………… 178
国家戦略局 …………………… 25, 71, 124
国家戦略室 ……… 25, 26, 29, 57, 71, 120, 124, 126, 127, 135, 149, 161, 165
こども園 …………………… 74
子ども・子育て関連法案 …………………… 72
子ども・子育てビジョン …………………… 81
子ども手当 ……… 11, 12, 55, 72, 119, 124, 125, 127, 131, 136-139
戸別所得補償 …………………… 119
雇用政策 …………………… 53
雇用戦略 …………………… 65
雇用戦略対話 …………………… 57, 177
雇用・福祉レジーム …………………… 2, 53
雇用保険 …………………… 182
コンクリートから人へ …………………… 2, 10, 16

【サ行】

再帰的近代化 …………………… 200
再帰的なリベラリズム …………………… 207
財産私有型民主制 …………………… 204
財政運営戦略 …………………… 131, 132, 139
財政再建派 …………………… 34
最低賃金 …………………… 183
最低保障年金 …………………… 11, 151, 152
財務省 ……… 121-123, 125, 133, 137, 140, 142, 149, 154, 156, 157, 160, 164, 167
佐藤誠三郎 …………………… 59
暫定税率 …………………… 18, 128, 131
暫定税率の廃止 …………………… 124
ジェンダー視点 …………………… 64, 70, 77
事業仕分け …………………… 126, 129, 136
什切られた多元主義 …………………… 59
事前承認 …………………… 38
事前承認権 …………………… 119

事前審査 …………………… 39, 145
持続可能性 …………………… 2, 24
持続可能なレジーム …………………… ii
自爆解散 …………………… 42
自民党政権 …………………… 1
事務次官会議 …………………… 31
事務次官会議の廃止 …………………… 20
事務次官会議の復活 …………………… 39
社会運動ユニオニズム（social movement unionism, social unionism） …………………… 188
社会運動ユニオニズム論 …………………… 173
社会的投資戦略 …………………… 76
社会的包摂 …………………… 66
社会保険の適用拡大 …………………… 182
社会保障 …… 122, 127-129, 133, 137, 141, 156, 157, 160
社会保障改革に関する集中検討会議 …… 56, 178
社会保障改革に関する有識者検討会 …… 56
社会保障国民会議 …………………… 75
社会保障・税一体改革 …………………… 79
社会保障政策 …………………… 53
社会保障と税の一体改革 …………………… 34, 40, 135, 150
社会保障費 …………………… 123
社民党 …………………… 159
衆院解散 …………………… 41
自由選択社会 …………………… 205
首相主導 …………………… 21
首相のリーダーシップ …………………… 22, 44
状況の制約要因 …………………… 7
消費税増税 …………………… 32, 37, 40, 82, 120, 130, 141
消費税増税関連法案 …………………… 41
消費増税 …… 123, 131-133, 144, 145, 149-152, 154-157, 159-162, 167
自立と共生 …………………… 2
司令塔 …………………… 25
審議会 …………………… 178
新自由主義 …………………… 198
新成長戦略 …………………… 62, 65, 131-134, 136, 165, 181
新成長戦略実現会議 …………………… 56, 67, 178
新保守主義 …………………… 199
政官関係 …………………… 19, 22, 30
政官間の情報流通 …………………… 19
政・官の在り方 …………………… 15
政権移行の制度 …………………… 14
政権運営の規定要因 …………………… 4
政権運営の「基本方針」 …………………… 15

索引 213

政権構想 … 9
政権構成 … 15
政権担当能力 … 16
政策共同体 … 1, 11
政策決定の一元化 … 28
政策コンテスト … 135, 136
政策調査会 … 130, 138, 145, 176
政策調査会の復活 … 28
政策調査会廃止 … 16
政策ネットワーク … 6, 24
政治家の官僚化 … 19
政治主導 … 15, 19, 45, 53, 119, 120, 127, 137, 153, 160
政治主導確立法案 … 26, 29
政治とカネ … 27
税制改正PT（税制改正プロジェクトチーム（PT））
　　　　 … 138–140, 143, 162
税制調査会 … 150
政調会 … 143, 151
制度遺産 … iii
政党組織 … 6
税と社会保障の一体改革 … 179
制度変化 … 24
政府税制調査会 … 120, 125, 138, 140, 165
政府・民主三役会議 … 38, 145, 152, 162
政府・与党一元化 … 17
政務三役 … 19, 30, 119, 126, 127, 130, 135, 136, 163, 165
政務三役会議 … 120
尖閣諸島 … 134, 158
仙谷由人 … 135, 156
漸進的変容 … 25
選別主義 … 12
戦略 … 8
総裁案件 … 45
総務省 … 150
総理案件 … 45
族議員 … 1, 29, 39, 119, 122, 139, 143, 155, 158, 164
族議員化 … 149
族議員の復活 … 43
族省業の三角形 … 18
租税特別措置 … 119, 123, 125, 128–130, 139, 140, 164, 165
租特透明化法案 … 128

【タ行】

第1次一括法 … 112
待機児童 … 73
第三の道 … 205
大統領制化 … 196
第2次一括法 … 112
竹中平蔵 … 123, 140
多元的閉塞 … 1
「脱小沢」戦略 … 32
「脱小沢」路線 … 32
脱「官僚依存」 … 45
脱原発 … 35
脱「マニフェスト」 … 45
谷垣禎一 … 159
たばこ税 … 130
ダブル司令塔 … 22
男性稼ぎ主 … 53
男性稼ぎ主雇用 … 54
男性稼ぎ主モデル … 77
地域自主戦略交付金制度 … 93, 112
「地域主権」改革 … 91
地域主権改革一括法 … 92
地域主権戦略 … 57
地域主権戦略会議 … 109, 110, 116
地域主権戦略大綱 … 110
地球温暖化対策税 … 140
中核の執権化 … 196
中期財政フレーム … 132, 148
直勝内閣 … 39
陳情の一元化 … 17
ディーセント・ワーク … 67, 181
TPP（環太平洋経済連携協定） … 35
提言型政策仕分け … 147
鉄の三角形 … 119
同一価値労働同一賃金 … 181
党税調 … 150, 154
統治システムの「5原則」および「5策」 … 15
唐突な課題設定 … 34
党のガバナンス … 6, 44
特別配偶者控除 … 73
特例公債法案 … 28, 138
土建国家 … ii, 2
土建国家レジーム … 24
年越し派遣村 … 70, 187

土地改良予算 …………………………… 165
ドバイ・ショック ……………………… 128
トロイカ体制 …………………………… 32

【ナ行】

内閣支持率 ……………………………… 7
内閣への「一元化」 …………………… 16
7奉行 …………………………………… 32
2007年参院選マニフェスト …………… 14
日本維新の会 …………………………… 42
日本型硬直的マニフェスト政治 ……… 43
日本型生活保障 ………………………… 2
日本型多元主義論 ……………………… 58
日本型福祉国家 ……………………… 11, 2
日本再生戦略 …………………………… 132
ニュー・リベラリズム ………………… 203
認可保育所 ……………………………… 74
ネオ・リベラリズム（新自由主義）… 204
ねじれ国会 ……… 13, 28, 32, 36, 40, 92, 96, 133, 138,
　　　　　140, 144, 145, 152, 155, 157, 159, 160, 164
年金改革 ………………………………… 11
農家への戸別所得補償 ………………… 127
農業所得補償制度 ……………………… 11
農業の戸別所得補償 ………… 124, 134, 147
野田首相 ………………………………… 36
野田内閣 ……… 36, 42, 120, 151, 154, 156, 160-163
野田佳彦 ……… 140, 142, 145, 147-152, 155-157, 166

【ハ行】

パーソナル・サポート …………… 67, 69
配偶者控除 ……………… 73, 125, 127, 129, 139
鳩山首相 …………………………… 16, 56
鳩山内閣 …… 16, 27, 120, 124, 129, 135, 142, 144, 149,
　　　　　160-163
鳩山由紀夫 ……………………… 126, 140, 156
原口一博 ………………………………… 109
反国家ポピュリズム …………………… 201
東日本大震災 …………………………… 138
非正規雇用問題 ………………………… 172
非正規労働者 …………………………… 171
平野官房長官 …………………………… 22
平野達男 …………………………… 135, 136
福祉国家型資本主義 …………………… 204
福祉ショービニズム …………………… 201
副大臣会議 ……………………………… 31

副大臣級会議 …………………………… 21
福田内閣 ……………………………… 75, 132
藤井裕久 …………………… 126, 142, 149, 150
附則104条１項 ………… 141, 142, 145, 151, 157
復興構想会議 …………………………… 153
復興予算 ………………………………… 145
普天間基地 ……………………………… 158
普天間飛行場移設問題 ………………… 27
負の遺産 ………………………………… 13
普遍主義 ………………………………… 12
扶養控除 ……………… 73, 125, 127, 129, 136, 139
古川元久 …………………………… 71, 135
ペイアズユーゴー原則 ………………… 139
法人実効税率引き下げ ………………… 141
法人税減税 …………………………… 139, 143
法人税率 …………………… 123, 127, 140
法制審議会 ……………………………… 178
細川律夫 …………………………… 142, 186
骨太の方針 ……………………………… 122

【マ行】

埋蔵金 ………………… 124, 137, 142, 161
前原誠司 ………… 130, 148, 151, 152, 156
マスメディア …………………………… 7
松井孝治 ………………………………… 174
松崎哲久 ………………………………… 59
松下圭一 ………………………………… 58
マニフェスト …… iii, 9, 13, 27, 43, 54, 119, 120,
　　124, 125, 127-131, 134, 136-140, 143, 144, 149, 157,
　　158, 163, 164, 167
峰崎直樹 …………………………… 142, 165
民自公３党合意 ………………………… 40
民主党政権 …………………………… 1, 3, 43
民主党政策調査会 ……………………… 120
民主党税制調査会 …………… 120, 125, 149
無党派層 ………………………………… 158
問責決議 …………………………… 28, 42

【ヤ行】

山口二郎 ………………………………… 59
八ッ場ダム ………………… 124, 148, 155
幼保一体化 ……………………………… 74
与謝野馨 …………………… 132, 141-143
予算極大化モデル ……………………… 22
予算編成の「見える化」 …………… 135, 136

【ラ行】

理念 …………………………………… iii
リベラリズム ………………………… 2, 203
リベラル政党 ………………………… 46
レジーム転換 ………………………… iii
連合 ……………………………………… 71, 171
連続性と非連続性 ……………………… 25
労働者派遣法 …………………………… 183
労働政策審議会 ………………………… 68
ロールズ, J. ……………………………… 204

【執筆者紹介】

三浦まり（みうら・まり）
　1967年生まれ
　カリフォルニア大学バークレー校　Ph. D.（政治学）
　上智大学法学部教授
　主な業績：*Welfare Through Work: Conservative Ideas, Partisan Dynamics, and Social Protection in Japan.* Cornell University Press, 2012.

北村　亘（きたむら・わたる）
　1970年生まれ
　京都大学大学院法学研究科博士後期課程修了、京都大学博士（法学）
　大阪大学大学院法学研究科教授
　主な業績：『政令指定都市』（中央公論新社、2013年）

上川龍之進（かみかわ・りゅうのしん）
　1976年生まれ
　京都大学大学院法学研究科博士後期課程修了、京都大学博士（法学）
　大阪大学大学院法学研究科准教授
　主な業績：『小泉改革の政治学——小泉純一郎は本当に「強い首相」だったのか』（東洋経済新報社、2010年）

【編者紹介】

伊藤光利（いとう・みつとし）
　1947年生まれ
　京都大学大学院博士課程単取得退学
　関西大学総合情報学部教授
　主な業績：『政治的エグゼクティブの比較研究』（早稲田大学出版部、2008年、編著）

宮本太郎（みやもと・たろう）
　1958年生まれ
　中央大学法学研究科博士後期課程単位取得退学、政治学博士
　中央大学法学部教授
　主な業績：『社会的包摂の政治学　自立と承認をめぐる政治対抗』（ミネルヴァ書房、2013年）

民主党政権の挑戦と挫折——その経験から何を学ぶか——

2014年8月28日　第1刷発行　　　　定価（本体3000円＋税）

　　　　　　　　編　者　伊　藤　光　利
　　　　　　　　　　　　宮　本　太　郎
　　　　　　　　発行者　栗　原　哲　也
　　　　　　　　発行所　㈱日本経済評論社
　　　　　　　〒101-0051　東京都千代田区神田神保町3-2
　　　　　　　電話　03-3230-1661　FAX　03-3265-2993
　　　　　　　　　　info8188@nikkeihyo.co.jp
　　　　　　　URL：http://www.nikkeihyo.co.jp

装幀＊渡辺美知子　　　印刷＊文昇堂・製本＊高地製本所

乱丁・落丁本はお取替えいたします。　　　Printed in Japan
Ⓒ Miyamoto Taro & Ito Mitsutoshi et al., 2014　ISBN978-4-8188-2339-6

・本書の複製権・翻訳権・上映権・譲渡権・公衆送信権（送信可能化権を含む）は、㈱日本経済評論社が保有します。
・JCOPY〈㈳出版者著作権管理機構　委託出版物〉
　本書の無断複写は著作権法上での例外を除き禁じられています。複写される場合は、そのつど事前に、㈳出版者著作権管理機構（電話03-3513-6969、FAX03-3513-6979、e-mail: info@jcopy.or.jp）の許諾を得てください。

山口二郎・宮本太郎・小川有美編
市民社会民主主義への挑戦
―ポスト「第三の道」のヨーロッパ政治―

A5判　3200円

ヨーロッパの社会民主主義は試練の時を迎えている。成熟のメルクマールである「市民社会」を接点として新たに創出した「市民社会民主主義」という言葉を手がかりに、これからの社会民主主義の可能性を探る。

禹宗杬著
「身分の取引」と日本の雇用慣行
―国鉄の事例分析―

A5判　6000円

年功賃金、長期雇用、配置転換、社会資格、定員調整など日本の雇用慣行の形成とその論理を、国鉄の事例に即して解明する。「身分の取引」の実体を明らかにした画期的な書。

高木郁朗編
清水慎三著作集　戦後改革を超えて

A5判　4500円

戦後一貫して労働組合運動、社会運動、政治運動に関わり、「戦後革新」を代表する知識人の中でもとりわけ現実に向き合ってきた清水慎三の重要かつ代表的な著作を集める。

W・キムリッカ著／千葉眞・岡﨑晴輝訳者代表
新版　現代政治理論

A5判　4500円

公正、自由、善き社会を見据え、今日の政治哲学における知的風景をスケッチ。現代政治理論の最高の到達点を示すとともに、多岐にわたる主題を扱ったスタンダードなテキスト。

禹宗杬・連合総研編
現場力の再構築へ
―発言と効率の視点から―

A5判　2800円

企業行動の変容のなかで、職場はどう変わったか？　働き方は？　現場力は？　労使関係は？　労使へのヒアリングを通じてそれらの相互連関を読み解き、今後の展望を探る。

（価格は税抜）　日本経済評論社